Karl Müller

Die heutigen Indianer des fernen Westens

Verlag
der
Wissenschaften

Karl Müller

Die heutigen Indianer des fernen Westens

ISBN/EAN: 9783957004512

Auflage: 1

Erscheinungsjahr: 2015

Erscheinungsort: Norderstedt, Deutschland

Hergestellt in Europa, USA, Kanada, Australien, Japan
Verlag der Wissenschaften in Hansebooks GmbH, Norderstedt

Die
heutigen Indianer
des
fernen Westens.

Die heutigen Indianer des fernen Westens.

Aus dreißigjähriger persönlicher Anschauung geschildert

von

Richard Irving Dodge

Oberstlieutenant in der Armee der Vereinigten Staaten.

Mit einer Einleitung von **William Blackmore.**

Autorisirte deutsche Bearbeitung

von

Dr. Karl Müller-Mylius.

Mit 16 Illustrationen.

Wien. Pest. Leipzig.

A. Hartleben's Verlag.

1884.

Vorwort des Bearbeiters.

Oberstlieutenant R. J. Dodge von der Vereinigten-
Staaten-Armee hat in seinem kürzlich erschienenen vor-
trefflichen Buche: »The Hunting Grounds of the Great
West, a Description of the Plains, Game, and Indians
of the Great North American Desert« die vorzüglichste
Schilderung der heutigen Indianer der sogenannten
»Plains« oder höher gelegenen Prairien am Fuße der
Felsengebirge gegeben, welche überhaupt existirt. Herr
Dodge hat während einer dreißigjährigen militärischen
Dienstzeit auf der Indianergrenze im fernen Westen,
wo ihn Jagden, Forschungsreisen und Feldzüge, sowie
der Aufenthalt auf den bedeutendsten Grenzposten und
Forts in stete und mannigfaltige Berührung mit dem
rothen Mann brachten, die Sitten und Lebensweise
der verschiedenen Stämme der Plains in ihrer Heimat
genau studirt. Das Resultat seiner eigenen Beobachtungen
hat er vorurtheilsfrei und objectiv in der höchst an-
schaulichen und unterhaltenden Schilderung niedergelegt,
welche den Inhalt der nachfolgenden Blätter bildet und
von einem der gründlichsten europäischen Indianerkenner,
William Blackmore Esq. in London, mit einer Einleitung
versehen worden ist. Angesichts des falschen Lichtes, in
welchem der Indianer noch heute in den Augen der
deutschen gebildeten Lesewelt dasteht, seit er von Cooper
und anderen Novellisten mit einem ganz unverdienten
Nimbus von Adel und Ritterlichkeit umgeben worden
ist, angesichts der blutigen Greuel, welche die rothhäutigen Stämme und Banden noch immer auf dem

Saume der Civilisation im fernen Westen von Nordamerika
verüben, und der so wenig erfolgreichen Kämpfe der ameri=
kanischen Truppen gegen dieselben, erschien es dem Heraus=
geber angezeigt, von dieser eingehenden und lehrreichen
Schilderung der Indianer durch einen vieljährigen Be=
obachter eine freie deutsche Bearbeitung herauszugeben,
welche gewiß der lebhaftesten Theilnahme aller Gebildeten
sicher sein darf. Ein weiteres Motiv für die Heraus=
gabe dieser deutschen Bearbeitung war ferner die That=
sache, daß unsere deutsche Literatur in der That an
instructiven Werken über die Indianer überhaupt, und
an neueren Werken über die heute noch vorhandenen
Stämme insbesondere, äußerst arm ist. Catlin's treff=
liches Buch über die »Indianer Nordamerikas« in der
Berghaus'schen deutschen Bearbeitung (Brüssel 1848) ist
leider wenig verbreitet und theilweise veraltet gleich
Heckewelder's »Nachrichten von der Geschichte der indiani=
schen Völkerschaften« (Göttingen 1821); J. G. Kohl's
»Kitschi Gama« (Bremen 1859) und Paul Kane's
»Wanderungen eines Künstlers unter den Indianern
Nordamerikas« (deutsche Ausgabe, Leipzig 1862) be=
handeln andere indianische Stämme; und so ist außer den
in Zeitschriften, Reiseschilderungen und ethnographischen
Lehrbüchern zerstreuten Notizen in unserer deutschen
Literatur noch kein so erschöpfendes und lebendiges Ge=
sammtbild von den heutigen Ueberresten der Indianer=
stämme vorhanden, wie dasjenige von Dodge, welches
durchaus das Gepräge vollständiger Treue und Objec=
tivität trägt und die Ansichten über den rothen Mann
und seine Zukunft ein= für allemal feststellen wird und
den wichtigsten und neuesten Beitrag zur Ethno=
graphie von Nordamerika bildet.

Der Bearbeiter.

Inhalts-Verzeichniß.

Einleitung.

Der Gemeinplatz, daß »guter Wein keines Busches bedarf«, läßt sich gleicherweise auf die Thatsache anwenden, daß ein gutes Buch einer Einleitung oder Vorrede entbehren kann. In vorliegendem Falle habe ich mich auf das Andringen der Verleger bewegen lassen, von diesem gesunden Grundsatze abzuweichen, denn diese Herren haben mich, um meiner bibliographischen und persönlichen Bekanntschaft willen mit den Eingeborenen von Nordamerika, gebeten, eine kurze Skizze von einigen der bedeutendsten, in dem vorliegenden Buche besprochenen Indianerstämme, von den hauptsächlichsten Ereignissen der jüngsten zwanzig Jahre und von dem muthmaßlichen Schicksal des rothen Mannes zu geben. Bezüglich meiner Bekanntschaft mit den nordamerikanischen Indianern darf ich anführen, daß es schon seit mehr als drei Jahrzehnten mein beständiges angelegentliches Streben war, Alles zu sammeln und zu lesen, was über jene Eingeborenen geschrieben worden ist, während ich in den jüngsten zwölf Jahren verschiedentlich Gelegenheit gehabt habe, einige der ansehnlichsten Stämme derselben zwischen den britischen Besitzungen und dem Oberen See im Norden und dem Indianergebiet im Süden, zwischen den großen Strömen Missouri und Mississippi und deren Nebenflüssen, und dem Stillen Ocean im Westen in ihrer eigenen Heimat zu sehen. Auch habe ich während des letztgenannten Zeitraumes das Glück gehabt, die persönliche Bekanntschaft einiger der angesehensten Häuptlinge der mächtigsten und wichtigsten Stämme zu machen, unter denen ich namhaft machen kann: die »rothe Wolke«, den »rothen Hund« und die »Zwei-Lanze«, drei der angesehensten Häuptlinge der Ogallalla-Sioux; den »gefleckten Schwanz«, den obersten Häuptling der Brulé-Sioux; »Ouray«, den obersten Häuptling der Utas; »Waschakin«, den angesehensten Häuptling der Schoschonen; den »kleinen Raben« und »Vogel-Häuptling«, die bedeutendsten Häuptlinge der Arrapahoes; die »kleine Robe«, den obersten Häuptling der Cheyennes, sowie ferner noch eine Menge der angesehensten Häuptlinge und Krieger der Kiowas und Comantschen, Osagen, der Fluß- und Berg-Krähen, der Pawnees, Apachen, Navajos- und Pueblo-Indianer, welche mir sämmtlich persönlich wohl bekannt sind.

Die Ausrottung des Büffels.

Bevor ich jedoch auf die Indianerstämme zu sprechen komme, wünsche ich mein eigenes Zeugniß über die allgemeine, großartige und muthwillige Verheerung, welche in den letzten Jahren unter den Büffelherden im fernsten Westen angerichtet worden ist, demjenigen des Obersten Dodge hinzuzufügen. Wenn man liest, wie im Verlaufe der drei Jahre 1872, 1873 und 1874

4½ Million wilder Büffel oder Bisons erbarmungslos getödtet worden sind, von denen über 3 Millionen nur um ihrer Häute willen erlegt wurden, so kann man sich anfangs beinahe unmöglich vergegenwärtigen, was ein solches Gemetzel repräsentirt und wie viel gute und nahrhafte thierische Kost, welche sowohl die Rothhäute als die kühnen Ansiedler im »weiten Westen« ernährt haben würde, dadurch vergeudet worden ist. Die Ziffern sprechen für sich selber. Als ich 1872 im Westen war, überzeugte ich mich selbst durch persönliche Nachforschungen, daß die Summe der nur um ihrer Häute willen getödteten Büffel dort jährlich mindestens eine Million betrug. Als ich im Herbst 1868 die Plains oder die Prairien mittelst der Kansas-Pacific-Eisenbahn auf einer Strecke von ungefähr 120 englischen Meilen, zwischen Ellsworth und Sheridan, durchreiste, fuhren wir durch eine beinahe ununterbrochene Herde von Büffeln. Die Prairien waren vollkommen schwarz von denselben und der Zug mußte mehr als einmal anhalten, um ungewöhnlich große Herden vorbeiziehen zu lassen. Als ich aber einige Jahre später wieder dieselbe Bahnstrecke bereiste, hatten wir nur äußerst selten noch den Anblick einiger kleinen und spärlichen Herden von je 10 bis 20 Stück Büffel. Ein Gleiches fand noch weiter südwärts, zwischen den Flüssen Arkansas und Cimarron, statt. Im Jahr 1872, während ich einen Streifzug auf etwa 100 englische Meilen südwärts von Fort Dodge nach dem Indianergebiet machte, hatten wir beständig Büffel in Sicht; als ich aber dann im Herbst des nächsten Jahres denselben Bezirk bereiste, fanden wir im ganzen Lande den Boden weiß von bleichenden und gebleichten Knochen, trafen aber keine Büffel, bis wir tief im Indianergebiet waren, und diese dann nur in kleinen Rudeln. Als ich in demselben Herbste etliche 30 bis 40 englische Meilen dem nördlichen Ufer des Arkansas-Flusses entlang nach dem Osten von Fort Dodge hinritt, lag dort eine ununterbrochene Reihe verwesender Büffelcadaver, so daß davon die Luft ganz verpestet und im höchsten Grade unerträglich gemacht wurde. Die Jäger hatten den Ufern des Flusses entlang eine Reihe von Lagern aufgeschlagen und die Büffel niedergeschossen, wenn sie Abends und Morgens zur Tränke kamen. Um einen ungefähren Begriff von der Menge jener Cadaver zu geben, brauche ich nur anzuführen, daß ich deren 67 auf einer Stelle zählte, welche einen Flächenraum von kaum vier Acres oder Morgen einnahm.

Allein man wird diese Einbuße an guter und gesunder thierischer Nahrung, welche sämmtlich bei einigem Urtheil und Vorsicht hätte nützlich verwendet werden können, weit besser verstehen, wenn ich mich dabei auf die Viehstands-Statistik in anderen Ländern beziehe. Bei Vergleichung der amtlichen landwirthschaftlichen Berichte von Großbritannien, dem Vereinigten Königreich und den britischen Besitzungen, mit denjenigen von fremden Ländern wird man ersehen, daß die muthwillige und verschwenderische Niedermetzelung während der fraglichen drei Jahre (und bei Anstellung dieser Vergleichung halte ich mich nur an die illegitime Schlächterei um der Häute willen, und nicht an die legitime wegen der Nahrung) weit mehr Büffel vertilgte, als es in Holland und Belgien Stücke Rindvieh gibt, oder eine Summe, welche etwa drei Viertheile des gesammten Rindvieh-

standes von Irland oder die Hälfte des Rindviehstandes
von Großbritannien beträgt. Das Resultat würde daher
dasselbe sein, als wenn eine furchtbare Viehseuche in
einem Jahr den ganzen Rindviehstand in Holland und
Belgien hinweggerafft oder in derselben Zeit entweder
drei Viertheile des Rindviehstandes in Irland oder die
Hälfte dessen in Großbritannien mit einem Male ver=
nichtet hätte. Die Bewohner der Vereinigten Staaten
werden sich diese ungeheure Vergeudung besser vergegen=
wärtigen, wenn sie erwägen, daß diese Zerstörung mehr
als das Doppelte der Menge des alljährlich aus Texas
hereingetriebenen Rindviehes betrug, welche Einfuhr sich
auf 350.000 bis 500.000 Stück per Jahr beläuft, oder
daß der gesammte Verlust und Abgang während der
genannten drei Jahre ungefähr so groß gewesen wäre,
als wenn der halbe Viehstand von Texas oder der ganze
Rindviehstand von Canada von derselben großen Seuche
hingerafft worden wäre. Der bloße Verlust an Nahrungs=
stoff ist übrigens nicht das einzige Uebel, welches aus
dieser kopflosen und muthwilligen Vergeudung entsprang.
Da viele der wilden Indianer der Prairien ihres gewöhn=
lichen Unterhaltes beraubt wurden, die ihnen von der
Regierung gereichten Rationen nicht erhielten und der
Hunger die Rothhäute zur Verzweiflung trieb, so sind
sie dadurch auf den Kriegspfad gedrängt worden, so daß
während des daraus entsprungenen Krieges auch viele
von den Cheyennes und Arrapahoes und manche junge
Krieger aus den befreundeten Agenturen der »rothen
Wolke« und des »gefleckten Schwanzes« ihre Reserva=
tionen verlassen und sich den feindlichen Sioux unter
dem »sitzenden Stier« angeschlossen haben. Der kühne

Ansiedler und Pionnier der Prairien, welcher sich stets seinen Wintervorrath von Fleisch mittelst der Büffeljagd verschaffte, ist ebenfalls dieser Hilfsquelle beraubt worden und beklagt sich bitter über diese Niedermetzelung jener Thiere um der Felle willen.

Als die Ansiedler in Kansas im Jahr 1873 unter der Zerstörung ihrer Ernten durch die Verheerungen der Wanderheuschrecke litten, sandte die Regierung vorbedachtsam Truppen an die beiden Republican-Flüsse, um für die hungernden Familien Wildpret zu schießen. Als die Soldaten aber auf ihren Jagdgründen ankamen, vermochten sie nur noch wenig Büffelwild zu erlegen, da die Büffelhäute-Jäger ihnen zuvorgekommen waren und beinahe alle im Bezirke vorhandenen Büffel niedergeschossen hatten.

Bei der großen Sparsamkeit, welche man sich in jedem Departement der Regierung der Vereinigten Staaten einzuführen bemüht hat, ist es schwer zu verstehen, wie die vollziehende Gewalt — während sie eine schwere Strafsteuer auf jede in Alaska erlegt werdende Robbe gesetzt hat — es versäumte, sich einer solch' fruchtbaren Einnahmequelle zu bedienen, wie diejenige, welche man aus der Besteuerung der Büffelhäute zu ziehen im Stande wäre. Eine Steuer oder Strafe von fünf Dollars auf jedes Büffelfell, welche man leicht hätte auferlegen und eintreiben können, unter schweren Geldbußen und Confiscation aller Büffelhäute, die nicht mit dem Steuerstempel der Regierung versehen sind, würde ja schon nicht weniger als eine Million Dollars einbringen, wenn man nur annähme, daß die Zahl der alljährlich um ihrer Häute willen getödteten Büffel nur 200.000 wäre, anstatt eine Million. Eine Steuer in diesem Betrage würde gegen 15 Millionen Dollars, nur allein von den um ihrer Häute willen erbarmungslos niedergemetzelten Büffeln, eingebracht haben.

Ich schlug seiner Zeit dieses Heilmittel vor, welches zwar in der Presse besprochen, aber dennoch nicht durchgeführt wurde, und zu dessen Einführung es nun beinahe zu spät ist. Es hilft aber nichts, wenn man »die Stallthüre verschließt, nachdem der Gaul gestohlen ist«. Eine derartige Steuer würde überdem billig und gerecht gewesen sein, denn es ist nicht vernünftig, daß ein paar hungrige und bedürftige Staatsbürger das öffentliche Eigenthum des Staates zu ihrem eigenen Privatvortheil monopolisirend ausbeuten. Würde dasselbe Princip hinsichtlich der öffentlichen Ländereien, des Holzes in den Wäldern, der Bergwerke u. s. w. verwirklicht, so würden einige wenige Bürger der Vereinigten Staaten von ähnlichem Charakter wie die obenerwähnten Büffelhäute-Jäger mehr als den Löwenantheil von dem öffentlichen Eigenthum für sich hinwegnehmen.

Die Indianer Nordamerikas.

Die Anzahl der Indianer aller Art, welche gegenwärtig auf dem Gebiet der Vereinigten Staaten wohnen, wird auf ungefähr 300,000 Köpfe geschätzt. Vor zwei Jahrhunderten zählten sie noch über 2 Millionen Seelen; aber überall und unter allen Stämmen, vielleicht mit der einzigen Ausnahme der Sioux oder Dakotahs, nehmen sie rasch an Kopfzahl ab. Diese Abnahme entspringt aus verschiedenen Ursachen, und als die bedeutendsten derselben kann man ansteckende Krankheiten, Unmäßigkeit und Kriege, sowohl unter sich selbst als mit den Weißen, anführen. Die stetige und unwiderstehliche Einwanderung der Weißen in den Gebieten des Westens schränkt die Indianer von Jahr zu Jahr auf immer engere Grenzen ein, vernichtet das Wild, welches in ihrem normalen Zustand das hauptsächlichste Mittel zu ihrem Unterhalt bildet, und treibt sie zu einem Zustande von halbem Hungertode und Verzweiflung. Die Annalen jedes Stammes erzählen dieselbe Geschichte von ihrer allmählichen Abnahme und wahrscheinlichen Ausrottung.

Die Indianer der Vereinigten Staaten sind unter die Verwaltung des sogenannten »Indianischen Bureau« gestellt, eines Zweiges des Departements des Innern in der Regierung (dermalen unter der Leitung des ehrenhaften und verdienten Senators und Unterstaatssecretärs Karl Schurz) und werden vermittelst Oberaufseher und Agenten regiert, welche zu diesem Zwecke speciell angestellt sind, denn dieser Zweig der Verwaltung theilt sich in Superintendanturen und Agenturen. Es gibt vierzehn Superintendanturen, nämlich in Washington, Californien, Arizona, Oregon, Utah, Nevada, Neu-Mexico, Colorado, Idaho, Dakotah, Montana, die Nördliche, die Centrale und die Südliche Superintendantur; außerdem gibt es noch mehrere unabhängige Agenturen. In Californien, dem Washington-Gebiet und Oregon gibt es ungefähr 50.000 Indianer. Arizona und Neu-Mexico enthalten eine gleiche Zahl, welche vorzugsweise aus den Navajos, Apaches und Pueblo-Indianern besteht. Nevada, Utah und Colorado enthalten ungefähr 35.000, aus den verschiedenen Stämmen der Utes,

Schoschonen oder Schlangen=Indianer und den
Bannocks bestehend. Dakotah, Montana, Wyoming
und Idaho, die Heimat der Dakotah oder Sioux,
der Blackfeet oder Schwarzfüße und der Blut=
Indianer, enthalten beiläufig 70.000 Köpfe der kriege=
rischesten und uncivilisirtesten Stämme der Prairien,
während das westlich von dem Staate Arkansas und
zwischen Texas und Kansas gelegene Indianergebiet
etwa 70.000 Seelen enthält, welche vorzugsweise aus
den halbcivilisirten Stämmen, mit Einschluß der Creeks,
Cherokees, Choctaws, Chickasaws, Osagen, Semi=
nolen, Winnebagos, Pawnees, Pottawatomis,
der Sack= und Fuchs=Indianer bestehen. Die wilden
Kiowas und Comantschen und die Arrapahoes
und Cheyennes, welche mit einigen der Banden der
Dakotahs das Land bewohnen, welches zwischen dem
Westen des Indianergebietes und den östlichen Ab=
hängen der Felsengebirge liegt, zählen ungefähr 10.000.
Außer den vorerwähnten Stämmen gibt es noch die
Chippewas oder Ojibbeways, welche in einer Ge=
sammtzahl von etlichen und 20.000 Köpfen in der Nähe
der Gestade des Oberen Sees und der Ufer des oberen
Mississippi umherziehen, während die sogenannten New=
York=Indianer, aus den Ueberbleibseln der früheren
sechs Nationen bestehend, zusammen mit verschiedenen
anderen umherwandernden Stämmen, kaum sich auf
10.000 Köpfe belaufen mögen. Es ist bis jetzt noch keine
befriedigende Classification der Indianer veranstaltet
worden. Diejenige jedoch, welche ziemlich allgemein
adoptirt ward, ist folgende: 1. Der Algonquin= oder
Ojibbeway=Bund hatte das ganze Land bis zu

den Eisregionen inne, nördlich von einer Linie, welche in der Nähe von Cap Fear am Atlantischen Ocean beginnt, und sich von da westwärts nach der Mündung des Illinoisflusses erstreckt, dann diesem Flusse entlang und über den Michigan=See, die Fälle von St. Mary, den Oberen See und die Flüsse und Portagen bis zum Wäldersee und von da westwärts bis zu den Felsen= gebirgen hinzieht. 2. Der Mobile'sche oder Cherokee= Bund hatte das Land südlich von der Linie inne, welche vom Cap Fear westwärts nach der Nordgrenze von Tennessee, von da westlich zum Mississippi, von da über den Mississippi, Arkansas und die beiden Canadian= Rivers bis zu den Felsengebirgen sich erstreckt. 3. Der O=chunk=o=raw= oder Winnebago=Bund erstreckte sich vom Oberen See nach dem Arkansasfluß mit Einschluß des Wisconsinflusses und unteren Ohio, und reichte westwärts bis zu den Felsengebirgen. 4. Der Dakotah= oder Sioux=Bund erstreckte sich westwärts bis zu den Felsengebirgen von einer Linie aus, welche von der Kewenawbay nach der nordwestlichen Ecke des heutigen Staates Iowa verlief. Die Linien zwischen den ver= schiedenen Bünden muß man nur als annähernd richtig annehmen, da die indianischen Grenzen niemals genau definirt und festgestellt wurden. Diese Bünde waren im Allgemeinen keine unter einer Regierung vereinigte Conföderation, sondern in eine Anzahl unabhängiger Banden oder Stämme getheilt, welche häufig in offenem Krieg mit einander standen und oft außer Stande waren die von ihnen gesprochenen Dialecte gegenseitig zu verstehen. — Die Dakotah oder Sioux. Die Dakotahs, welche häufiger als Sioux bezeichnet und

von den Franzosen auch les Coupe-gorge, die Kehl-
abschneider, genannt werden, von ihrem Zeichen oder
Symbol, welches darin besteht, daß sie mit dem untern
Ende der Hand um die Kehle herumfahren, sind die
mächtigsten und kriegerischesten von allen Indianerstämmen.
Sie scheiden sich in die Santees oder oberen Banden
und in die Tetons oder unteren Banden. Sie heißen
bei den Algonquin-Nationen Nadonessioux oder Feinde,
welches später in Sioux verdorben oder abgekürzt wurde
und nun schon seit zweihundert Jahren ihr Name unter
den englischen und französischen Händlern geblieben,
aber ein bloßer Spitzname und den Stämmen, auf
welche er angewendet wird, sehr unangenehm und ver-
letzend ist. Die Santees oder oberen Banden bestehen
aus den nachstehenden Banden: 1. den Wahpakoota
oder leaf-shooters, Laubausstreibern; 2. den Mdewa-
kanton oder Mille-lacs, dem Stamm vom »Dorf am
Geistersee«; 3. den Wahpaton oder denen vom »Dorf
im Laub«, und 4. den Sisseton, denen vom »Dorf
im Sumpf«. Die beiden ersten Banden wohnten 1862
in Minnesota und riefen die damalige Metzelei hervor.
Man nennt sie »Santees« von Isanti, weil sie früher
einmal am Isant Amde, einem der »Tausend Seen«,
wohnten. Die Tetons oder unteren Banden umfassen
die nachstehenden Banden: 1. die Yankton oder die
vom »Dorf am Ende«; 2. Yanktonai, oder Einer von
dem End-Dorfe; 3. die Brulés oder »verbrannten
Schenkel«, »die Bande des gefleckten Schwanzes«; 4. die
Two-Kettle (zwei Kessel) oder »Two-Boilings«; 5. die
Sisapapa oder »Schwarzfüße«; 6. die Minnecongou,
oder »die, welche am Wasser pflanzen«; 7. die Ouepa-

pas oder »die, welche für sich selbst lagern«; 8. die Saus-Arcs oder Ohne Bogen; 9. die Ogallallas oder »Wanderer« (die Bande der »rothen Wolke«); 10. die Assineboins oder »Topfkocher«. Sie wohnen sämmtlich in Dakotah, Montana und Wyoming. Diese Indianer, siebzehn Banden umfassend, sind weitaus der zahlreichste Stamm in den Vereinigten Staaten. Von ihnen erhielten im Verlaufe des Jahres 1874 nicht weniger als 46.753 Köpfe Rationen von der Regierung auf eilf verschiedenen Agenturen. Die wilderen Banden dieses Stammes, welche bisher nur auf einem gelegentlichen Streifzuge wegen Rationen die Agenturen zu besuchen sich bequemt haben, werden verschiedentlich von 5000 bis auf 10.000 Köpfe geschätzt und bringen die Gesammtzahl der Sioux auf etwas über 53.000 Mann. Die Sioux als Ganzes sind bisher noch unberührt von der Civilisation, ausgenommen insofern ihre Bedürfnisse und Neigungen sie veranlaßt haben, aus der Hand der Regierungs-Agenten Rationen und jährliche Unterstützungen anzunehmen. Alle die gesonderten Banden der Sioux bilden eine ähnliche Conföderation, wie der ehemalige Bund der Iroquois- oder Irokesen-Indianer war. Sie sind unter den Indianern der Vereinigten Staaten die einzigen Stämme, welche an Bevölkerung zugenommen haben. Sie sind sehr streitsüchtig, zum Angriffe geneigt und führen einen beständigen Krieg mit ihren schwächeren Nachbarn. Zu ihren unversöhnlichsten Erbfeinden gehören die Pawnees, welche sie beinahe ausgerottet haben, die Fluß- und Berg-Krähen-Indianer, welche die Stelle einer Grenzpolizei zwischen den nördlichen Sioux und den weißen Ansiedlern von Montana

»Die kleine Robe« (Ta-ke-ho-ma) Häuptling der Cheyennes.
(Seite 13.)

vertreten, die Schoschonen oder Schlangen-Indianer und die Utes.

Zu ihren einflußreichsten Führern gehören der »sitzende Stier«, welcher vor einigen Jahren in Montana in ernster Fehde mit den Truppen der Vereinigten Staaten unter den Generalen Terry, Crook und Gibbon begriffen war, die »rothe Wolke« und der »rothe Hund«, die Häuptlinge der Ogallalla-Sioux, und der »gefleckte Schwanz«, der Häuptling der Brûlé-Sioux. Die »kleine Krähe«, der ehemalige Rädelsführer bei dem Blutbade in Minnesota 1862, war der Häuptling der Minnecongou-Sioux und hatte bis zur Zeit des Ausbruches der Feindseligkeiten immer für einen Freund der Weißen gegolten. Die Sioux und die Cheyennes sind der physischen Erscheinung nach ungefähr die schönsten und zugleich die unabhängigsten, kriegerischesten, trotzigsten und selbstvertrauendsten unter allen Stämmen des Continents, und zwischen diesen und einigen der untergeordneteren Stämme findet derselbe Unterschied statt, wie zwischen einem amerikanischen Racepferd und einem indianischen Pony. — Die Cheyennes. Die Cheyennes, auch Paikanbus oder Handgelenke-Abschneider genannt, sind nach Catlin's Schilderung ein kleiner Stamm von etwa 3000 Köpfen, welche als Nachbarn der Sioux westlich von denselben zwischen den Schwarzen Bergen und den Felsengebirgen wohnen. »Es gibt«, sagt Catlin, »in Nordamerika keinen schöneren Menschenschlag als sie und keinen, der ihnen an Wuchs überlegen wäre, ausgenommen die Osagen, denn unter den erwachsenen Männern des Stammes findet sich kaum einer, welcher nicht seine vollen sechs Fuß hoch wäre. Sie besitzen unzweifelhaft unter allen Stämmen des Continents den größten Reichthum an Pferden, denn sie leben in Gegenden, auf deren Prairien große Herden von wilden Pferden weiden, welche sie in großer Anzahl einfangen und an die Sioux, Mandanen und andere Stämme, sowie an die Pelzhändler verkaufen. Diese Indianer sind ein ganz verzweifeltes Volk von Reitern und Kriegern und haben seit unvordenklichen Zeiten einen beinahe unabläſſigen Krieg mit den Pawnees und Schwarzfüßen geführt«. Gegenwärtig zählen sie ungefähr noch 2000 Köpfe, und der bedeutendſte Häuptling dieses Stammes ist Ta-ke-ho-ma oder die »kleine Robe« (Büffeldecke). — Mocke-to-ve-to oder der »ſchwarze Keſſel«, welcher ihr oberſter Häuptling und zugleich auch ihr ausgezeichnetſter Kriegshäuptling gewesen, ist in dem Gefecht am Washita getödtet worden.

Die Arrapahoes. — Die Arrapahoes heißen zuweilen auch die »ſchmutzigen Naſen« von ihrem Zeichen, welches darin besteht, daß sie mit Daumen und Zeigefinger an ihre Naſen greifen; sie werden von Burton folgendermaßen geschildert: »Die Arrapahoes, gewöhnlich Rapa-hos ausgesprochen (bei den benach- barten Schoſchonen heißen sie Scháretikeh oder »Hunde- freſſer«, bei den Franzosen »gros-ventres«, Dickbäuche) sind ein Stamm von Dieben und Räubern, welcher zwischen dem Südarm des Platte- und dem Arkansas- Fluſſe wohnt. Nach Norden werden sie von den Sioux begrenzt, und sie jagen auf demselben Jagdgebiet mit den Cheyennes. Dieser Stamm gilt für wild, treulos, verrätheriſch, den Weißen feindselig, welche ihn durch Laster und Krankheit heruntergebracht haben, während

»Der kleine Rabe« (Oh-nas-tin) Häuptling der Arrapahoes.
(Seite 15.)

die Cheyennes verhältnißmäßig keusch und unverdorben sind. Der Arrapaho zeichnet sich vor dem Dakotah durch Größe und Stattlichkeit der persönlichen Erschei= nung und durch die Kühnheit seines Blickes aus, während gleichzeitig noch kleinere Unterscheidungs= Merkmale in den Mocassinen, Pfeilmerkmalen und Waffen vorhanden sind«.

Der Geistliche Dr. Morse berichtet über diese In= dianer im Jahre 1820: »Man schätzt ihre Kopfzahl auf 10.000. Ihr Gebiet erstreckt sich von den Hauptgewässern des Kansas südwärts bis zum Rio del Norte. Sie sind ein kriegerisches Volk und veranstalten oft Raub= und Mordzüge gegen ihre Nachbarn im Osten und Norden«. Der Stamm hat seit 1820 in Folge von Kriegen und der furchtbaren Heimsuchung durch die Blattern so abgenommen, daß er beinahe ausgestorben ist und kaum noch 1500 Köpfe zählt.

Ihr Häuptling ist »Oh=nas=tin« oder der »kleine Rabe«. Richardson, welcher im Jahre 1865 häufig mit den= selben zu verkehren pflegte, schildert ihn als einen Mann, welcher seinem Ideale von einem Indianer am nächsten kam; er ist von schöner männlicher Gestalt und hat ein Vertrauen erweckendes Gesicht; seit der Entdeckung der Goldwäschereien in Colorado im Jahre 1858 steht er fortwährend im freien Verkehr mit den Ansiedlern, hat sich mit denselben auf freundlichen Fuß gesetzt und zu verschiedenen Malen feindselige Ausbrüche seines Volkes verhütet, wenn dieses vermeintliche oder wirkliche Beeinträchtigungen rächen wollte. Im Jahre 1860 erhielt er eine Medaille vom Präsidenten Buchanan und ist auch von den Militär=Commandanten auf den Plains in anderer Weise beehrt und ausgezeichnet worden. Wenn er über die Zukunft seines Volkes spricht, ist der »kleine Rabe« stets sehr kleinmüthig, denn er sieht deutlich ein, daß der Indianer dem Untergange gewidmet ist, und daß spätestens nach einigen Generationen die ganze Race erloschen sein wird. Weitere Häuptlinge sind der »Vogel= häuptling« und der »gelbe Bär«.

Die Kiowas und Comantschen. — Die Kiowas (Keiowäs) und Comantschen sind wilde und unstete nomadische Indianer, deren Verbreitungsbezirk sich über einen großen Theil des westlichen Texas und des süd= lichen Theils von Neu=Mexico und des nördlichen Mexico erstreckt. Beide Stämme zählten im Jahre 1867 etwa 2800 Köpfe. Die Kiowas oder »Prairiemänner« machen die Zeichen der Prairie und des Wassertrinkens. Catlin hat sie besucht und schildert sie als einen weit schöneren Menschenschlag als die Comantschen oder Pawnees, als hochgewachsen, schlank und aufrecht, mit leichtem, an= muthigem Gang und langem Haar, welches sie zuweilen so gut pflegen, daß es beinahe bis zum Boden herunter reicht. Er führt ferner an, daß der Schnitt ihres Gesichts meist etwas Edles und Römisches habe, und daß sie sich ganz entschieden deutlich, sowohl durch Aussehen wie durch Sprache, von den Comantschen oder Pawnees unterscheiden. Die Kiowas stehen in dem Rufe und verdienen ihn ohne Zweifel auch, die raubsüchtigsten, grausamsten und verrätherischesten unter allen Indianern der Prairien zu sein. Sie wohnen hauptsächlich südlich vom Arkansas und südlich vom Rio Grande und stehen in dem Rufe, die Anstifter der Comantschen zu allen möglichen Teufeleien zu sein. Die Comantschen oder

Der »Vogelhäuptling«, Kriegschef der Arrapahoes.
(Seite 16.)

Camantschen, les Serpents, ahmen als Zeichen mit einer wellenförmigen Bewegung der Hand oder des Zeigefingers die vorwärtskriechende Bewegung der Schlange nach). Von Natur sind sie eher kurz und oft zur Wohlbeleibtheit geneigt. Diese ungezähmten, blutgierigen Wilden durchstreifen einen ungeheuren Landstrich, leben vom Büffelfleisch und plündern Mexicaner, Indianer und Weiße mit richterlicher Unparteilichkeit. Als echte Nomaden der Wüste gleich Arabern und Tataren verrücken sie ihre Dörfer (in welchen die Hütten in regelmäßigen Straßen und Plätzen aufgeschlagen werden) binnen kürzester Frist um Hunderte von (englischen) Meilen. Die Männer sind untersetzt und stämmig, mit hellkupferrothen Gesichtern und langem Haar, welches sie mit Glasperlen und silbernen Zieraten aufputzen.

Zu Fuße sind sie langsam und linkisch, zu Pferde aber anmuthig, denn sie sind die gewandtesten und kühnsten Reiter in der ganzen Welt. Im Kampfe stürzen sie sich mit entsetzlichem Geheul und Geschrei auf ihre Feinde, verbergen den ganzen Körper mit Ausnahme eines einzigen Fußes hinter ihren Pferden und schießen über und unter dem Hals ihrer Pferde mit Kugeln oder Pfeilen sehr genau und rasch hervor. Jeder hat sein Lieblings-Streitroß, für welches er eine große Sorgfalt und Anhänglichkeit an den Tag legt und das er nur besteigt, wenn es zum Kampfe geht. Mit der Behandlung der Handfeuerwaffen sind sie genau vertraut, aber vor den Kanonen haben sie eine abergläubische Furcht. Sogar die Weiber sind kühne Reiterinnen und Jägerinnen, und wissen Antilopen mit dem Lasso und Büffel mit Büchse und Bogen zu erlegen. Sie tragen ihr Haar kurz-

geschnitten, tätowiren sich den Körper, haben ausdrucks=
lose dumme Gesichter und sind schlecht gewachsen und
krummbeinig. Diese modernen Spartaner sind höchst
erfahrene und geschickte Diebe. Ein alter Krieger rühmte
sich gegen General Marcy, seine vier Söhne seien die
edelsten Jungen im ganzen Stamme und der größte
Trost seines Alters, denn sie verstünden sich besser auf das
Pferdestehlen als alle ihre Gefährten. Die Comantschen
sind geduldig und unermüdlich, sie sind auf ihren Kriegs=
und Raubzügen oft ein ganzes Jahr lang abwesend und
wollen durchaus nicht eher heimkehren, als bis sie eine
reiche Kriegsbeute mit nach Hause bringen können. Wenn
es gilt eine Kriegspartie anzuordnen, so verziert der
Häuptling einen langen Pfahl mit Adlerfedern und einer
Flagge und zieht damit in voller Kriegstracht und
Kriegslieder singend durch sein Dorf. Der Comantsche
veranstaltet viele Raubzüge gegen die weißen Ansiedler,
allein seine Lieblingsopfer sind die Mexicaner. Gleich
allen Barbaren hält er seinen Stamm für den glück=
lichsten und mächtigsten auf Erden und schreibt die
Geschenke, welche die amerikanische Regierung ihm an
Wolldecken, Zucker oder Geld verabreicht, einzig nur der
Furcht derselben vor der Tapferkeit der Comantschen zu.
Mit Acker= oder Gartenbau gibt er sich niemals ab;
gegen die Behaglichkeiten wie gegen die Bedürfnisse der
Civilisation ist er vollkommen gleichgültig; tollkühn,
kriegerisch, blutdürstig und unversöhnlich, rachgierig ist
und bleibt der Comantsche, der Beduine der Grenze und
der tödliche Schrecken der schwächeren Indianer und
der Mexicaner. Nach den Ueberlieferungen der Comantschen
kamen ihre Vorfahren aus einem fernen Lande im

Westen, wo sie sich nach dem Tode wieder mit denselben zu vereinigen hoffen. Catlin sagt von ihnen: »In ihren Bewegungen sind sie plump, schwerfällig und ungraziös, und zu Fuße eine der unscheinbarsten, unanziehendsten und schmutzig aussehendsten Indianerracen, welche ich je gesehen habe: allein in dem Augenblick, wo sie zu Pferde steigen, erscheinen sie mit einem Schlage verwandelt und überraschen den Zuschauer durch die Leichtigkeit und Anmuth ihrer Bewegungen. Ein Comantsche zu Fuß ist außer seinem Element und vergleichsweise so linkisch wie ein Affe am Boden, wenn er keinen Ast oder Zweig hat, woran er sich halten kann; allein in dem Augenblick, wo er auch nur die Hand an sein Pferd legt, wird sogar sein Gesicht hübsch und er fliegt anmuthig dahin, wie ein ganz anderes Wesen«. Die Kiowas zählen dermalen etwa 2000, die Comantschen ungefähr 3000 Köpfe. Die angesehensten Häuptlinge der Kiowas sind der »einsame Wolf« und »Satanta« oder der »weiße Bär«. Letzterer hat an Verschlagenheit und angeborener diplomatischer Kunst keinen Ebenbürtigen; an Reichthum und Einfluß ist nur der Dakotah-Häuptling »rothe Wolke« sein Nebenbuhler, welchem aber »Satanta« an Kühnheit, Entschlossenheit und schonungsloser Grausamkeit weit überlegen ist. Wenn ein weißer Mann ihm eine Kränkung zufügt, so vergibt Satanta es ihm niemals; hat dagegen ein Weißer ihm einen Dienst geleistet, so kann nur der Tod allein den wilden Häuptling von Abtragung seiner Schuld abhalten. Ritchie, welcher ihn im Jahre 1864 besuchte, schildert ihn als »einen Indianer von schöner stattlicher Erscheinung, sehr energisch und so scharf und schneidig wie ein Dorn. Er und sein

2*

ganzes Volk behandelten mich mit großer Freundschaft. Ich mußte jeden Tag regelmäßig drei Mahlzeiten bei ihm in seiner Hütte einnehmen. Er gefällt sich darin, auf einem gewissen hohen Fuße zu leben, — breitet seinen Gästen einen Teppich zum Sitzen und hat bemalte hölzerne Feuerschirme, etwa 3 Fuß lang und 20 Zoll breit und um die Kanten herum als Zierat mit blanken messingenen Kopfnägeln beschlagen, deren er sich zugleich als Tische bedient. Er hat ein messingenes Waldhorn, auf welchem er kräftige Signale gab, so oft die Mahlzeiten fertig waren«.

General Custer erwähnt in seinem »Leben auf den Prairien« Satantas in folgender Weise: »Abgesehen von seinem Rufe wegen unverbesserlicher Barbarei und rastloser Rührigkeit in Veranstaltung erbarmungsloser Raubzüge gegen unsere bloßgestellten Grenzen, ist Satanta ein merkwürdiger Mann — merkwürdig wegen seiner Rednergabe, seiner kühnen Kriegführung gegen das Vordringen der Civilisation und seines Widerstandes gegen das Aufgeben seiner gewohnten Lebensweise und des Tausches derselben gegen das ruhige, ereignißlose und unaufregende Dasein eines Indianers in den Reservationen«. Er und der »einsame Wolf« fielen im Jahre 1868 in die Gefangenschaft der Truppen der Vereinigten Staaten und wurden einige Jahre lang in Texas gefangen gehalten, aber später wieder freigegeben.

Weitere angesehene Häuptlinge dieses Stammes der Kiowas sind der »Sohn der Sonne«, der »Hundefresser« und der »schlafende Wolf«, welche sämmtlich die Bundesstadt Washington besucht haben. Einige der bedeutenderen

Häuptlinge der Comantschen sind: »Zehn Bären«, »Silber=
spange«, »Wolfsname«, »kleines Pferd« und »eiserner
Berg«.

Hauptsächliche indianische Ereignisse
seit 1862.

Die bedeutendsten Begebenheiten, welche sich in den
jüngsten achtzehn Jahren mit den Indianern zugetragen
haben, sind folgende: 1. Die Niedermetzelung der Weißen
durch die Sioux in Minnesota im Jahr 1862, welche
den Tod von 644 Männern, Weibern und Kindern,
die in den einzelnen Gemetzeln niedergemacht wurden,
und den Tod von 93 im Kampf gebliebenen Soldaten
herbeiführte. 2. Die Niedermetzelung der Indianer von
Sand=Creek oder Chivington's Sieg, welcher am 29. No=
vember 1864 stattfand, wo ungefähr 130 Cheyennes
(vorwiegend Weiber und Kinder) zu Sand=Creek am
kleinen Arkansaßflusse durch eine starke bewaffnete Macht
unter Oberst Chivington und Major Anthony umgebracht
wurden. 3. Fetterman's Blutbad, welches am 21. De=
cember 1866 in der Nähe von Fort Phil Kearney
stattfand, und wobei das unter dem Obersten Fetterman
stehende Commando von 80 Mann und mehreren Offi=
cieren in einen Hinterhalt gelockt und von Sioux=Indianern
unter den Häuptlingen »rothe Wolke« und »rother
Hund« mit Uebermacht angegriffen und vollständig ver=
nichtet wurde, so daß kein einziger Mann übrig blieb,
um die Art und Weise ihrer Ermordung durch die
Indianer zu erzählen. 4. Der Indianerkrieg mit den
Cheyennes, Arrapahoes, einigen Banden der Brulé= und

Ogallalla-Sioux, sowie der Kiowas und Comantschen im Herbste 1868. Die Hauptereignisse des Krieges waren zunächst das Gefecht, welches Oberst Forsyth im September bei der Einmündung des Arickara in den Republicanfluß hatte, wo es ihm gelang, mit 51 Streifschützen seine Stellung acht Tage lang gegen die Angriffe von 800 bis 1000 Indianern unter »Adlernase« (»Roman Nose«) zu behaupten, bis sein Detachement von den aus Fort Wallace ausgeschickten Truppen entsetzt wurde, und wobei von den bei diesem Gefechte betheiligten 51 Mann nicht weniger als 23 entweder getödtet oder verwundet wurden — Lieutenant Beecher und Wundarzt Mowers unter den Todten, Oberst Forsyth selber schwer verwundet.

Sodann das Gefecht von Washita am 23. December 1868, wo die Vereinigten-Staaten-Truppen unter dem verstorbenen General Custer das gemeinsame Winterlager der Cheyennes unter dem »schwarzen Kessel«, der Arrapahoes unter dem »kleinen Raben«, und der Kiowas und Comantschen unter »Satanta«, »Satanka« und dem »einsamen Wolf« einnahmen und zerstörten. Das Ergebniß dieses Gefechtes war, daß 103 Krieger blieben, und eine große Menge von Gefangenen nebst 875 indianischen Pferden und den sämmtlichen Wintervorräthen der Indianer in die Hand der Truppen fielen. Der Sieg ward aber nicht ohne Opfer erkauft, denn unter den Gefallenen waren Major Elliot, Capitän Hamilton und 19 geworbene Soldaten; unter den Verwundeten waren Major Barnitz und 13 geworbene Soldaten. Major Elliot wurde mit seiner Abtheilung in einem Vorstoß gegen die Indianer von den übrigen

Truppen getrennt, von einer Uebermacht von Indianern umzingelt, und die ganze Abtheilung bis auf den letzten Mann niedergehauen. Als man einige Tage nach dem Gefecht ihre Leichen entdeckte, fand sich, daß dieselben auf scheußliche Weise verstümmelt worden waren. Von dem entscheidenden Charakter dieses Sieges und dem schweren Schlag, welchen die Cheyennes dadurch erhielten, kann man sich einen Begriff machen aus der Anzahl der »Großen«, der Kriegs-Häuptlinge und der angesehenen Krieger, welche in dem Gefechte am Washita fielen. Man erfuhr nämlich durch den Dolmetscher Curtis von den Squaws, daß folgende angesehene Männer unter den Gefallenen waren. Von den Cheyennes: »schwarzer Kessel«, der oberste Häuptling der Bande; »kleiner Fels«, zweiter Häuptling; »Büffelzunge«, »großer weißer Mann«, »große Eule«, »armer schwarzer Elch«, »großes Pferd«. »weißer Biber«, »Biberschwanz«, »fließendes Wasser«, »Wolfsohr«, »Der Mann, der den Wolf hört«, und »Medicingänger«. Von den Sioux: »schweres Holz« und »hoher Hut«. Von den Arrapahoes: »lahmer Mann«. Am Weihnachtstage nahm eine Truppenabtheilung unter Oberst Evans ein Comantschendorf von 60 Hütten ein, welches sich nach einem nur unbedeutenden Widerstande ergab. Mittlerweile war es anderen Truppen gelungen, Satanta und den »einsamen Wolf« gefangen zu nehmen, und am 1. Januar 1869 vermochte General Sheridan in seiner Depesche an General Sherman folgendermaßen zu berichten: »Die Zerstörung des Comantschendorfes durch Oberst Evans' Commando am Weihnachtstage hat dem Indianer-Aufruhr förmlich den Garaus gemacht. Am 31. December 1868 um Mitternacht traf eine Abordnung der angesehensten Krieger der Cheyennes und Arrapahoes, 21 an der Zahl, zu Fuß hier ein, weil ihre Pferde nicht mehr im Stande waren sie zu tragen. Sie gaben sich für die herrschenden Männer im Dorfe aus und baten um Frieden und um die Erlaubniß, daß ihr Volk hereinkomme; sie verlangten keine Bedingungen, sondern nur ein Papier, welches sie unterwegs vor den Operationen unserer Truppen beschütze. Nach ihrem Berichte waren die Stämme in tiefer Trauer wegen ihrer Verluste und ihr Volk am Hungertode, da es alle seine Hunde aufgegessen hatte und keine Büffel fand. Wir hatten sie in die Cañons (Schluchten) am östlichen Rande des Llano Estacado (der ausgepfählten Ebene) zurückgedrängt, wo es weder kleines Wildpret noch Büffel gab. Sie sind nun in einer schlimmen Lage und wollen sich bedingungslos ergeben. Ich ging auf ihr Ansinnen ein und werde sie gerecht bestrafen, und ich kann in keiner irgendwie verhängten Strafe einen Mißgriff begehen, da sie alle Blut an den Händen haben«. So endete der Feldzug von 1868 gegen die Indianer und fügte einen weiteren Lorbeer zu der Zahl derer, welche der Held von hundert Schlachten bereits sich errungen hatte, der seine erfolgreiche militärische Laufbahn zuerst mit einem kühnen Angriffe auf Indianer in Oregon begonnen hatte. — 5. Das Blutbad unter den Piegans am 23. Januar 1870, wo eine Abtheilung amerikanischer Truppen unter Oberst Baker 173 Rothhäute erschlug, worunter 53 Weiber und Kinder waren. 6. Die brutale Ermordung des Generals Canby und des Dr. Thomas am 11 April 1873 auf der Klamath=

Agentur, wo jene Herren als Commissäre in einer Friedens=
berathung mit »Captain Jack« und anderen angesehenen
Männern des Stammes begriffen waren, und wobei
ein dritter Commissär, Herr Meachan, schwer ver=
wundet war. Nach siebenmonatlichem Kampf wurden
die Klamath=Indianer von den Truppen besiegt und
»Captain Jack« mit dreien seiner angesehensten Krieger
vor ein Kriegsgericht gestellt und hingerichtet. 7. Der
Krieg vom Jahre 1876 gegen die nördlichen Sioux unter
der Führerschaft des »sitzenden Stiers«. Dieser Feld=
zug gegen die Indianer hat in Folge der verhängniß=
vollen Niedermetzelung des Generals Custer und der
sämmtlichen bei ihm befindlichen Truppen eine so un=
geheure Aufregung in den Vereinigten Staaten hervor=
gerufen und wird wahrscheinlich zu der nahezu erschöpfenden
Lösung der Indianerfrage führen, daß ich mir erlaubt
habe, hier eine gedrängte Schilderung der beiden Haupt=
begebenheiten dieses Feldzuges zu geben, nämlich die
des Gefechtes am Rosebud=Creek vom 17. Juni 1876
mit der Colonne unter dem Befehl des General Crook,
und der Niedermetzelung des Generals Custer und seiner
tapferen Waffengefährten am Sonntag dem 25. Juni. —
Die Truppen der Vereinigten Staaten waren in drei
getrennten Colonnen in Bewegung gesetzt worden, um
gegen die von den Sioux besetzte Gegend zu convergiren.
Eine dieser Colonnen zog von Westen her unter General
Gibbon das Thal des Yellowstone herab, von Fort
Ellis her dem linken Ufer des Flusses entlang, und· der
Marsch hatte am 1. April begonnen. Eine andere
Colonne zog von Osten heran unter der Führung des
obersten Befehlshabers General Terry; da sein Marsch

der kürzere und leichtere war und über die Pulverfluß-
Berge in das Thal des Yellowstone hinunterführte, so
brach General Terry erst am 11. Mai von Fort Lincoln
auf. Die dritte Colonne unter General Crook zog aus dem
Süden herauf, nachdem sie Fort Fetterman am 15. Mai
verlassen hatte. Auf diese Weise rückten diese Expeditionen
von Punkten aus, welche Hunderte von Meilen auseinander
lagen, gegen einen gemeinsamen Mittelpunkt heran. Als
sie dem von den Indianern besetzten Gebiet näher rückten,
war ihr Zweck, nach dem Feind zu spähen, mit ihm
Fühlung zu erhalten und durch Streifpartien große
Strecken dieser wilden, gebirgigen Länder und Wüsten
abzusuchen. Gibbon sollte sich vergewissern, daß keine
Indianer auf dem linken Ufer des Yellowstone waren,
daß sie nicht über den Fluß gesetzt und sich nach Norden
gewendet hatten. Terry begann, nachdem er den Kriegs-
schauplatz erreicht hatte, die Gegenden der von Süden
herkommenden Zuflüsse des Yellowstone zu recognosciren
und nach feindlichen Fährten zu suchen. Als Gibbon
den Punkt erreichte, wo der Rosebud-Creek sich in den
Yellowstone ergießt, fand er die Indianer auf dem jenseitigen Ufer und etwa 18 (engl.) Meilen am Creek weiter
aufwärts gelagert. Hier stieß General Terry zu ihm,
welcher in dem Dampfer »Far West« (der ferne Westen)
den Fluß heraufgefahren war. Die Thäler von fünf Zu-
flüssen wurden abgesucht und der Kampfplatz immer mehr
verengert, bis er sich im Thale des Rosebud- und in demjenigen des Big-Horn-Flusses concentrirte. Als Terry's
Colonne, welche beinahe ganz aus Custer's Regiment,
dem 7. Cavallerie-Regiment bestand, diesen Landstrich
erreichte, nahmen beide Colonnen eine Stellung im Norden

von derjenigen der Krieger unter dem »sitzenden Stier«
ein, während Crook mit den stärkeren, aus dem 3. Caval=
lerie=Regiment bestehenden Colonnen im Süden der
feindlichen Indianer stand. Die Sioux standen .daher
zwischen den beiden — Terry, Gibbon und Custer
waren im Yellowstone=Thal, an den Mündungen der
Nebenflüsse, während Crook an den Hauptgewässern
dieser Ströme stand. Der Zweck der combinirten Bewe=
gung für jede dieser Colonnen war, die Indianer vor
sich her zu treiben, bis der Rückzug der Sioux durch
das Vordringen einer jener Colonnen gehemmt wurde;
allein der »sitzende Stier« scheint seine Krieger schon
frühzeitig concentrirt und durch die Cheyennes, Arra=
pahoes und andere Stämme bedeutend verstärkt zu haben.
Er hatte daher eine beherrschende Stellung inne, welche
er auf diese Weise vortheilhaft ausnützte. Als Crook
au den Hauptgewässern des Rosebud ankam und erfuhr,
daß das Lager der Indianer, wie Gibbon ermittelt
hatte, etwa 18 Meilen weiter flußaufwärts in diesem
Thale war, rückte er sogleich in Eilmärschen vor, um
das Dorf anzugreifen. Allein der »sitzende Stier«
durchschaute seine Absicht, nahm eine Stellung ein und
überrumpelte Crook, anstatt daß dieser den »sitzenden
Stier« überraschte. Das hieraus entspringende Gefecht war
lang und erbittert und der Verlust auf beiden Seiten
groß. Crook zog sich nach seinem Lager zurück, und die
Indianer brachen ihr Lager ab und eilten nach dem
Little=Horn=Flusse, einem Zuflusse des Big=Horn, zurück.
Custer lagerte inzwischen an der Mündung des Rosebud,
und Gibbon brach sein Lager auf dem nördlichen oder gegen=
überliegenden Ufer des Yellowstone ab und marschirte

an diesem Strom hinauf bis zur Einmündung des Big-
Horn, worauf der Dampfer »Far West« ankam und
er in den Stand gesetzt ward, mit dessen Hilfe über
den Fluß zu gehen. Nachdem Custer Alles für den
Angriff auf das Indianerlager fertig gemacht hatte, brach
er am 22. Juni mit seiner Colonne auf, welche aus
den 12 Zügen des 7. Cavallerie-Regimentes — ungefähr 14 Officieren und 600 Soldaten — nebst 180 Packmaulthieren bestand, die mit den Lebensmitteln für
fünfzehn Tage beladen waren. Am folgenden Tage, dem
23., wurde die von Oberst Reno entdeckte Fährte der
Indianer gefunden und verfolgt; sie bog vom Rosebud
ab und führte über die Wasserscheide nach dem Little-
Horn, wo nach dem Bericht der Streifwachen ein großes
Dorf war. Custer marschirte die ganze Nacht, sowie den
ganzen Tag des 24., und erfuhr am Morgen des
Sonntags, des 25., daß das Indianerdorf nur noch
wenige Meilen von ihm liegen sollte. Custer ritt nun
mit seinen Ordonnanzen voran, vermochte aber keine
Spur von dem zu entdecken, was die Streifwachen als
ganz deutlich sichtbar geschildert hatten. Das Dorf des
»sitzenden Stieres« war auf dem linken Ufer des Little-
Horn, etwa 15 (engl.) Meilen von seiner Einmündung
in den Big-Horn. Der Fluß ist auf dieser Seite mit
Wald besäumt, von dessen Saum sich eine aus Schwemm-
land bestehende, mehrere Meilen lange Niederung eben
bis an die Hügel auf dem linken Ufer, der Seite von
welcher Custer herannahte gerade entgegengesetzt, ausbreitet. Am Flußufer hin standen die Zelte der Sioux,
das größte Dorf, welches man jemals im Westen gesehen
hatte, denn es erstreckte sich über eine Länge von

4 Meilen und enthielt eine Bevölkerung von 6000 bis 7000 Köpfen, worunter 4000 Krieger. Auf dem rechten Ufer, oder der Seite, von welcher Custer heran= nahte, befindet sich eine Reihe von steilen Uferlehnen, welche die Cavallerie besetzte, worauf sie von hier auf die concentrirte Streitmacht des »sitzenden Stieres« herunterschaute. Wahrscheinlich hat Custer die Kopfzahl und Stärke des Feindes unterschätzt, denn ein sehr bedeutender Theil desselben war hinter dem Walde versteckt. Als er herunterschaute, war die ganze Ebene voll wilder Bewegung. Berittene Banden sprengten wüthend umher und aus allen Richtungen stiegen Rauch= säulen auf, aus welchen einzelne Krieger auf ihren raschen Pferden hervorbrachen, worauf plötzlich sich ein Geschrei erhob: die Indianer ziehen sich zurück. Custer hat sich möglicherweise zu diesem Glauben hinreißen lassen, denn er detachirte mehrere Abtheilungen und gab dem Oberst Reno den Befehl aufzubrechen, das Thal hinauf zu rücken, den Fluß mittelst einer Furt zu durchwaten und in das Dorf einzufallen, während er unten herum einen Umweg machen, über den Fluß setzen, dann thalaufwärts reiten und auf diese Weise die Sioux zwischen die sich begegnenden Schwadronen ein= schließen wollte. Auf den Uferhöhen ließ er vier Züge Reiterei in Reserve, sammt seinen Packmaulthieren und dem gesammten Kriegsmaterial. Wie dann der General an der Spitze von fünf Zügen über den Bergabhang hinunter ritt, grüßte er noch durch Hutschwenken die Kameraden, die er zurückließ und die den Gruß mit einem lauten Hurrah! beantworteten — es war das Letzte, was sie jemals von Custer sahen. Den erhal=

tenen Weisungen gemäß zog Reno die Anhöhe hinauf,
stieg in's Thal hinab, durchritt den Fluß oberhalb des
Dorfes und formirte sich zur offenen Colonne, worauf
er im Trab voreilte und die Gangart allmählich be=
schleunigte, bis er in einen Galopp überging. Auf eine
beträchtliche Strecke hin stieß er auf keinen ernstlichen
Widerstand, und die erste Ahnung von wirklicher Gefahr
bekam er erst durch den Anblick der Massen auf den
das Thal begrenzenden Anhöhen, gegenüber von den=
jenigen, von welchen die Cavallerie heruntergestiegen
war. Je weiter die Colonne vorrückte, desto heftiger
und schwerer ward das Feuer in ihrer Flanke, während
die Indianer allmählich in der Front eine starke Streit=
macht entwickelten. Der Druck ward immer größer, bis
er die Colonne gegen den Fluß drängte, denn um die
ganze Front und die linke Flanke herum hatten sich
die Indianer in überwältigender Masse angesammelt.
Um sich den Schutz des Waldes zu sichern, ließ Reno
hierauf seine Abtheilung vom Pferde steigen. Die
Indianer, in ihrem Bemühen, die Weißen zu ver=
treiben, jagten nun über die Ebene herüber, bis unter
die Bäume heran. Zu Pferd und zu Fuß griffen sie
in dichten Schaaren an und ließen bei jedem Angriffe
viele aus ihrer Schaar vor dem Walde, vor welchem
sie zurückgeprallt waren, bis dasjenige, was im Vor=
rücken geschehen war, bei diesem Versuche, einen unhalt=
baren Posten zu halten, wiederkehrte. Die Indianer
drangen nämlich bald auf allen Seiten in den Wald
ein, und der Angriff erfolgte nun in der Flanke und
im Rücken ebenso gut als in der Front. Die Versuche
der Officiere, die Indianer von den beherrschenden

Punkten abzuhalten, waren vergeblich, denn diese hatten bald wieder jeden Posten im Besitze, und Reno sah nun erst, daß er wieder aufsitzen lassen und einen Vorstoß durch den Wald machen müsse, wenn er nicht umzingelt und von den Reserven abgeschnitten werden wolle. Der Rückzug der Truppe wurde nun zu einem wilden Ritt um's Leben, denn auf allen Seiten sprangen nun die Indianer auf, und jeder vorbeisprengende Reiter wurde zum Ziele für ein Dutzend Büchsen. So sehr aber der amerikanische Reiter sein Thier auch antrieb, der indianische Klepper war noch behender, und ein einziger Reiter mußte sich oft fünf oder sechs bemalter Krieger erwehren. Auf diese Weise nahm der anfänglich schon beschleunigte Rückzug bald das Aussehen einer wilden Flucht an und artete in ein Wettrennen um das Leben und um die Furt aus. Die Indianer fielen stark unter den Revolvern der Reiterei, als sie derselben furchtlos nachsetzten. Eine starke Abtheilung der Rothhäute hielt die Furt besetzt und versuchte, den Amerikanern den Uebergang zu wehren, ward aber in der wilden Flucht niedergeritten; die Soldaten setzten dann über den Fluß und sprengten am jenseitigen Ufer hinan unter einem tödlichen Feuer der Sioux, von welchen nun der den Fluß begrenzende Wald wimmelte. Die Furt ist schmal, und der Verlust der Amerikaner war hier am größten, denn das Gedränge verhinderte einen raschen Uebergang: sobald aber die vordersten Soldaten den Gipfel des Hügels erreicht hatten, stiegen sie ab und eröffneten ein Feuer auf die Indianer, um den Uebergang ihrer Kameraden zu decken, während gleichzeitig die auf den Uferhöhen zurückgelassene Reserve heraurückte. Die Indianer stürzten sich massenhaft ober- und unterhalb der Furt in den Fluß, sammelten sich und stürmten die Hügellehnen, begegneten jedoch hier einer harten Züchtigung von Seiten der nun in's Gefecht geführten frischen Truppen.

Ein Zug Reiterei ward nun der Krone des Hügels entlang ausgesandt, um Kunde von Custer einzuziehen, fand aber mit jedem Schritte heftigeren Widerstand, bis der Officier zurückberufen wurde, weil man befürchtete, seine Leute könnten umzingelt und abgeschnitten werden. Eine Zeit lang ward Reno verhältnißmäßig unbehelligt gelassen, und zwei Stunden vergingen, ohne daß man eine Nachricht von Custer erhielt. Als sodann noch eine weitere Stunde vergebens verstrichen war, begann Reno auf Mittel zu denken, um seinen Vormarsch längs dem Hügelrücken zu bewerkstelligen, was er jedoch bald, mit Verwundeten überbürdet, wie er war, für beinahe un= möglich erfand. Die Officiere erörterten noch unter einander die Ausführbarkeit einer derartigen Bewegung, als man die Indianer in großer Anzahl heraufziehen sah. Der Angriff auf Custer war offenbar beendet worden, und die Indianer hofften nun durch die Vernichtung von Reno's Abtheilung die Aufreibung des 7. Cavallerie= Regiments zu vollenden. Der Boden war hart und die Deckung ungenügend, allein die Amerikaner hatten doch den Versuch gemacht, Schützengräben aufzuwerfen, so daß die Truppen einigermaßen vorbereitet waren, als ein neuer Angriff versucht worden war. Gleichwohl aber stand Aller Leben einige Minuten lang auf der Spitze, so verzweifelt und ungestüm war der Anfall der blutbefleckten Sioux. Der Kampf wurde zum Hand=

gemenge, und manche Indianer, welche ihre Munition
verschossen hatten, drangen mit geschwungenem Büchsen=
kolben vor oder griffen sogar zu Steinen, und es währte
lange, bevor die Rothhäute sich, erschöpft und durch
ihren eigenen Verlust eingeschüchtert, zurückzogen.

Am andern Morgen mit Tagesgrauen wurde der
Angriff unter betäubendem Kriegsgeschrei erneuert, und
die auf 3= bis 4000 Mann geschätzte Gesammtheit der
Indianer schien sich um Reno zu sammeln. Die Amerikaner
waren sechsunddreißig Stunden ohne Wasser gewesen, und
als nun die Sonne höher stieg, steigerten sich auch die
Qualen des Durstes, und die Thiere zeigten schon
Spuren des Erliegens, während ringsumher der klägliche
Ruf der Verwundeten nach Wasser erscholl, welches in
einer Entfernung von zweihundert Schritten unter ihnen
in einem klar strömenden Flusse vorüberrauschte. Obwohl
jede Zollbreite des Bodens von indianischen Scharf=
schützen beherrscht und bestrichen wurde, beschloß doch
Reno, sich auf jeden Fall und um jeden Preis einen
Wasservorrath zu verschaffen. Plötzlich drang eine Ab=
theilung aus den Verschanzungen hervor und eilte den
Hügel hinauf, als ob sie den Angriff auf das Thal
erneuern wollte; und als die Aufmerksamkeit der Indianer
durch diesen unerwarteten Angriff abgelenkt wurde, eilte
eine andere Abtheilung mit Feldkesseln und Feldflaschen
nach dem Fluß hinunter, wo ein Hagel von Kugeln
über ihre Köpfe hinwegflog, weil ihre Kameraden über
den Fluß hinüber auf die Indianer feuerten, während
diese herüberschossen. Dieser kühne Handstreich ward so
schnell und gut ausgeführt, daß man um den Preis
von fünf Menschenleben einen genügenden Wasservorrath

erlangte. Da Dr. D. Wolf gefallen war, so blieb
Dr. Porter allein zur Verpflegung der Verwundeten
übrig, deren Zahl rasch zunahm. Am 26. gegen Mittag
trat eine unverkennbare Besserung in der Lage der
Amerikaner ein. Die Indianer, welche seither auf Meilen
hin die ganze Gegend bedeckt und jeden Zugang besetzt
hatten, verschwanden von den Uferhöhen und den um-
gebenden Gründen, und alsbald wurde das Thal der
Schauplatz einer erneuerten rührigen Bewegung. Die
Hütten wurden abgebrochen, und die Rothhäute eilten
in Gruppen davon und verschwanden in den wilden
Bergen. Der eilige Aufbruch der Indianer währte bis
zur Abenddämmerung fort, und noch vor Einbruch der
Nacht war Reno's Flanke frei, und sein Commando
verbrachte nicht nur eine ruhige Nacht, sondern es war
auch beim Anbruch des nächsten Tages kein Indianer
mehr zu sehen. Es war am 26. Juni gegen elf Uhr
Vormittags, als Gibbon's Colonne, welche ihren forcirten
Marsch wieder aufgenommen hatte, am Little-Horn
hinauf in einer Entfernung von fünfzehn Meilen einen
schweren dicken Rauch beobachtete, den man anfangs
für ein ermuthigendes Zeichen hielt, bis die zurück-
kehrenden Streifschützen ein großes Gefecht meldeten,
welches zum Nachtheil Custer's geendet hatte. Das
Commando erreichte den Fluß etwa um ein Uhr, passirte
denselben mittelst einer guten Furt und rückte wieder
vor bis fünf Uhr Nachmittags. Es wurden nun zwei
Ordonnanzen mit Botschaften für Custer· abgesandt,
allein beide kehrten bald zurück, verfolgt von den Sioux,
welche die Hügel besetzt hielten und nun auch auf den
Uferhöhen zur Rechten zu erscheinen begannen, während

die Colonne gefechtsbereit und gerüstet vorrückte. Die
Truppen waren damals in einem ebenen Schwemm=
land=Grunde von beträchtlicher Breite, mit dem Little=
Horn zur Linken und steilen Uferhöhen mit jähen
Böschungen zur Rechten. Auf diesen Uferhöhen waren
die Indianer am zahlreichsten und zeigten sich mit
Einbruch der Nacht in starken Haufen. General Gibbon
ließ Halt machen und in einem Viereck lagern, weit
außer Büchsenschußweite, sowohl vom Fluß, wie von den
Uferhöhen, und die Mannschaft unter den Waffen schlafer.
Am andern Morgen mit Tagesgrauen zog die Colonne
mit großer Vorsicht am Flusse hinan, welchem die Ufer=
höhen je länger desto näher traten, bis das Defilé
jenseits sich in ein Thal erweiterte. In diesem Thale
hatte General Custer sich mit den Indianern geschlagen,
und der Vortrab bekam bald die Beweise für den hier
stattgehabten Kampf zu Gesicht. Die vorausziehenden
Spähwachen sahen, daß sie sich einem indianischen Dorfe
näherten, und Terry erhielt eine Meldung von der
Front, daß der Vortrab auf die Leichen von 190 ameri=
kanischen Soldaten gestoßen sei und daß, nach dem
Anschein zu urtheilen, noch viel mehr in den benach=
barten Bergen liegen dürften. Beim weiteren Vorrücken
der Colonne stieß diese auf die Ueberreste eines un=
geheuren und haftig verlassenen Indianerdorfes. Büffel=
decken, Elchhäute, Kessel, mancherlei Lagergeräthe, wie
es von den Indianern gebraucht wird, bedeckte den
Boden; verwundete indianische Ponies wanden sich
noch an der Erde oder lagen neben todten Indianer=
gäulen und den Cadavern von Militärpferden, welche
den Brandstempel des 7. Cavallerie=Regiments trugen.

Hier lag auch der Kopf eines Weißen, wozu aber der Rumpf nirgends zu finden war, und dicht dabei lag auf dem Gesichte am Boden hingestreckt ein Soldat mit einem Pfeil im Rücken und eingeschlagenem Schädel. Sodann kam man an zwei Indianerhütten aus schönen weißen Fellen vorüber, um welche wie zur Leichenparade die Cadaver der getödteten Pferde hingestreckt lagen, denn in den Hütten lag eine Anzahl der erschlagenen indianischen Krieger in Kriegstracht und Bemalung hingebreitet, deren Seelen oder Geister auf den Geistern der draußen getödteten Pferde nach den glücklichen Jagdgründen geritten waren. Auf einem dicht mit Blut getränkten Hemd war geschrieben: »Lieutenant Sturgis vom 7. Reiterregiment.« Jetzt sah man einen Reiter in vollstem Rosseslauf das Thal heruntersprengen, welcher die Meldung brachte, daß man auf einem Hügel, drei oder vier Meilen vorwärts, Reno's Commando mit Allem, was von dem 7. Cavallerie=Regimente noch übrig war, gefunden habe. Beim Vormarsch über die Wahlstatt kam die Colonne an den Leichen der gefallenen Soldaten und ihrer Pferde vorüber, welche furchtbar verstümmelt und von der Hitze schon in Verwesung übergegangen waren. Da, wo Reno sich geschlagen hatte, lagen die Todten noch in derselben Verwirrung durcheinander, wie sie im Handgemenge gefallen waren, und ungefähr drei Meilen abwärts in demselben Thale, welches sie heraufgezogen waren, aber auf dem jenseitigen Flußufer war der Schauplatz von Custer's letztem Vertheidigungskampfe, eine Stelle, welche sogar noch einen grauenhafteren Anblick darbot. Auf einem Flecke lagen 115 Soldaten des 7. Regiments beisammen, und nahe bei dem Gipfel einer kleinen Anhöhe, im Mittelpunkte des Plateaus, fand man Custer's unverstümmelte Leiche, mit ruhigem Gesichte, sogar ein Lächeln auf den Lippen, halb sitzend wie im Schlafe, am Boden und um ihn herum die Leichen von elf Officieren — zu seiner Linken lag sein Bruder, Capitän Thomas Custer, zu seiner Rechten Capitän Miles Keogh — und beinahe zu seinen Füßen einen hübschen Jungen von neunzehn Jahren, seinen Neffen Reed, welcher darauf bestanden hatte, den General begleiten zu dürfen. Unweit davon fand man die Leiche von Boston Custer, einem anderen Bruder, und neben dieser diejenige von Lieutenant Calhoun, dem Gatten von Custer's Schwester, einer Dame, welche in jenem verzweifelten Ueberfalle ihren Gatten, drei Brüder und einen Neffen verloren hatte. Dort lag auch die Leiche Kelloggs, des Correspondenten des »New-York Herald«, wie an verschiedenen Stellen des Schlachtfeldes die Leichen der Officiere und Mannschaft noch gerade so umherlagen, wie sie in jenem verhängnißvollen Kampfe gefallen waren. Custer war an der Spitze von fünf Zügen von zusammen 240 Mann ausgeritten, von denen kein einziger mehr zurückkehrte. Im Ganzen wurden 261 Todte beerdigt und 52 Verwundete mitgenommen. Die gefallenen Officiere waren: General Custer, Oberst B. Custer, Oberst Keogh, Oberst Cooke, Oberst Yates, die Capitäne Thomas Custer und Keogh, die Lieutenants Porter, Smith, Macintosh, Calhoun, Hodgson, Riley, Sturgis und Crittenden. Lieutenant Harrington und Hilfswundarzt Lord wurden vermißt.

Ein alter Trapper aus dem Yellowstone-Lande, Namens Ridgely, welcher als Gefangener im Lager des

›sitzenden Stieres‹ lebte, war wahrscheinlich der einzige überlebende Weiße, welcher Augenzeuge von diesem Blut=bade gewesen. Ridgely war im März 1876 von den Indianern gefangen genommen und zurückbehalten, aber mild behandelt worden. Die Indianer hatten Custer's Bewegungen Tage lang genau überwacht und die Trennung der Colonne in einzelne Abtheilungen mit Genugthuung bemerkt und Hinterhalte vorbereitet. Es waren hier zwei indianische Dörfer, wovon das kleinere, welches Custer zu Gesicht bekam, nur aus 25 Tipês oder Fellhütten bestand, aber es standen noch 75 doppelte Tipês hinter der Uferhöhe. Custer griff das kleinere Dorf an und sah sich bald 1500—2000 Indianern in regelrechter Schlachtordnung gegenüber. Das Gefecht begann in der Schlucht nahe bei der Furt, und die volle Hälfte von Custer's Commando scheint bei dem ersten Feuer der Indianer ihre Pferde eingebüßt zu haben. Das Gefecht währte nur 55 Minuten, und was darauf folgte, wird von Ridgely folgendermaßen ge=schildert: ›Nach der Niedermetzelung von Custer's Truppen kehrten die Indianer mit sechs gefangenen Soldaten und aberwitzigem Jubel über ihren Erfolg in ihr Lager zurück, wo die sechs Gefangenen an Pfähle gebunden und lebendig verbrannt wurden. Während die Glut diese zu Tode quälte, schossen ihnen die Indianerknaben Pfeile mit rothglühenden Spitzen in das zuckende Fleisch, bis sie starben. Der ›sitzende Stier‹ traf nach dem Gefecht ein und rühmte sich übermüthig, er habe viele Soldaten und einen verdammten General erschlagen, aber er wußte nicht, welcher es gewesen war. Die Squaws bewaffneten sich alsdann mit Messern und eilten nach der Wahlstatt, um die Leichen der Erschlagenen zu berauben und zu verstümmeln. Während die gefangenen Soldaten verbrannt wurden, wandten die Indianer ihre Aufmerksamkeit einer Truppenabtheilung, offenbar derjenigen Reno's zu, welche das untere Ende des Dorfes angriff«. Ridgely behauptet, Custer's Commando sei niedergemacht worden, ehe Reno's Truppe, welche etwa um zwei Uhr Nachmittags das untere Ende des Dorfes angriff, auch nur einen Schuß abgefeuert habe. Die Indianer kehrten am Abend zurück und behaupteten, die Soldaten haben wie der Teufel gefochten, aber sie haben nach Ridgely's Versicherung ihren eigenen Verlust nicht angegeben, sondern nur geäußert, die Soldaten seien zweimal zurückgetrieben worden, haben dann Steine aufgehäuft und den Angriff der Indianer vereitelt. Die Scheiterhaufen mit den Gefangenen wurden über eine Stunde lang brennend erhalten, allein Ridgely durfte mit den letzteren nicht sprechen, und auf diese Weise wurde nicht ermittelt, wer sie waren; nur einer davon soll sich durch seinen untersetzten Wuchs, und seinen grauen Bart und Haar kenntlich gemacht haben Reno's Abtheilung erschlug mehr Indianer als diejenige Custer's, welcher mitten im Gefecht fiel, während zwei Hauptleute, welche man für Yates und Keogh hielt, unter den letzten Fallenden waren. In der Nacht nach dem Gefechte waren die Indianer ganz toll vor Siegesjubel und sehr viele betranken sich in dem Whisky, welchen sie den Weißen abgenommen hatten. Die Squaws vertraten die Stelle der Wache bei den Gefangenen, und als sie schläfrig wurden, entwischten Ridgely und zwei Gefährten von ihm, stahlen den Indianern Pferde, und traten ihre lange Reise nach der Heimat an. Als einen angenehmen Contrast zu diesem entsetzlichen Blut= bade und dem unglücklichen Feldzuge der Truppen der Vereinigten Staaten gegen die feindlichen Indianer wende ich mich nun zu dem glücklicheren und erfolg= reichen Feldzuge, welchen die britischen Truppen in demselben Herbste 1876 gegen einige der Indianer= stämme in Canada unternahmen. Einer der authentischen Berichte über diesen Feldzug lautet folgendermaßen: »Der Untergouverneur Morris und ein halbes Dutzend Beamte sind während der jüngsten sechs Wochen im Nord= west=Gebiet gewesen und haben, mit Friedensverträgen und Geschenken ausgerüstet, unsere Indianerstämme aufgesucht und — so viel man bis jetzt von ihnen erfuhr, — einen merkwürdigen Erfolg errungen. Sie sind an ver= schiedenen Punkten des Gebietes mit großen Banden von Indianern zusammengetroffen und dem Vernehmen nach immer Sieger geblieben, denn sie haben, als Ergebniß jeder Begegnung, Verträge mitgebracht, die von den Häuptlingen der Stämme unterzeichnet sind und durch welche diese Häuptlinge ihre Rechte auf ungeheure Landstriche abtraten. Die britischen Commissäre aber haben nichts Schlimmeres zurückgelassen als Wagen= ladungen von Geschenken für die Indianer und die Erinne= rung an einen Besuch, welcher für beide Theile ange= nehm und nutzbringend ist. Hoffentlich werden wir hinfort auf diese Weise alle unsere Feldzüge gegen die Indianer ausfechten und gewinnen. Den Vereinigten Staaten wollen wir die ausschließliche Anwendung von Reiterei, Fußvolk und Artillerie bei derartigen Gelegen= heiten gern überlassen; wir unsererseits werden uns mit einem schriftlich abgefaßten und von beiden Theilen unterschriebenen Vertrag begnügen. Das durch gehaltene Versprechungen und beobachtete strenge Gerechtigkeit erzeugte Vertrauen ist unseres Bedünkens von jeher das sicherste Band zwischen Canada und seinen rothen Kindern gewesen und wird es immer sein«.

Der Wahrheit gemäß muß hier noch ausdrücklich hervorgehoben werden, daß der Indianerkrieg, von welchem wir zuletzt berichteten und in welchem General Custer mit seiner Abtheilung von 17 Officieren mit mehr als 300 Mann blieb und Major Reno 40 Todte und Verwundete hatte, nicht durch die »Treulosigkeit« der Sioux hervorgerufen worden war, wie die amerikanischen Zeitungen behaupteten, sondern durch die Wortbrüchigkeit, Treulosigkeit und Gewaltthätigkeit der amerikanischen Regierung, welche jenem Indianerstamm in einem Vertrage vom 29. April 1868 die Black Hills oder Schwarzen Berge zum Wohnsitz angewiesen hatte und denselben alsbald wieder aus demselben hinaus zu drängen und in einem ärmeren und öderen Lande unterzubringen suchte, als sich der Boden der Schwarzen Berge als fruchtbar und goldreich erwiesen hatte. In Folge der gewaltigen Aufregung, welche jene Niedermetzelung der Custer'schen Schaar, an welcher jedoch auch zum guten Theil der Mangel an Vorsicht schuldig gewesen sein mag, im ganzen Gebiete der Vereinigten Staaten hervorgerufen hatte, verfügte der Senat am 1. August 1876 die Verstärkung der Cavallerie um 2500 Mann, und die Generale Crook und Terry rückten an der Spitze von ungefähr 4000 Mann von Neuem ins Feld. Es kam aber zu keinen entscheidenden

neuen Kämpfen, sondern zu einem Friedensvertrage,
welcher im September zwischen der Regierung der
Vereinigten Staaten und den angesehensten Häupt=
lingen der Sioux abgeschlossen wurde. Allein die Streitig=
keiten mit den Indianern hörten darum noch nicht auf,
sondern wurden nur örtlich beigelegt, dauerten vielmehr
auch im Jahre 1877 fort, weil die Rothhäute sich
überall von der Regierung oder deren Organen schlecht
und ungerecht behandelt und von ihren weißen Nachbarn
beständig zurückgedrängt sahen, und nahmen sogar im
Westen der Union eine Zeit lang eine sehr bedrohliche
Gestalt an. Die verschiedenen Banden der nördlichen
Sioux bedrohten vom britischen Gebiete aus die An=
siedelungen in den Grenzstaaten der Union und ver=
anlaßten den Präsidenten Hayes, in seiner Botschaft
vom 2. December 1878 die Zweckmäßigkeit der Organi=
sation eines Corps berittener indianischer Hilfstruppen
(nach Art der ehemaligen Rangers oder Streifschützen
von Texas, mittelst welcher der frühere Freistaat Texas
seine Grenzen gegen die Einfälle der Comantschen, Lipans
und Apatschen zu decken versucht hatte) anzuempfehlen,
welche gegen die Indianer verwendet werden sollten. Der
Präsident betonte auch in derselben Botschaft die Pflicht
der Regierung, die Civilisirung der Indianer zu fördern,
und der durch den Minister des Innern, Karl Schurz,
vorgelegte Jahresbericht enthielt einen genauen Plan
darüber, wie die Indianer in bestimmten, ausschließlich
für sie vorbehaltenen Districten — Reservationen —
angesammelt und allmählich daran gewöhnt werden sollten,
Ackerbau und Viehzucht zu treiben, ihre Kinder in die
Schule zu schicken u. s. w., zählte alles Dasjenige, was

seither in dieser Richtung geschehen war, auf und verlangte vom Congreß die zur Unterstützung der Indianer
und zur Durchführung dieses Planes nöthigen Gelder.
Ja, noch mehr, in dem gewissenhaften Bemühen, diese
Reformen durchzuführen und die Indianerfrage möglichst
beizulegen, besuchte Karl Schurz im Frühjahr und
Sommer 1879 selber verschiedene Reservationen der
angesehensten Indianerstämme, verkehrte persönlich mit
den Häuptlingen, erkundigte sich nach den Bedürfnissen
und Beschwerden und that sein Möglichstes, um all'
dem Unfug auf den Agenturen in dem Sinne zu steuern,
wie er im letzten Kapitel des nachstehenden Werkes au-
gedeutet und suggerirt ist.

Ursachen der Indianerkriege.

Die drei hauptsächlichsten Veranlassungen zu den
Kriegen mit den Indianern sind:

1. Die Nichterfüllung der Verträge von Seiten der
Regierung der Vereinigten Staaten; 2. die Betrügereien
der Indianer-Agenten; und 3. die Eingriffe der Weißen
in das Indianergebiet. Hinsichtlich der erstgenannten
Ursache des Krieges, nämlich der Verletzung der
vertragsmäßig übernommenen Verpflichtungen
durch die Regierung — braucht man nur bemerklich
zu machen, daß es außerordentlich schwer sein würde,
auch nur einen einzigen der von der Regierung in den
letzten zwanzig Jahren mit den Indianern abgeschlossenen
Verträge aufzufinden, welcher gewissen- und ehrenhaft
erfüllt worden ist. Zu der gleichen Zeit übrigens, wo die
Regierung der Vereinigten Staaten ihre Verpflichtungen

nicht erfüllte, hat sie auch nicht, wie sie hätte dürfen und thun sollen, darauf bestanden, daß die Indianer ihrerseits die eingegangenen Vertrags-Verpflichtungen streng einhielten.

Der menschenfreundliche Bischof H. B. Whipple von Minnesota, welcher der Vorkämpfer einer friedlichen Politik gegenüber den Indianern ist, macht in einem wichtigen Briefe, den er vor einigen Jahren mit Bezug auf die Ursache des damals ausgebrochenen Indianer= krieges an den Präsidenten gerichtet und worin er den Bruch der Verpflichtung in den Verträgen mit mehreren der feindlichen Stämme sehr getadelt hat, daß nämlich kein Weißer das Gebiet der Indianer betreten solle, wofür das Wort der ganzen Nation verpfändet war — die sehr zutreffende Bemerkung: »Die Nation hat 300.000 Menschen, welche innerhalb ihrer Grenzen leben, ohne eine Spur von Regierung oder persönlichem Eigenthumsrecht, ohne den geringsten Schutz der Person, des Eigenthums oder Lebens gelassen. Wir sagten diesen heidnischen Stämmen, sie seien unabhängige Nationen, wir sandten die tapfersten und besten Officiere aus, deren geringstes Wort so gut war wie ihr Eid, weil der Indianer an der Ehre eines Soldaten nicht zweifeln würde, und diese Officiere schlossen einen Vertrag ab unter Verpflichtung des Wortes der ganzen Nation, daß kein Weißer jenes Gebiet der Rothhäute betreten solle. Ich erörtere nicht die Weisheit dieses Vertrages, worüber Andere zu entscheiden haben; aber er ist das oberste Gesetz des Landes, und eine Verletzung seiner einfachen Bestimmungen ist ein vorbedachter Meineid. General Sherman sagt in seinem Rapport: »Die Civilisation macht ihren eigenen Vertrag mit der schwächeren Partei; er ist verletzt worden, aber nicht durch den Wilden«. Nein, dies ist von Seiten einer civilisirten Nation geschehen. Der Vertrag ist allgemein gebilligt worden, weil er einem schändlichen Indianerkriege ein Ende machte, welcher dreißig Millionen Dollars und die Leben von zehn Weißen für jeden erschlagenen Indianer kostete. Die ganze Welt weiß, daß wir den Vertrag verletzt haben, und der Grund des Fehlschlagens der vorjährigen Unterhandlungen war nur der, daß unsere Commissäre keine Vollmacht vom Congreß hatten, den Indianern für ihre Ländereien mehr als ein Drittel der Summe anzubieten, welche sie bereits unter ihrem früheren Vertrage erhalten sollten«. Im weiteren Verlauf seines Briefes stellt der Bischof sodann der Lage und Behandlung der Indianer von Seiten der Regierung der Vereinigten Staaten diejenige der Indianer gegenüber, welche in den britischen Besitzungen in Nordamerika wohnen, und entwirft die beiden folgenden Bilder, welche die Vortheile der Erfüllung der Verträge über die Nichterfüllung derselben auf das Augenfälligste darthun: »Auf der einen Seite der Linie ist eine Nation, welche mehr als 500 Millionen Dollars auf Indianerkriege verwendet hat; ein Volk, welches keine hundert Quadratmeilen zwischen dem Atlantischen und dem Stillen Ocean besitzt, welche nicht schon der Schauplatz einer Indianer-Metzelei gewesen wären; eine Regierung, an welcher nicht zwanzig Jahre vorübergegangen sind ohne einen Indianerkrieg; nicht ein einziger Indianerstamm, welchem diese Regierung christliche Civilisation gegeben hat; ein Staat, welcher sein hundertjähriges Bestehen mit einem

neuen blutigen Indianerkrieg feiert. Auf der anderen
Seite der Linie sind dieselbe ländergierige, unruhige,
herrschende angelsächsische Race und dieselben Heiden.
Aber die Briten haben noch keinen Dollar für Indianerkriege verausgabt und noch keine von Indianern angerichteten Blutbäder gehabt. Und warum? In Canada
nennen die indianischen Friedensverträge diese rothen
Männer die »indianischen Unterthanen Ihrer Majestät«.
Sobald die Civilisation ihnen naherückt, werden sie nach
geräumigen Reservationen versetzt, erhalten Unterstützung
und Unterricht in der Civilisation, haben persönliche
Eigenthumsrechte, sind dem Gesetze verantwortlich, stehen
unter dem Schutze des Gesetzes, haben Schulen, und die
christliche Bevölkerung schickt ihnen die besten Lehrer.
Bis sie einen Dollar in der Versorgung ihrer indianischen Pfleglinge verausgaben, vergeuden wir mehr als
hundert Dollars für unsere indianischen Angelegenheiten«.
Es gibt keinen indianischen Stamm, der nicht seine Liste
von Brüchen der ihm gegenüber eingegangenen Vertrags-
Verpflichtungen nachweisen könnte, allein dieselben dürften
wohl in keinem Falle größer erfunden werden als in
dem Vorfall mit den Absaraka- oder Krähen-India-
nern, welche stets in Frieden mit den Weißen und die
Freunde derselben gewesen sind und die Rolle von
Beschützern der Ansiedler in Montana gegen die Einfälle
der feindlichen nördlichen Sioux gespielt haben; und
denen trotzdem, nachdem sie den größern Theil ihrer
Ländereien in Montana und Wyoming an die Regierung
der Vereinigten Staaten abgetreten haben, kaum eine
einzige Bedingung des mit ihnen abgeschlossenen Vertrages
erfüllt worden ist. Ich darf hier vor Allem erwähnen,

daß die Regierung es zwar übernommen hat, ihre Kinder zu erziehen und vertragsmäßig wenigstens für dreißig Schulen unter dem Stamme zu sorgen, daß aber zu der Zeit, wo ich vor einigen Jahren in Montana war, nur für eine einzige Schule gesorgt war und daß selbst diese auch noch der niedrigsten Stufe angehörte.

Die Indianer selbst sind sehr aufmerksam und empfindlich wegen der Nichterfüllung der Vertrags=bedingungen von Seiten der Regierung. Bei Gelegenheit einer Berathung mit den Brûlé=Sioux, die vor einigen Jahren in der »Spotted-Tail-Agency« abgehalten wurde mit der Absicht, die Indianer zu veranlassen, daß sie aus ihrer gegenwärtigen Reservation hinweg und nach dem Indianergebiet ziehen sollten, hielt der »gefleckte Schwanz«, unter Bezugnahme auf die Wortbrüchigkeit des weißen Mannes, folgende Anrede an die Commissäre: »Wir sind hierher gekommen, um euch zu treffen, meine Freunde. Wir haben die Worte erwogen, die ihr uns von dem großen Vater überbracht habt, und ich habe meinen Entschluß gefaßt. Dies ist das fünfte Mal, daß uns der große Vater Botschaft zugesandt hat. Als beim ersten Mal der erste Vertrag am Horse=Creek geschlossen ward, da ward ein Versprechen gegeben, den Ueberland=weg der Indianer nur zu borgen, und obschon ich damals nur ein Knabe war, sagte man mir, daß diese Zusagen für fünfzig Jahre geltend sein sollten. Diese Versprechungen sind nicht gehalten worden. Die nächste Zusammenkunft, welche wir hatten, wurde mit General Maynadeer ab=gehalten, wo keine Versprechungen gegeben wurden, sondern wir Freundschaft schlossen und uns die Hände schüttelten. Dann wurde ein Vertrag abgeschlossen durch General

Sherman, General Sanborn und General Harney, wo man uns sagte, wir sollten fünfunddreißig Jahre lang Jahres=gehälter und Waaren erhalten. Sie sagten das, aber sie sprachen nicht die Wahrheit. Zu jener Zeit sagte mir General Sherman, das Land sei mein und ich könne mir jeden Ort, der mir gefiele, zu meiner Reservation auswählen. Ich sagte, ich wolle das Land von dem Oberlauf des White=River bis an den Missouri nehmen. Er versprach uns Kühe, um Rindvieh, Stuten, um Pferde zu züchten, und Ochsen und Wagen zu geben, damit wir Klötze schleppen und Waaren führen und auf diese Weise Geld verdienen könnten. Er versprach uns ferner solche Dinge zu schicken, welche wir nöthig hätten, um damit die Künste zu erlernen, und versprach überdies jedem Einzelnen von uns Geld. Er versprach, jeder von uns solle einen Jahresgehalt von fünfzehn Dollars haben. Er sagte mir, diese Dinge sollten ausgeführt werden und ich solle nach der Mündung des Whitestone gehen und mich mit meinem Volke dort niederlassen, und all' diese Versprechungen sollten mir erfüllt werden. Aber es war nicht wahr. Als diese Zusagen nicht verwirklicht wurden, machte ich mich selber auf, um den großen Vater zu besuchen, ging nach seinem Hause und erzählte ihm diese Sachen. Der große Vater hieß mich in meine Heimat zurückkehren und irgend einen Ort in meinem Lande, der mir gefalle, für meine Heimat auszuwählen, und dann dorthin zu gehen und mit meinem Volke dort zu wohnen. Ich kehrte nach Hause zurück, wählte diesen Ort und übersiedelte dahin. Sie versprachen mir, wenn ich dahin ziehen würde, die Erfüllung der mir gemachten Versprechungen; aber Alles, was ich erhielt, waren einige sehr kleine Kühe

und einige alte Wägen, die sehr bresthaft waren.
Endlich im vorigen Sommer kamet ihr, um mit uns
über das Land zu reden, und wir sagten, wir wollten
uns die Sache überlegen. Wir erklärten, wir wollten es
dem großen Vater überlassen, daß er die Sache nach
Gutdünken beilege. Als Antwort darauf hat er euch
diesen Sommer herausgeschickt. Wenn ein Mann ein
Besitzthum hat, das er werthschätzt, und ein anderer
Mann kommt, um es zu kaufen, so bringt dieser so gute
Dinge mit, als er mit denselben zu erkaufen wünscht.
Ihr seid hierher gekommen, um uns dieses Land abzukaufen, und es wäre gut, wenn ihr mit den Waaren
kämet, welche ihr uns zu geben versprochen habt, und
wenn ihr sie so aus eurer Hand legen wolltet, daß wir
den guten Preis sehen könnten, welchen ihr dafür zu
bezahlen gedenket. Dann würden unsere Herzen froh
sein. Meine Freunde, wenn ihr zum großen Vater
zurückkehrt, so bitte ich euch ihm zu sagen, daß er uns
Waaren sende und Joche und Ochsen und uns Wägen
gebe, so daß wir Geld verdienen können durch das Ab-
holen von Gütern von der Eisenbahn. Dies scheint mir
ein sehr harter Tag zu sein; unser halbes Land ist im
Kriege begriffen, und es sind sehr schwere Zeiten über
uns hereingebrochen. Dieser Krieg ist nicht hier in
unserem Lande entstanden: er ward über uns herein-
gebracht durch die Kinder des großen Vaters, welche
hierher kamen, um uns unser Land ohne Bezahlung
wegzunehmen, und die uns eine Menge Leid zufügen.
Der große Vater und seine Kinder sind für diese Un-
ruhen anzuklagen. Es ist unser Wunsch gewesen, hier
friedlich zu leben; aber der große Vater hat unser Land

mit Soldaten angefüllt, welche nur auf unsern Tod denken.« Der Friedensvertrag ward später abgeschlossen, aber bei Unterzeichnung desselben sagte »Zwei Streich«, einer der angesehensten Häuptlinge, welcher eine der kleineren Abtheilungen des Stammes vertrat: »Der Grund, warum wir uns fürchten, die Feder anzurühren, und warum wir vor euch stumm sind, ist der, weil wir zuvor schon so vielmals betrogen worden sind. Wenn wir wüßten, daß die Worte wahr sind, die ihr uns sagt, so wären wir jeden Tag geneigt zum Unterzeichnen.«

Die Betrügereien der Indianer-Agenten.

Diese sind so notorisch, daß wir kaum darauf zurückzukommen brauchen. Die bezeichnendste Thatsache ist übrigens, daß ein Indianer-Agent mit einem jährlichen Gehalt von 1500 oder 2000 Dollars sich gewöhnlich schon nach Verlauf von einigen Jahren mit einem großen Vermögen zur Ruhe setzt.

Der Congreß bewilligt ehrlich die den Indianern schuldigen Leistungen, allein in der Regel gelangen nicht mehr als 5 bis 20 Procent des wirklichen Betrages jemals an jene unglücklichen Mündel der Regierung. Meist kommt der wirkliche Betrag, welchen die Indianer erhalten, eher dem kleineren als dem größeren von mir namhaft gemachten Procenttheile nahe.

Die Uebergriffe der Weißen. — Die allmähliche Besetzung der Ländereien der Rothhäute durch die Weißen im Verlaufe der jüngsten dreißig oder vierzig Jahre liegt für jeden klar am Tage, welcher nur eine Karte der Vereinigten Staaten in die Hand nehmen und mit einander

vergleichen will, was damals die Heimat und die Jagd=
gründe der Indianer waren und was sie nun sind. Die
Indianer sind im Laufe der Zeit allmählich immer
weiter nach Westen gedrängt oder vertrieben worden,
und die fruchtbaren Staaten Illinois, Wisconsin, Minne=
sota, Iowa und Theile von Missouri sind aus den
ehemaligen Gebieten der Indianer herausgeschnitten
worden. Man kann diese rasche Besitznahme von ihren
Ländereien nicht besser schildern, als indem man das
Zeugniß anführt, welches ein alter Häuptling der Sioux
vor etwa zehn Jahren bei einer Unterhandlung mit den
Indianern ablegte; er soll nämlich geäußert haben: »Als
ich noch ein junger Mann war (und ich bin jetzt erst
fünfzig Jahre alt), reiste ich mit meinen Leuten durch
das Land der Stämme der Sack= und Fuchs=Indianer
nach dem großen Wasser Minne Tonkah (Mississippi),
wo ich Mais wachsen sah, aber keine weißen Leute.
Gen Osten weiter reisend, kamen wir nach dem Thale
des Rock=River und sahen die Winnebagos, aber keine
weißen Männer. Hierauf kamen wir nach dem Thale
des Fox=River und von da an den Großen See
(Michigan=See), wo wir im Pottawatomie=Lande einige
weiße Männer sahen. Von hier kehrten wir nach dem
Sioux=Lande bei den großen Wasserfällen (den Fällen
von St. Anthony) zurück und feierten einen Schmaus
von grünem Mais mit unseren Verwandten, welche dort
wohnten. Hierauf besuchten wir den Pfeifenthon=Stein=
bruch im Lande der Yankton=Sioux, bereiteten den »großen
Medicin=«, tanzten den »Sonnentanz« und kehrten dann
nach unseren Jagdgründen auf der Prairie zurück. Und
nun sagt uns unser »Vater«, der weiße Mann werde

sich niemals auf unserem Lande niederlassen und unser
Wild erlegen; aber siehe! die Weißen bedecken bereits
alle diese Länder, die ich soeben beschrieben habe,
und ebenso die Länder der Ponchas, Omahas und
Pawnees. Am südlichen Arme des Platteflusses finden
die Weißen Gold, und die Arrapahoes und Cheyennes
haben keine Jagdgründe mehr. Unser Land ist sehr
klein geworden, und ehe unsere Kinder herangewachsen
sind, werden wir kein Wild mehr haben.« Floriba
wurde ebenfalls den Seminolen entrissen, und es ist
nun kein Einziger von diesen Eingeborenen in jenem
Staate mehr zu finden. Am Schluß des Seminolenkrieges,
welcher beinahe sechs Jahre gedauert hatte, schildert
Coacoochee oder »Wildkatze«, einer der ausgezeichnetsten
Häuptlinge und Krieger jenes Stammes, nachdem er
in die Gefangenschaft des Obersten Worth gefallen war,
in folgender pathetischer Weise die Behandlung, welche
seinem Volke von Seiten der Weißen widerfahren war,
und die Art und Weise, wie diese die Ländereien seiner
Nation in Besitz genommen hatten. »Ich war einst ein
Knabe und sah damals den weißen Mann in weiter
Ferne«, sagte er mit gedämpfter Stimme. »Ich jagte
in diesen Wäldern erst mit Pfeil und Bogen, dann
mit der Büchse. Ich sah den weißen Mann, und man
sagte mir, daß er mein Feind sei. Ich vermochte
nicht auf ihn zu schießen, wie ich auf einen Wolf
oder Bären gethan hätte, und doch überfiel er
mich gleich diesen. Er nahm mir Pferde, Rindvieh
und Felder hinweg. Er nannte sich meinen Freund.
Er mißhandelte unsere Weiber und Kinder und hieß
uns von dem Lande weggehen. Gleichwohl reichte er

mir noch immer die Hand in Freundschaft. Wir ergriffen sie, aber während wir sie hielten, hatte er eine Schlange in der anderen. Seine Zunge war gespalten; er log und stach uns. Ich verlangte nur ein kleines Stück von diesen Ländereien, gerade genug, um es zu bebauen und darauf zu wohnen, fern im Süden — einen Ort, wo ich die Asche meiner Verwandten niederlegen könnte; aber selbst dieses ist mir nicht gewährt worden. Ich fühlte die Eisen in meinem Herzen.«

Die Schwarzen Berge sind zwar durch Vertrag feierlich zur ausschließlichen Besitznahme durch die Sioux vorbehalten worden, allein gleichwohl sind in den jüngsten Jahren, trotz der Bemühungen der Regierung, welche sie daran hindern wollte, eine Menge Goldsucher und Bergleute dort erschienen und haben Besitz von denselben ergriffen. Dasselbe hat noch weiter nordwestlich stattgefunden, im nördlichen Wyoming und Montana, wo sich Bergleute und Andere in den besten Jagdgründen der Krähen-Indianer niedergelassen haben. Der einzige Unterschied in diesen beiden Fällen ist der, daß die Sioux, als die kriegerische Race, sich gegen diese Uebergriffe aufgelehnt und so viele Bergleute erschlagen haben, als sie nur konnten, während andererseits die Krähen-Indianer, welche stets in Frieden mit den Weißen gelebt haben, und deren Verbündete gewesen sind, sich diese Eingriffe und Beeinträchtigungen gefallen ließen oder sich wenigstens nur auf Vorstellungen und Beschwerden bei ihren Agenten beschränkten.

Indianische Grausamkeiten und deren Wiedervergeltung im Westen.

Um eine genaue Kenntniß des nordamerikanischen Indianers zu erlangen, muß er geschildert werden, wie er wirklich ist, »als unerbittlicher Gegner, unmenschlicher Schuft, des Mitleids unfähig und jeder Spur von Erbarmen bloß und baar«. Einer seiner augenfälligsten Charakterzüge ist die Wildheit und Grausamkeit, welche er gegen seine Feinde an den Tag legt, seien sie nun Indianer oder Weiße. Es wäre ebenso wahr, wenn man den Tiger als sanft und gelehrig schildern, als wenn man vorgeben wollte, der Indianer habe auch nur ein einziges Tüttelchen von Rücksicht, Gefühl oder Erbarmen gegen seinen Feind oder Gefangenen. Die scheußlichen Grausamkeiten, welche die Indianer gegen die Weißen in ihren verschiedenen Anfällen auf die Auswandererzüge gemacht haben, die Mißhandlungen der von ihnen als Gefangene weggeschleppten weißen Frauen und die Raubzüge der Rothhäute nach den Ansiedlungen sind so entsetzlich, daß sie sich kaum schildern lassen. Oberstlieutenant Dodge hat in dem gegenwärtigen Werke in den Capiteln über »Gefangene« und »Wanderungen« einige Beispiele davon gegeben, welche der Wirklichkeit entlehnt sind. Die Annalen der Indianer strotzen von solchen Scheußlichkeiten, und der weiße Mann im Westen kennt aus langjähriger Erfahrung die Behandlung, welche er und seine Familie im Falle der Gefangenschaft von Seiten der Indianer zu gewärtigen hat, so gut, daß er stets, wo er nur immer Gelegenheit dazu hat, seine Vorkehrungen trifft, um lieber sein Weib,

seine Kinder und sich selbst zu tödten, als daß eines
von ihnen den Indianern auf dem Kriegspfade in die
Hände fallen sollte. Selbst Officiere des Unionsheeres
haben es, wenn sie gegen die Indianer ins Feld ziehen
mußten, nicht verschmäht, eine scharf geladene, kleine
Derringer-Taschenpistole mit sich zu führen, um sich im
Falle ihrer Gefangennehmung derselben als letzter Zuflucht
zu bedienen, um so durch den Tod von eigener Hand
den Folterqualen zu entgehen, welchen Gefangene un=
wandelbar unterworfen werden. Die Beispiele von
brutaler Mißhandlung der in indianische Gefangenschaft
gerathenen weißen Frauen sind unglücklicherweise nur
allzu häufig. Ich will mich jedoch hier nur auf den
Fall von Frau Blynn und deren Kind beziehen, welche
auf der Rückreise nach den Oststaaten in der Nähe des
Forts Lyon in die Gefangenschaft »Satanta's«, des
Häuptlings der Kiowas, fielen. »Satanta« behielt beide
als Gefangene bei sich bis zu dem Zeitpunkte der Kämpfe
der Unionstruppen gegen die Kiowas im Jahre 1868,
wo beide erbarmungslos ermordet wurden, um zu ver=
hindern, daß sie wieder in die Hände der Weißen fielen.
Als die Soldaten die Leichen entdeckten, fand sich, daß
Frau Blynn zwei Kugeln durchs Hirn erhalten hatte und ihr
der Hinterschädel furchtbar zerschmettert war, wie mittelst
einer Axt, während die Spuren an dem Kinde zu dem
Schlusse führten, daß das kleine Mädchen bei den Füßen
gepackt und an einem Baum zerschmettert worden war.
Ein anderer Fall war derjenige der Schwestern Germaine,
welche am 10. September 1874 an den Ufern des
Smoky-Hill-River in Kansas von den Indianern ge=
fangen genommen worden waren. Die Familie bestand

aus Vater, Mutter und sieben Kindern, worunter sechs
Töchter im Alter zwischen 5 und 21 Jahren. Die
Tochter Katharina gab nachstehende Schilderung von
dem Ueberfalle und von der Behandlung, welche ihr
und ihren Schwestern widerfuhr: — »Am nächsten
Morgen ging ich nach dem Flußufer hinunter, um das
Rindvieh heraufzutreiben, und hörte auf dem Rückwege
Geschrei und gellende Rufe. Als ich nach dem Wagen
lief, sah ich, wie mein armer Vater durch den Rücken
geschossen und meine Mutter von einem stämmigen
Indianer mit dem Tomahawk niedergehauen und beide
noch lebend scalpirt wurden. Eine alte Squaw rannte
herzu, hieb meinem Vater eine Axt in den Kopf und
ließ sie darin stecken. Rebekka ergriff eine Axt und versuchte
sich zu wehren, ward aber bald überwältigt und be=
sinnungslos zu Boden geschlagen. Während sie noch
mit Blut bedeckt auf der Erde lag, fielen mehrere
Indianer über sie her und schändeten sie, rissen ihr
dann die Kleider vom Leibe und bedeckten sie mit Bett=
laken vom Wagen, zündeten diese an und verbrannten
meine arme liebe Schwester bei lebendigem Leibe zu
Tode. Sodann wurde Stephan erschlagen und sein Scalp
geraubt. Schwester Johanna und ich wurden neben=
einander gestellt, und die Rothhäute kamen heran, um
uns zu besichtigen und zu sehen, welche von uns sie
umbringen sollten. Die Wahl fiel auf die arme Johanna
und sie ward durch den Kopf geschossen. Nun wurden
wir — Sophia, Lucy, Nancy und ich — gebunden
und eiligst über die Prairie in südlicher Richtung davon
getrieben. Meine Kleider wurden mir vom Leibe gerissen,
ich ganz nackt ausgezogen und von alten Weibern an=

gemalt und sollte nun zum Weibe desjenigen Häuptlings gemacht werden, welcher mich einfangen würde, nachdem man mich auf den Rücken eines Pferdes gebunden und dieses auf der Prairie losgelassen hatte. Ich weiß nicht mehr, welcher Indianer mich einfing. Ich ward zum Opfer ihrer Lüste gemacht und beinahe von allen Männern des Stammes geschändet und von Zeit zu Zeit geprügelt und durchgepeitscht. Ich mußte Holz und Wasser herbeischleppen wie die Squaws, Hunde schlachten und dieselben für die Indianer kochen, denn wir hatten nur Hunde- und Pferdefleisch zu essen. Während der Zeit, wo wir auf den ausgepfählten Ebenen vom heimat= lichen Lager dieser Indianer entfernt waren, erfror ich beinahe. Der Schnee war sehr tief, und ich hatte nur eine Wolldecke, um mich warm zu halten. Ich erfror beide Füße, und die Nägel fielen mir von den Zehen herunter. Sophia war nur kurze Zeit bei mir — wohin sie gekommen ist, weiß ich nicht. Ich glaube zuversichtlich, daß ich jeden von den siebzehn Mitgliedern der Bande, welche meine Familie ermordeten, wieder erkennen würde. »Medicinwasser« war unter ihnen, und wenn ich nicht irre, sogar der Anführer.« Gräuel, wie die soeben ge= schilderten, haben die Entrüstung und Wuth der weißen Grenzbewohner auf das Höchste gesteigert, und da dieses Gefühl von dem Indianer erwidert wird, welcher seine Jagdgründe durch den Weißen in Besitz genommen und sein Wild, sein hauptsächlichstes Nahrungsmittel, vertilgt sieht, so ist es beinahe unmöglich geworden, den zwischen den Ansiedlern auf den westlichen Prairien und den eingeborenen Bewohnern derselben bestehenden Wider= willen noch höher zu steigern. Deshalb besteht zwischen ben beiden Racen eine blutige Fehde und ein beinahe unversöhnlicher Krieg mit dem wechselseitigen Vorsatze der Ausrottung der Gegner. Der rothe Mann führt einen unaufhörlichen und erbarmungslosen Krieg voll Arglist und Verrätherei gegen die Weißen; er schenkt ihnen nie das Leben; er schleicht sich hehlings und im Dunkeln heran und überfällt sie mit Büchse, Tomahawk und Scalpirmesser; im Schatten der Wälder und bei Nacht kriecht er bis zum einsamen Weiler oder einzelnen Blockhaus heran, überfällt es und läßt nicht Mann, noch Weib und Kind am Leben oder unverstümmelt. Der Ansiedler seinerseits ist ebenso entschlossen, erbittert und erbarmungslos. Als Beweis für diesen unversöhn= lichen Krieg möchte ich mich auf die nachstehenden Be= schlüsse beziehen, welche erst vor wenigen Jahren von der gesetzgebenden Versammlung von Idaho behufs der Ausrottung aller Indianer gefaßt worden sind:

»Beschlossen: — Daß drei Männer beauftragt werden sollen, 25 Männer auszulesen, damit diese auf die Indianerjagd gehen, und daß diejenigen, welche sich selbst auszurüsten vermögen, eine bestimmte Summe für jeden Scalp erhalten sollen, welchen sie mitbringen werden, und daß diejenigen, welche ihre Ausrüstung nicht selber bestreiten können, auf Kosten des Comités ausgerüstet werden, und daß der Aufwand hiefür ihnen wieder abgezogen werden soll, wenn sie Scalpe einliefern. »Daß für jeden Scalp eines Buck (Bocks oder Hirsches, d. h. eines männlichen Indianers) 100 Dollars, für jedes Weib 50 Dollars und für jeden Kopf in Gestalt eines Indianers unter 10 Jahren 25 Dollars bezahlt werden sollen. Daß jeder Scalp das Haupthaar und

die Scalplocke enthalten muß, und daß jeder Mann
eiblich erhärten muß, der besagte Scalp sei von der
Gesellschaft erbeutet worden.« Es ist hieraus zu ersehen,
daß das Niederhetzen und Erschlagen von Männern,
Weibern und Kindern in dieselbe Kategorie gesetzt ist mit
der Ausrottung von schädlichen und gefährlichen wilden
Thieren, daß die Männer als »Böcke« und die unglück=
lichen jungen Barbaren, welche durch dieses herobische
Decret der Ermordung preisgegeben werden, bezeichnet
sind als »Alles in Gestalt eines Indianers unter
10 Jahren«. Die Ansicht eines Freundes des Generals
May, welcher 25 Jahre lang unter den Indianern
gelebt hatte, gibt eine solch deutliche Vorstellung von den
herrschenden Ansichten im Westen und von der richtigen
Art der Behandlung der Indianer, daß ich nichts
Besseres thun kann, als sie hier wiederzugeben: »Sie
sind das unzuverlässigste Ungeziefer in der ganzen
Schöpfung und nach meiner Ansicht kaum mehr als
halbe Menschen, denn ihr habt niemals einen Menschen
gesehen, welcher, nachdem ihr ihn soeben gespeist und
mit den besten Bissen in eurer Hütte bewirthet habt,
sogleich wieder umkehrt und euch eure Pferde oder irgend
etwas Anderes stiehlt, auf was er seine Hand legen
kann. Ein anderer Mensch würde eher dafür dankbar
sein und euch bitten, daß ihr eure Decke in seiner Hütte
ausbreitet, wenn ihr jemals in seine Nähe kämet. Aber
der Indianer kümmert sich keinen Deut mehr um euch
und ist erbötig und bereit, euch alles geschlagene Leid
anzuthun, sobald er bei euch den Löffel gewischt hat.
Nein, Capitän«, sagte der fragliche Mann des Westens
zu General May, — »es ist nicht der richtige Weg, den

Burschen Geschenke zu geben, um sich Frieden zu er=
kaufen; sondern wenn ich Gouverneur eurer Vereinigten
Staaten wäre, so will ich euch sagen, was ich thäte:
ich würde die rothen Schufte alle zu einem großen
Feste einladen und ihnen weiß machen, ich wolle eine
große Unterredung mit ihnen haben; aber sobald ich
alle bei einander hätte, würde ich über sie herfallen und
die Hälfte von ihnen niederhauen und scalpiren, und
dann würde die andere Hälfte mächtig froh sein, einen
Frieden zu schließen, welcher dauerhaft sein würde. Das
ist die Art und Weise, wie ich einen Vertrag mit dem
hundsföttigen rothbäuchigen Ungeziefer machen würde;
und so wahr als ihr geboren seid, Capitän, das ist
auch der einzig richtige Weg«. — General May
bemerkte ihm darauf, daß in einem derartigen Vor=
gehen ein Mangel an Treue, Glauben und Ehre sein
und daß es mit seinen eigenen Ansichten von ehrenhaftem
Benehmen weit mehr übereinstimmen würde, wenn man
die Indianer im offenen Felde angriffe und dort zu
bestrafen versuchte, wenn sie es verdienten. Darauf
erwiderte aber der Mann aus dem Westen: »Es ist
ganz vergeblich, mit jenem Gesindel von Ehre zu reden,
Capitän; denn die Rothhaut hat nichts Derartiges im
Leibe und wird euch nie im offenen Felde und ehr=
lichen Kampfe gegenüber treten, wie ihr es haben wollt.
Erschlägt und scalpirt der Indianer den Weißen nicht,
so oft er die Oberhand über ihn bekommen kann? Das
gemeine Gesindel wird sich niemals anständig benehmen,
wenn ihr ihm nicht eine durchgreifende und genügende
Tracht Prügel verabreicht. Sie können die Manieren
und Ansichten der Weißen nicht begreifen und wollen

sie auch nicht erlernen; und wenn man sie anständig behandelt, so meinen sie, man fürchte sie. Ihr dürft euch darauf verlassen, Capitän, die einzig richtige Art und Weise, Indianer zu behandeln, ist, sie erst tüchtig durchzuprügeln, dann wird die Wage zu euren Gunsten steigen, und sie werden sich schicken lernen«. Noch vor wenigen Jahren hörte ich in einem der westlichen Territorien, als ich mich mit einigen der angesehensten Ansiedler über diesen Gegenstand unterhielt, einen ziemlich ähnlichen Plan vorschlagen. In dem eben gedachten Falle setzte übrigens der Redner auseinander, daß sein Heilmittel und die Erledigung der indianischen Frage darin bestehen würde, sämmtliche Indianer auf Reservationen oder ihnen speciell eingeräumte Ländereien zu setzen, sie ganz streng auf diese zu beschränken und auf denselben mit schimmeligem, gesalzenem Schweinfleisch und verdorbenem Mehl zu füttern, weil sie dann, wie er hinzusetzte, nach seinem Ermessen in weniger als Jahresfrist alle daraufgehen würden wie lungenfaule Schafe. So lange derartige Gefühle des Widerwillens und der Erbitterung zwischen den wilden Indianern und den halbcivilisirten Weißen im fernen Westen bestehen, ist es ganz unmöglich, daß sie nebeneinander in demselben Lande sich niederlassen können. Alle Autoritäten, welche diesen Gegenstand untersucht haben, prophezeien einmüthig, daß die rothen Männer eine dem Untergange geweihte Race sind. Das Urtheil ist gefällt: »Delenda est Carthago«, und die Indianer werden so sicher vor dem Voranschreiten der energischeren und rühriger angreifenden Angelsachsen verschwinden, wie der Winter an der Sommersonne hinschmilzt. So traurig aber das

Schicksal des rothen Mannes ist, so dürfen wir doch sogar als Menschenfreunde nicht vergessen, daß nach einem Gesetze, welches eines der unabweisbaren Gesetze des Fortschritts zu sein scheint, der Wilde vor einer höheren und civilisirteren Race den Platz räumen muß. 300.000 wilde rothe Männer nehmen in unseren Tagen die gänzliche Besitznahme eines Theiles des amerikanischen Continents in Anspruch, der so groß ist wie ganz Europa, damit sie durch die Jagd sich einen ungewissen und spärlichen Unterhalt verschaffen können. Müssen wir es denn also nothgedrungen bedauern, wenn im Verlaufe von wenigen Generationen die Wigwams, Tipés und Erdhütten dieser Indianer, wovon selten über einhundert in einem Dorfe beisammenstehen, durch neue Städte des Westens ersetzt werden, von denen jede vielleicht an Pracht, an stattlichen Gebäuden und Volkszahl den Städten St. Louis und Chicago gleichkommt, deren Volkszahl ja diejenige sämmtlicher Indianerstämme übersteigt? Oder wenn wir kaum 300.000 nomadische, sittenlose, niederträchtige und halbnackte Wilde von jenem Gebiete verdrängen und dann denselben Länderstrich mit einer Bevölkerung von manchem Dutzend Millionen fleißiger, wohlhabender und hochcivilisirter Weißen besiedeln können? Die zahllosen Büffelherden, welche früher über die Prairien hinzogen, werden dann durch die dreifache Menge verbesserten amerikanischen Rindviehes ersetzt sein; anstatt der zerstreuten Rudel von glatthaarigen Antilopen wird man dann zahllose Herden zartvliesiger wolliger Schafe sehen, und die öden, unfruchtbaren Prairien, welche gegenwärtig nur mit dem kurzen Büffelgrase, mit gelben Sonnenblumen und stacheligen Cacteen bedeckt und kaum im Stande sind, die wilden thierischen Bewohner der Plains zu unter= halten, werden dann unter fleißigem Anbau von goldenen Ernten von Weizen und Mais strotzen und Millionen von Menschen und Thieren ihre Nahrung liefern, so daß binnen weniger Jahre nur die erhalten gebliebenen Namen von einigen der ausgestorbenen Stämme und todten Häuptlinge, auf die Benennung der bedeutendsten Städte, Grafschaften und Staaten des Großen Westens übertragen, die einzige Erinnerung an die rothen Männer bilden werden.

London.

William Blackmore.

Die heutigen Indianer des fernen Westens.

1. Die allgemeinen Vorstellungen in Ost und West von dem Indianer; seine Kinder; die Waffenprobe und der Indianer als Krieger.

Es gibt wohl kein Volk auf Erden, über welches die Ansichten so verschieden sind, wie über die nordamerikanischen Indianer.

Die Leute in den Oststaaten und in der östlichen civilisirten Welt sind durch das Lesen der Romane von Cooper und Anderen zu einer romantischen Bewunderung des »rothen Mannes« erzogen, durch die Reiseschilderungen von begeisterten Missionären oder die noch interessanteren Angaben von Agenten und gewerbsmäßigen Humanitären irregeführt worden, und geben sich einer menschenfreundlichen Vorliebe für den Indianer hin, welche gefahrlos, weil fern, und aufrichtig, weil unwissend ist; sie sind daher geneigt, alles unmögliche Gute und gar nichts Schlechtes von dem »edlen Wilden« zu glauben.

Die Bewohner der westlichen Grenze, welche mit dem Indianer in Berührung kommen und unter seinen Raubzügen leiden und denen seine Nachbarschaft das Leben zu einem Alpdrucke macht, finden nicht Worte genug, um ihren Abscheu vor seiner Doppelzüngigkeit, Grausamkeit und Barbarei auszudrücken. Keinerlei Auf=

wand von Vernunft und Zureden, keinerlei Anführung von Thatsachen aber wird jemals die Ansicht sowohl der Bevölkerung des Ostens wie derjenigen des Westens über diesen Gegenstand umstimmen. In den Oststaaten von Nordamerika bilden christliche Nächstenliebe und empfindsame Menschlichkeit ein sehr dankbares Thema, welches der handwerksmäßige Philanthrop gern zu seinem eigenen Vortheil zu variiren und zu behandeln pflegt, indem er auch den Zweifelsüchtigsten eine Masse befriedigender Thatsachen und einen Schwall von statistischen Notizen vorführt. — Der Mann im fernen Westen aber, welchem der Indianer die Pferde weggetrieben, das Haus angezündet oder die Frau entehrt und ermordet hat, findet ein ganzes Leben voll Haß und Rache nicht zureichend, um es mit Freuden auf die Vertilgung der Rothhäute zu verwenden.

Das Verständniß des indianischen Charakters ist beinahe unmöglich für einen Menschen, welcher den größeren Theil seines Lebens umgeben von den Einflüssen einer civilisirten, gebildeten und sittlichen Gesellschaft zugebracht hat. Es ist gerade so, wie wenn man einem reinen unschuldigen Mädchen einen verwirklichenden Begriff von den Tiefen der Entwürdigung beibringen wollte, bis zu welchen manche ihres Geschlechtes gesunken sind. Die Wahrheit ist einfach allzu grausenhaft, und das empörte Gemüth nimmt seine Zuflucht zum Unglauben, als der minder schmerzlichen Seite des Dilemmas. Als ersten Schritt zum Verständniß des indianischen Charakters müssen wir uns auf den sittlichen Standpunkt des Indianers stellen. Als Kind erhält er keine Erziehung, sondern wächst heran wie ein Stückchen Vieh. Vom

Aufdämmern des Verstandes an ist sein eigener Wille ihm
Gesetz. Es gibt für ihn kein Recht und kein Unrecht.
Es werden keinerlei sänftigende Geschichten von wackeren
kleinen Knaben in sein aufmerksames Ohr geflüstert,
wenn er auf seiner Mutter Knie sitzt. Keine Furcht vor
Strafe hält ihn von irgend einer Handlung zurück, zu
welcher ihn knabenhafter Muthwille oder Wuth treiben
mag. Es werden niemals Lehren und Vorstellungen,
welche ihm die Schönheit und den sicheren Lohn des
Guten oder die Häßlichkeit und gewisse Bestrafung des
Lasters begreiflich machen, an ihn verschwendet. Die
Männer, von denen er umgeben ist und zu denen er
als zu Vorbildern für sein künftiges Leben aufblickt, sind
nur groß und berühmt gerade im Verhältniß zu ihrer
Wildheit, zu den Scalpen, die sie erbeutet, oder zu den
Diebstählen, die sie begangen haben. Seine früheste
Erinnerung aus der Knabenzeit ist vermuthlich ein Freuden-
tanz über die Scalpe von Fremden, welche er alle als
Feinde zu betrachten gelehrt wird. Die Lehren seiner
Mutter erwecken in ihm nur Einen Wunsch, sobald wie
möglich an Kämpfen und Raubzügen theilzunehmen.
Der Unterricht, welchen er von seinem Vater erhält, ist
im Grunde nur darauf berechnet, ihn in den Stand zu
setzen, daß er im Jagen, Rauben und Morden eine
hervorragende Rolle spiele.

Man denke sich einen weißen Knaben, der unter
solchen Umgebungen aufwachsen würde. Der menschen-
freundlichste und nachsichtigste Christ wird einen solchen
nur »für ein passendes Subject für das Zuchthaus oder
den Galgen« erklären; und dennoch glaubt dieser selbe
Christ, der indianische Knabe erwachse und entwickle

sich zu dem »edlen rothen Mann«, der mit allen Tugenden ausgerüstet sei.

Die Kindheit. — Mit zwölf oder dreizehn Jahren beginnt der Knabe ein Mann zu sein und sehnt sich nach irgend einer Gelegenheit, seinen Muth oder seine Schlauheit zu bethätigen. In Banden zusammengethan, durchziehen die Jungen von zwölf bis sechzehn Jahren das Land (nur in der später zu beschreibenden Weise beschränkt), und diese Rangen haben einige der kühnsten und verzweifeltsten Angriffe gewagt, um sich Ruf und Ansehen bei den Ihrigen zu verschaffen. Diese Ausflüge lehren den Jungen Alles, was zu seinem wilden Leben nothwendig ist. Entbehrung lehrt ihn Ausdauer. Wenn er genug zu essen hat, ißt er bis zur Uebersättigung; hat er keine Nahrung, so sucht er sich solche durch die Jagd zu verschaffen. Hat er Kleidung, so trägt er sie; wenn nicht, so ist er glücklich und zufrieden in seiner Lendenschürze und Bemalung. Er ist geduldig, denn die Zeit hat keinen Werth für ihn; er kennt kein Heimweh, weil alle Oertlichkeiten gleichermaßen seine Heimat sind. Sein Auge wird geschärft für jedes Zeichen am Boden, an einem Baum, einem Grashalm, und er überträgt Alles, was er von den älteren Männern am Lagerfeuer hat erzählen hören, in die Praxis, nämlich wie man seine eigene Fährte unbemerklich oder sein Lager versteckt halten, wie man auf diese Weise sich an einen arglosen Feind anschleichen oder denselben angreifen soll u. dgl. m. Tugend, Sittlichkeit, Edelmuth, Freigebigkeit, Ehre sind Worte, welche für ihn nicht allein absolut ohne Bedeutung, sondern auch in die Sprache der Indianer der Plains gar nicht genau übersetzbar sind.

Die Probe der Mannhaftigkeit. — Von jedem derartigen Ausflug kehren einer, zwei oder mehrere junge Bursche mit hochgetragenem Kopf und stolzem Nacken zurück, deren Auftreten und Gebahren verkündet, daß jeder seinen Streich ausgeführt hat und fortan Candidat für die Ehrenstelle eines Kriegers ist. Die Häuptlinge und Krieger versammeln sich zu einer allgemeinen Berathung und lauschen mit dem größten Ernste auf die Ansprüche der Candidaten. Jeder derselben sprudelt nun der Reihe nach, vor Aufregung fast von Sinnen, unter Sprüngen und Aufschreien, in beinahe unzusammenhängender Sprache eine Schilderung der Thaten heraus, auf welche er seinen Anspruch gründet.

Wenn die geltend gemachten Ansprüche der Candidaten sich widerstreiten, so werden ihre Gefährten vom Ausflug zur Zeugenschaft aufgefordert, und wenn nun alle Zeugenschaften abgegeben sind, müssen die Candidaten und ihre Freunde, sowie die Zuschauer die Rathsversammlung verlassen, welche nun zur Erwägung schreitet. Nach einiger Zeit werden dann die Namen der paar Glücklichen, welche der Aufnahme in den Stand der Krieger für würdig erachtet wurden, von der Thüre der Berathungshütte aus förmlich und laut verkündigt. Die Aufnahme ist zugleich eine religiöse und eine militärische Ceremonie und bei den einzelnen Stämmen verschieden, denn die Probe, welcher sich der Aufzunehmende zu unterwerfen hat, ist in demselben Maße desto strenger, je kriegerischer der Stamm ist. Der Hergang, welchen wir hier beschreiben, ist der bei den südlichen Cheyennes übliche, deren Stamm zwar kaum 3000 Seelen zählt, aber durch die Kühnheit und Geschicklichkeit seiner Krieger mächtig ist. Sobald die allgemeine Rathsversammlung förmlich verkündigt hat, daß ein Jüngling sein Recht der Aufnahme als Krieger erworben hat, so wird er von seinem Vater (oder, falls dieser todt ist, von seinen nächsten männlichen Verwandten), wenn derselbe ebenfalls ein Krieger ist, nach irgend einer Stelle außerhalb des Indianerlagers geführt, hier einigen religiösen Ceremonien unterworfen und dann bis auf die Haut entkleidet. Nun wird ihm ein Messer mit breiter Klinge so durch die Brustmuskeln gestoßen, daß dadurch in jeder Brust zwei senkrechte, etwa zwei Zoll von einander entfernte Einschnitte von je drei Zoll Länge entstehen. Der Theil des Muskels zwischen diesen Einschnitten wird dann vom Knochen weggehoben und die Enden von roßhärenen, etwa 2½ Centimeter dicken Stricken durch die Oeffnung geschoben und in einen Knoten gebunden. Ein starker Pfosten von etwa zwanzig Fuß Höhe ist zuvor schon in den Boden gerammt worden, und an die Spitze von diesem werden die anderen Enden der Stricke gebunden. Wenn die Stricke so befestigt sind, daß sie dem Jungen einen Spielraum von drei bis vier Metern vom Pfosten geben, nimmt der Vater Abschied von ihm, und der Jüngling ist dann sich selbst überlassen, um seinen Kampf von Ausdauer, Qual und furchtbarem Leiden zu bestehen. Er bleibt hier allein, ohne Nahrung, Wasser und Mitgefühl; man versagt ihm sogar den armseligen Trost, daß er Anderen zeigt, wie tapfer er seine Leiden zu ertragen vermag, bis seine eigenen kräftigen Anstrengungen oder die Erweichung der Gewebe durch theilweises Absterben ihn in den

Stand setzen, die eingeschnittenen Muskeln vollends herauszureißen und seiner Gefangenschaft zu entgehen. Sobald er sich befreit hat, macht er sich auf den Weg nach der Hütte seiner Familie, wo man ihn sorgfältig untersucht und — wenn es sich ergibt, daß er den Muskel regelrecht zerrissen hat — seine Wunden auswäscht und mit Kräutern, zwar roh, aber doch mit so vieler Geschicklichkeit verbindet, daß sie in wenigen Wochen gänzlich geheilt sind. So seltsam dies auch erscheinen mag, so ist ein Beispiel von verhängnißvollem Ausgang doch selbst beim heißesten Wetter beinahe unbekannt.

Zuweilen werden die Einschnitte in den Muskeln des Schulterblattes oder des Rückens gemacht, und die Stücke in diesem Falle an irgend einem beweglichen Gegenstand angebunden. So begegnete ein amerikanischer Reisender, welcher im Herbste 1873 ein Lager der Cheyennes besuchte, eines Tages einem armen Jungen von höchstens vierzehn Jahren, welcher an langen Stricken drei Büffelschädel hinter sich herzog, je einen an einem Schnitt in jedes Schulterblatt und den dritten an einem Einschnitt neben der Wirbelsäule. Es gewährt einen scheußlichen Anblick, diese armen Knaben unter Gebrüll und gellendem Geschrei an ihrem eisernen Fleisch zerren und ziehen zu sehen; aber jeder begreift, daß es für ihn das Beste ist, sich so bald wie möglich loszureißen — und zwar das Beste nicht allein in physischer Beziehung als eine schnellere Beendigung seiner Qual, sondern auch in religiöser Beziehung, denn es ist »gute Medicin«, sich sogleich loszureißen, dagegen schlechte Medicin, damit mehrere Tage hinzubringen.

Man glaube ja nicht, daß väterliche Zärtlichkeit dem Messer auch nur eine Linie breit Einhalt thut, um dem Jungen Pein zu ersparen. Der religiöse Aberglaube würde den Vater von jeder, selbst der allergeringsten Milderung oder Verminderung der Schmerzen dieser Probe zurückhalten, selbst wenn sein Stolz auf des Sohnes Ausdauer nicht noch stärker wäre, als sein elter= liches Mitgefühl. Nur wenige weiße Männer haben diese Probe mit angesehen, und selbst dem Indianer, welcher durch Zufall einem Knaben in diesen furchtbaren Schmerzen begegnet, gebieten Religion und Brauch oder Etikette, theilnahmslos vorüber zu gehen und den Auftritt un= beachtet zu lassen.

Würde der Candidat unter dem Messer schreien oder auch nur zucken, so ist die Ceremonie vorüber und er wird nach der Hütte zurückgeführt, um unter den Weibern aufzuwachsen und die niedrigen und mühseligen Dienstleistungen der Weiber zu besorgen. Ein solcher Bursche kann nicht heiraten oder Eigenthum besitzen und steht bei den Kriegern in der tiefsten Verachtung. Obwohl er aber im Allgemeinen auch von den Weibern mit Geringschätzung behandelt wird, so gelingt es doch gelegentlich einem solchen, sich bei den Weibern in Gunst zu setzen zum nicht geringen Mißbehagen der verheirateten Krieger, welche sich übrigens nicht dazu erniedrigen können, sich auf einen solchen Burschen eifersüchtig zu zeigen. Sollte dem Candidaten, nachdem er angebunden worden ist, der Muth oder die Ausdauer ausgehen, so kann er sich zu jeder Zeit losbinden oder — falls die Einschnitte im Rücken gemacht sind — nach dem Lager zurückkehren und verlangen, daß man ihn losbinde. In jedem Falle ist aber das Ergebniß dasselbe, wie das oben angeführte: er kann niemals ein Krieger des Stammes werden. Es spricht sehr zu Gunsten der Ausdauer der südlichen Cheyennes, daß auf Grund genauer Ermittelungen die Thatsache feststeht, daß es in dem ganzen Stamme nicht über sechs derartiger Mannweiber gibt. Von dieser einweihenden Probe aus tritt der Candidat mit einem Male in die Mannhaftigkeit mit allen ihren Rechten und Pflichten, Privilegien und Freiheiten ein; er steht nicht länger unter der Aufsicht seines Vaters, besitzt Eigenthum, wenn er es zu erbetteln oder zu stehlen vermag; er kann heiraten, wenn er die Mittel besitzt, um ein Weib zu bezahlen, und seine Gefährten sind nun die Krieger des Stammes, mit denen er frei verkehren darf.*)

Der Krieger. So sehen wir den Jungen nun zum Krieger vorgerückt und halten einen Augenblick inne, um einen Ueberblick über seine Eigenthümlichkeiten und Fähigkeiten zu gewinnen!

Er ist ausdauernd, selbstvertrauend, geduldig, listig, ein ausgezeichneter Reiter, ein trefflicher Schütze mit

---

*) Es darf hier nicht unerwähnt bleiben, daß die oben geschilderte einleitende Probe als Bedingung der Mannhaftigkeit nur unter dem Cheyenne-Stamme üblich ist, welcher sich soviel wie möglich von dem demoralisirenden Einflusse der Branntweinverkäufer fern gehalten hat und in diesem Augenblicke wahrscheinlich nahezu echter und ursprünglicher ist als irgend ein indianischer Stamm im Gebiete der Vereinigten Staaten. Die Cheyennes haben sich von Zwischenheiraten mit den Weißen und von der Berührung mit anderen Stämmen und mit Mericanern beinahe ganz frei erhalten. Diese Schilderungen beziehen sich beinahe sämmtlich auf die Cheyennes. Wo die Sitten und Bräuche anderer Stämme dargelegt werden, ist dies immer speciell bemerkt.

Bogen, Pistole oder Büchse und ein vollkommener Jäger und Kenner der Prairien. Sein Auge entdeckt rasch entweder das geringste Zeichen am Boden oder den unbedeutendsten Gegenstand am fernsten Rande des Horizonts. Seither ein fauler Tagedieb, der sich bummelnd in seinem Lager oder dessen Umgebung herumtrieb, ist er nun mit einem Male ein räuberischer Teufel — entweder ein verächtlicher Bettler oder ein frecher Dieb, je nachdem die Umstände liegen. Lügen gilt ihm für eine der schönen Künste, und seine Zunge bemüht sich, »seine Gedanken zu verbergen«. Ausschweifend ohne Großmuth, falsch und verrätherisch in seinem ganzen Thun und Treiben, äußerst kaltblütig und voll Erfindungs= gabe in den Kniffen seiner Grausamkeit, ist er ein höchst gefährliches und furchtbares Geschöpf und würde es noch zehnfach mehr sein, wenn er denjenigen Muth besäße, welchen der Weiße mit diesem Ausbruck bezeichnet. Toll= kühnheit besitzt der Indianer unbedingt: er macht be= täubende Angriffe, in welchen Gebrüll und gellendes Geschrei und das Schwenken von Büffelfellen nach seinen Erwartungen beinahe ebenso viel bewirken sollen, als seine Schüsse (und wehe dann dem unglücklichen Gegner, welcher sein Heil in der Flucht suchen würde!). Er springt bei dem ersten Anzeichen von Alarm aus dem gesündesten Schlaf auf und greift zu den Waffen und ist bereit zum Kampf oder zur Flucht, je nachdem es ihm am besten erscheint. Er ficht bis zum Tode, wenn er in die Enge getrieben wird; allein er kämpft nach Wolfsart und gibt weder Pardon noch erwartet er solchen. Seine Kampfweise ist entweder die Aufregung des Angriffs oder die Verzweiflung der Hoffnungs=

losigkeit, und wenn man ihm auch alle Anerkennung für physische Tapferkeit und persönliche Kühnheit zollen muß, so ist doch in jedem Indianer ein gänzlicher Mangel an jenem Muth wahrnehmbar, welcher die Menschen veranlaßt, aus einem Gefühle von Pflicht zu kämpfen. Sein Angriff ist prächtig, wenn er überzeugt ist, daß seine Ueberzahl oder die vollkommene Ueber= rumpelung seines Gegners ihm einen leichten Erfolg sichert; allein zwei oder drei kaltblütige Weiße, welche, am Boden kauernd, ruhig und kampfbereit bleiben, können einfach dadurch, daß sie die todbringenden Büchsen an die Backe heraufziehen, den ungestümsten Angriff eines Dutzend Indianer in einen Rückzug verwandeln. Hiefür gibt es zwei Gründe: erstens des Indianers Mangel an Disciplin und jenem geschlossenen aus= dauernden Muth Schulter an Schulter, welcher aus der Disciplin entspringt, und zweitens die Thatsache, daß der Indianer von Jugend auf gelehrt wird, das Leben so selten wie möglich zu wagen, und daß in allen seinen Unternehmungen List besser sei als Muth.

Die großartigsten Unternehmungen und edelsten Tugenden für den Indianer lassen sich in die Worte: Diebstahl, Plünderung, Raub, Entführung und Mord zusammenfassen. Der rothe Mann kann kein Ansehen bei den Männern, keine Liebe von Seite der Weiber erwarten, bevor er einen Scalp genommen oder wenigstens ein Pferd gestohlen hat; und derjenige, welcher an einen schlafenden Feind anschleicht und ihn tödtet, ehe derselbe erwachen kann, gilt für einen besseren Krieger und ist zu höherem Lobe berechtigt, als derjenige, welcher seinen Feind im ehrlichen Kampfe erschlägt. Die Erbeutung eines

Scalpes ist eine Veranlassung zur Freude für den ganzen
Stamm. Ein Scalptanz, Einberufung von Rathsversammlungen, allgemeiner Jubel und unbegrenzte
Schmeichelei versetzen den glücklichen Erbeuter in den
siebenten Himmel der befriedigten Eigenliebe. Zu diesem
Zwecke ist jeder Scalp ohne Unterschied dienstbar. Das
zarte Häutchen, welches den Schädel eines kleinen Kindes
bedeckte, das ›lange blonde Haar‹ eines hilflosen Weibes
werden ebenso begierig genommen und ebenso hoch ge-
werthet, wie die ergraute Scalplocke des Veterans aus
hundert Kämpfen.

2. Die Regierung eines Stammes.

Nichts ist schwerer zu verstehen, als die Regierung
eines Indianerstammes, und zwar aus dem guten Grunde,
weil sie ein seltsames Gemisch von Despotismus, Oli-
garchie und Demokratie ist.

Das Amt des Häuptlings oder Herrschers in jedem
Stamme war ursprünglich erblich. Dies ist aber in den
jüngsten Jahren wesentlich modificirt worden, denn die
Regierung der Vereinigten Staaten hat in einzelnen
Fällen widerspenstige Häuptlinge abgesetzt und an deren
Stelle andere aufgestellt, die sie für lenksamer hielt. Der
Indianer eigene höchst eigenthümliche und excentrische
Ansichten bezüglich der Regierung haben ebenso einen
wesentlichen Einfluß auf die wirkliche Absetzung oder
Beförderung eines Häuptlings. Der oberste Häuptling
gilt für den bedeutendsten Mann des Stammes, und
ob er dies nun ist oder nicht, hängt ebenso vom Zufall
wie von guter Aufführung ab. Jeder Stamm theilt sich

mehr oder weniger in kleinere Banden oder Haufen, jeder unter der Leitung eines Unterhäuptlings (gewöhnlich eines ehrgeizigen strebsamen Burschen, welcher auf den obersten Häuptling neidisch und auf die anderen Unterhäuptlinge eifersüchtig ist), dessen größte und eifrigste Sorge dahin geht, sich beliebt zu machen und so viele Hütten wie möglich unter seinem Befehl zu versammeln. In der Regel hält jeder Unterhäuptling seine Bande so viel wie möglich den übrigen Banden fern, und zwar in der Absicht, sich die sichere und vollkommenere Herrschaft über dieselbe zu sichern, sowie auch weil hierdurch die Beschaffung der Nahrung für seine Bande bedeutend leichter wird.

So lange das Haupt einer Hütte oder Familie unter der wirklichen Controle des Unterhäuptlings steht, hat dieser unumschränkte Gewalt über ihn und die Seinigen, welche sich folglich auf Leben und Tod erstreckt. Der verunglückte Versuch eines Familienhauptes, seine Unterthanenpflicht mit derjenigen gegen einen andern Unterhäuptling zu vertauschen, kann für jenen die verhängnißvollsten Folgen herbeiführen. Sollte es dagegen dem Ausreißer gelingen, die andere Bande zu erreichen, so wird er nicht nur von allem Tadel entbunden, sondern darf seinem ehemaligen Häuptlinge und Herrn ohne alle schlimmen Folgen und auf gutem Fuße gegenübertreten. Im Jahre 1867 waren die Cheyennes im Kriege mit den Vereinigten Staaten begriffen. Ein Theil der Brulé-Bande der Sioux trug großes Verlangen, zu denselben zu stoßen und denselben beizustehen, trotz dem Befehl und Einfluß des »gefleckten Schwanzes«, welcher schon damals wie noch heute der Häuptling der Bande der Brulés war. Eines Morgens wurde die Wahrnehmung gemacht, daß über Nacht zwanzig oder mehr Familien der Unzufriedenen aus dem Lager entwichen waren. Der »gefleckte Schwanz« bot sogleich seine Leibwache auf, verfolgte die Flüchtlinge, holte sie ein und nahm sie gefangen. Jeder der entwichenen Krieger und viele von deren Weibern wurden tüchtig durchgeprügelt, ihre Pferde getödtet, ihre Waffen zerbrochen oder hinweggenommen, alle ihre Hütten, Lebensmittel, Büffeldecken, Fahrniß und Putzgegenstände erbarmungslos zerstört und der bedauernswerthe Haufe als Bettler und Wehrlose nach dem Lager zurückgeschleppt. So lange diese Leute unter indianischer Herrschaft standen, war die Behandlung, welche sie erfuhren, eine vollkommen gerechte und den Verhältnissen angemessene; wäre es dagegen den Flücht= lingen gelungen, das Lager der Cheyennes zu erreichen, so würden sie jedem Tadel und jeder Gefahr enthoben gewesen sein. Dies ist ein Ausnahmefall, und die Strenge der Strafe war gerechtfertigt durch die Thatsachen, daß die beabsichtigte Desertion einem fremden Stamme galt, und daß die That der Ausreißer möglicherweise die ganze Bande der Brûlés in Verlegenheit und Gefahr bringen und in einen Krieg mit den Vereinigten Staaten verwickeln konnte.

Der Wechsel des Unterthanen=Verhältnisses von einem Unterhäuptling zum andern in demselben Stamme ist ein sehr gewöhnliches Vorkommniß, von welchem man wenig Aufheben macht; allein die Regel scheint die zu sein, daß, während das Wort des Unterhäuptlings für seine Bande Gesetz ist, jedes Mitglied dieser Bande sein Unterthanen=Verhältniß nach Belieben verändern darf — aber auf seine eigene Gefahr während dieser Ver=

änderung. Eine hervorragende Rolle in der Stammes=
regierung spielt die Rathsversammlung; allein worin
die Amtsverrichtungen dieser Rathsversammlung be=
stehen, welche Pflichten oder Befugnisse dieselbe hat und
in wie weit diese mit denjenigen des Häuptlings con=
curriren, — das sind Fragen, über welche ich niemals
eine zufriedenstellende Antwort selbst von dem intelli=
gentesten Indianer erhalten konnte. Nur so viel ist.
gewiß, daß die Rathsversammlung von den Indianern
selbst als ein äußerst wichtiger Punkt in ihren inneren
und Regierungs=Angelegenheiten betrachtet wird. Für
jede Bande wird eine eigene Berathungshütte beschafft
und die Rathsversammlung bei allem und jedem Anlaß
zusammenberufen. Es scheint jedoch keine regelmäßigen
Mitglieder des Rathes zu geben, sondern dieser im
Gegentheil nur aus allen denjenigen Kriegern zu be=
stehen, welche sich eben einzufinden belieben mögen. Das
Redenhalten scheint übrigens nur den Häuptlingen und
älteren Kriegern zuzustehen, und die jüngeren Krieger
halten sich im Hintergrunde. Der Beschluß erfolgt nicht
durch Abstimmung, sondern durch Zuruf; daher ist
Beredtsamkeit oder das Vermögen, die Ansichten oder
Leidenschaften der Zuhörer durch Worte zu beherrschen,
ein wichtiger Hebel in der indianischen Regierung.

Es dürfte am Platze sein, hier des eigenthümlichen
und unnatürlichen Styls des Redenhaltens zu gedenken,
welcher stattfindet, so oft Weiße und Indianer zu einer
Berathung zusammentreten und worin immer viel vom
großen Geist, großen Vater u. dgl. gefaselt wird. Es
ist keine angemessene und natürliche Ausdrucksweise für
Weiße, und ich bin, auf Grund sorgfältiger Erkundigungen

Krieg oder Frieden? Rathsversammlung der Indianer.

(Seite 78.)

überzeugt, daß sie auch den Indianern ebenso fremd ist. Sie läßt sich nicht billig durch die Wortarmuth der indianischen Sprachen erklären und muß unter den »Pilgrim-Vätern«, den »Quäkern« Penn's und anderen Vätern entstanden sein, deren glühendes Verlangen nach Bekehrung der Wilden beständig mit dem schmerzlichen Mangel an Bekanntschaft mit der Sprache der Wilden zu kämpfen hatte und welche dieselben natürlich nöthigte, immer und immer wieder auf dieselben wenigen Ausdrücke zurückzukommen. Der Indianer hat diese Eigenthümlichkeit für die Ausdrucksweise des weißen Mannes gehalten und (als ein nachahmungslustiges Thier) dieselbe angenommen, und so fahren die Weißen Jahr um Jahr fort, Reden zu halten und anzuhören, welche ebenso abgeschmackt für die Indianer, wie für sie selbst sind. Wie groß aber auch Macht oder Einfluß des Häuptlings oder der Rathsversammlung sein mag, so ist noch eine andere Gewalt vorhanden, welcher beide in allen denjenigen Angelegenheiten nachgeben müssen, welche diese zu entscheiden sich das Recht beimißt. Jene ersten beiden Gewalten stellen sozusagen das Gehirn des Stammes oder der Bande dar, die letztere repräsentirt den Magen der Gemeinde. Da Kopf und Herz nur gelegentlich zu Hilfe gerufen werden, die Anforderungen des Magens aber unaufhörlich sind, so steht der Stamm gewöhnlich unter der Herrschaft dieses »dritten Standes«. Diese Macht besteht aus den sämmtlichen Jägern des Stammes, welche eine Art Zunft oder Gilde bilden, von deren Entscheidungen in ihrem eigenen besonderen Bereich es keine Appellation gibt. Unter den Cheyennes heißen diese Männer »Hundesoldaten«. Die jüngeren und rührigeren Häuptlinge gehören stets diesen »Hundesoldaten« an, befehligen dieselben aber nicht nothgedrungen. Die »Soldaten« selbst verfügen durch mündlichen Entschluß über allgemeine Angelegenheiten, deren Einzelheiten dann den unter ihnen ausgewählten, berühmtesten und scharfsinnigsten Jägern überlassen bleiben. Unter diesen »Hundesoldaten« befinden sich viele Jungen, welche die einweihende Probe als Krieger noch nicht bestanden haben. Mit einem Wort, diese Jägerzunft umfaßt die ganze Arbeitskraft der Bande und ist diejenige Macht, welche die Weiber und Kinder beschützt und mit Nahrung versieht. Eine Kriegspartie steht unter dem Befehl des Häuptlings. Die Heimat oder das Hauptlager mit seinen Weibern und Kindern, Pferden, Hütten und Eigenthum aller Art steht unter der Aufsicht und dem Schutze der »Hundesoldaten«. Von diesen gehen alle Marschbefehle aus; durch sie werden die Lagerplätze gewählt; sie liefern die Wachen für das Lager, bezeichnen die zum Jagen bestimmten Abtheilungen und die zur Bejagung ausersehenen Gegenden, und sie wählen, wenn die Büffelherden aufgesucht werden, die scharfäugigen Jäger, welche vorausgehen und alle Anordnungen für das Einkreisen der Büffel treffen sollen. Eine der wichtigsten Obliegenheiten der »Hundesoldaten« ist der Schutz des Wildes. Mit Ausnahme der Herbstzeit, wo man die Wintervorräthe an Fleisch einthut, dürfen immer nur so viele Büffel geschossen werden, als für den laufenden Bedarf des Lagers erforderlich sind. Man nimmt sich außerordentlich in Acht, die Herden nicht zu beunruhigen, welche Tage lang in der Nachbarschaft eines Indianerlagers von einem Tausend Seelen weiden,

Weidende Büffel auf den Ebenen.

(Seite 80.)

während ein Lager von einem halben Dutzend Weißen sie alle in einem einzigen Tage vertreiben würde. Nur eigens dazu bezeichnete Gesellschaften oder Individuen dürfen auf Herden oder sogar auf einzelne Büffel schießen, und ein Indianer, welcher hiezu nicht beauftragt oder ausersehen ist, wird eben so viel Vorsicht gebrauchen, um einer Herde auszuweichen, als er unter anderen Umständen daran setzen würde, um sich an eine solche anzuschleichen. Namentlich ist es den obenerwähnten Partien von jungen Leuten niemals gestattet, Büffelherden innerhalb einer, zwei oder mehrerer Tagreisen vom Hauptlager in irgend einer Weise zu belästigen. Man greift nicht oft zu Strafen, allein wenn solche verhängt werden, ist die Strafe rasch und streng. Verbrechen gegen die Obrigkeit oder Verletzungen der Befehle des Häuptlings werden strenge geahndet, zuweilen mit Tod, noch häufiger aber mit Prügelstrafe und Zerstörung des Eigenthums. In diesen Fällen handelt der Häuptling, allein er muß mindestens die stillschweigende Einwilligung der Rathsversammlung und den werkthätigen Beistand der »Hundesoldaten« für sich haben. Beinahe alle Verbrechen gegen Individuen werden durch Erlegung von Entschädigungen abgemacht, deren Höhe gewöhnlich durch den Häuptling bestimmt wird, welchem in wichtigen Fällen noch zwei oder mehr angesehene Männer zur Seite stehen. Eine Verfehlung gegen die Statuten der »Hundesoldaten« wird sogleich mit einer tüchtigen Tracht Prügel abgewandelt. Ich vermag nicht zu sagen, in wie weit die Befugnisse und Pflichten dieser drei Regierungsformen und Behörden mit einander concurriren oder sich vermengen, oder wo sie in

Gegensatz zu einander gerathen, und ich habe niemals einen Indianer oder Weißen getroffen, welcher mir eine befriedigende Auskunft darüber zu geben vermochte. Das Ergebniß ist übrigens ein ziemlich gutes und scheint dem Charakter, den Bedürfnissen und Eigenthümlichkeiten des Lebens der Indianer in den Plains ganz zu entsprechen. Zur Zeit, wo Texas von den Vereinigten Staaten annectirt wurde, standen die Comantschen, weitaus der mächtigste texanische Indianerstamm, unter der Führung von San-ta-na, einem Häuptling, der sich durch seine Beredtsamkeit und Weisheit im Rathe wie durch seine Kühnheit, Geschicklichkeit und Erfolg im Felde vor allen anderen auszeichnete. Sein Wort war Gesetz und seine Beliebtheit bei seinem Stamme so groß, daß Unter=häuptlinge und Krieger untereinander wetteiferten, seinen Wünschen zuvorzukommen. Als die Truppen der Ver=einigten Staaten nach Texas gesandt wurden, um das=selbe zu besetzen und zu vertheidigen, da fand sich, daß kaum eine Oertlichkeit in der ganzen Länge und Breite dieses ungeheuren neuen Staates vor den Einbrüchen und Ueberfällen dieses Stammes von kühnen Kriegern sicher war. Weiße wurden sogar auf dem Saume der Stadt San Antonio, damals der bevölkertsten in ganz Texas, erschlagen und scalpirt, und die deutsche Nieder=lassung Neu=Braunfels, ein sehr bedeutendes Städtchen, wurde geplündert, die Männer niedergehauen und die Weiber und Kinder in die Gefangenschaft hinweg=geschleppt.

Die kleine Streitmacht von regulären Truppen war zwar beinahe allgegenwärtig (wie es von ihr jederzeit erwartet wird), war aber selbstredend und nothgedrungen nicht im Stande, ein solch ausgedehntes Ländergebiet vor den Raubzügen der kühnsten und abenteuerlustigsten von allen berittenen Indianern zu beschützen. In diesem kritischen Augenblicke ward ein erfolgreicher Versuch gemacht, San=ta=na zu einer Berathung mit den Weißen zu veranlassen; er ward mit Geschenken überhäuft und bewogen, einen Besuch in Washington zu machen. Man kann sich denken, welch eine Wirkung eine derartige Reise auf diesen ganz ungebildeten Wilden machte. Die zurückgelegten ungeheuren Entfernungen, die Reise durch ein Land, welches ganz von Weißen bewohnt war, die Volkszahl derselben, die großen Städte, die Mengen von Waffen und Kriegswerkzeugen aller Art, überzeugten den Comantschen=Häuptling von der gänzlichen Ver= geblichkeit und den sicher nur verhängnißvollen Folgen eines weiteren Krieges mit den Weißen. Bei seiner Heimkehr schilderte er seinen Leuten, so gut er es ver= mochte, Alles was er gesehen hatte, und versuchte ihnen die Nothwendigkeit, den Frieden zu halten, darzuthun; sie aber maßen die mit ihm vorgegangene Sinnes= änderung der Bestechung bei und betrachteten die Schil= derung seiner Reisen und der Wunder, welche er im Lande der Weißen gesehen haben wollte, für eigens hiefür erfundene Lügen und absichtliche Bethörungen. Er ward seinem Stamme verdächtig, man betrachtete ihn als einen Verräther an den Interessen seines Volkes und als einen frechen und unverbesserlichen Lügner. Sein Einfluß schwand, seine Leute fielen von ihm ab und ehrgeizige Unterhäuptlinge benützten die Gelegenheit, ihre eigene Macht und ihren Einfluß zu vermehren. Binnen weniger Jahre bezahlte der einst so mächtige Anführer mit gebrochenem Herzen und verlassen von Allen außer zwei treuen Weibern, der Natur den letzten Tribut. In einem kleinen Cañon in der Nähe des Bandera-Passes sah man vor etwa zwanzig Jahren noch einen kleinen Steinhaufen, welcher die letzte Ruhestätte des größten indianischen Kriegers seiner Zeit bezeichnete. Dies war das Geschick eines erblichen Häuptlings, welcher sich gegen die Vorurtheile seines Stammes zu erheben gewagt hatte.

Die Geschichte der »rothen Wolke«, des noch lebenden obersten Häuptlings der Ogallalla-Sioux, liefert gewissermaßen das umgekehrte Bild. Er war kein erblicher Häuptling und verdankt sein Ansehen nur seiner beharrlichen Feindseligkeit gegen die Weißen. Die Regierung der Vereinigten Staaten beschloß eine Straße nach Montana über den Pulverfluß anzulegen, die nothgedrungen durch einen Lieblings-Jagdgrund der Sioux führen mußte. Man schloß daher Verträge mit hervorragenden erblichen Häuptlingen der Sioux-Banden, welche das Recht zur Anlage des Weges einräumten. Die Unzufriedenheit unter den Indianern hierüber war aber so groß, daß die »rothe Wolke« die Gelegenheit wahrnahm und sich über die Verträge und diejenigen, welche sie abgeschlossen hatten, beschwerte und gegen jeden Weißen, welcher auf diesem Wege einherkommen oder sich in jene Gegend wagen würde, den Krieg bis auf's Messer erklärte. Alsbald sammelten sich Schaaren von Kriegern, die Ehrgeizigen und die Unzufriedenen von allen Stämmen und Banden jenes Landes, unter seiner Fahne; die erblichen Häuptlinge fanden sich verlassen und machtlos und waren in manchen Fällen nur allzu froh, wenn sie als Unterhäuptlinge die Herrschaft über ihre Banden behalten

Friedens-Commission zwischen Indianern und Weißen.

(Seite 85.)

durften, indem sie die »rothe Wolke« als Gebieter
anerkannten. Ein langer und mühseliger Krieg folgte,
in welchem die »rothe Wolke« sich einen großen Ruhm
erwarb und beständig auf Kosten der erblichen Häupt=
linge seine Macht vergrößerte. Unter Vermeidung jedes
allgemeinen oder auch nur ernsthaften Zusammenstoßes
wußte er alle Züge und Expeditionen so zu quälen und
zu beunruhigen, daß die wenigen Truppen in seinem
Lande buchstäblich kaum den Boden zu behaupten ver=
mochten, auf welchem sie wirklich standen. Es wurden
mehrere Forts errichtet, aber sie beschützten nur das, was
innerhalb der Palissaden sich befand. Nicht eine Ladung
Brennholz konnte ohne ein Gefecht draußen geschlagen
werden. Dies gipfelte endlich in dem furchtbaren Blutbade
vom Fort Phil Kearney, worin die halbe Garnison
niedergemacht wurde, weil sie in tapferer, aber unkluger
Weise es außerhalb der Palissaden mit dem Feinde
aufnahm. Anstatt nun weitere Truppen hinzusenden und
die Indianer rasch und furchtbar zu bestrafen, ward
eine »humane« Commission abgeschickt, um mit den
Rothhäuten zu unterhandeln. Die Garnisonen wurden
zurückgezogen, die Straße aufgegeben, und die Indianer
sind in ihrer eigenen Schätzung nun unüberwindlich,
und die »rothe Wolke« der größte Krieger der Welt.
Der schon erwähnte »gefleckte Schwanz«, ein anderer
berühmter Sioux=Häuptling, hat sich ebenfalls von unten
heraufgearbeitet. Als ein Jüngling von neunzehn oder
zwanzig Jahren zog er sich die unversöhnliche Feindschaft
eines wegen seiner Kühnheit und Wildheit bereits
bekannten Unterhäuptlings zu, indem er sich um ein
Mädchen bewarb, auf welches dieser Häuptling ein

Auge geworfen hatte. Eines Tages begegneten sich beide zufällig in geringer Entfernung vom Lager, und der Häuptling verlangte von dem »gefleckten Schwanz« peremtorisch, daß er das Mädchen aufgebe, wofern er nicht sogleich den Tod erleiden wolle. Der »gefleckte Schwanz« zog sein Messer und forderte seinen Gegner heraus, sein Möglichstes zu thun. Hieraus erfolgte ein verzweifelter langer und blutiger Kampf, und ein zufällig Vorüberkommender fand einige Stunden später die beiden Männer noch gleichsam in Todesumarmung in einander verschlungen, beide aus unzähligen Wunden blutend. Der Häuptling war todt, der »gefleckte Schwanz« genas wieder, um sogleich zu Ehre und Ansehen zu gelangen, und als einige Jahre später der erbliche Häuptling starb, wurde jener beinahe einmüthig zum obersten Häuptling gewählt, trotz des entschlossensten Widerstandes des Unterhäuptlings, welcher durch regelrechte Erbfolge jene Stellung hätte einnehmen sollen. Der »gefleckte Schwanz« hat sich als ein geschickter und umsichtiger Führer bewährt und die Wahl seines Stammes wohl gerechtfertigt.

Nun noch ein Beispiel von dem, was man eine politische Hinrichtung nennen könnte, und ich bin mit der Schilderung der indianischen Regierung fertig. »Großmaul«, ein anderer Häuptling der Brûlé-Sioux, war dem »gefleckten Schwanz« in den meisten männlichen und kriegerischen Eigenschaften ebenbürtig. In den beständigen Verwickelungen, die in den jüngsten Jahren aus der unmittelbaren Berührung zwischen Indianern und Weißen entstanden, gewann »Großmaul« stetig an Macht und Einfluß. Vor einigen Jahren machte der »gefleckte Schwanz« einen Besuch in Washington, New-York und anberen öftlichen Städten und wurde fehr gefeiert. Als er nun mit veränderten Anfichten und neumobifchen Begriffen von der Politik der Indianer heimkehrte, ergriff »Großmaul« begierig die Gelegenheit, feine Macht baburch zu vergrößern, daß er die Ehrlichkeit und den gefunden Menfchenverftand feines Vorgefetzten ver= bächtigte. Als ber »gefleckte Schwanz« fah, daß die Verhältniffe fich gegen ihn zu wenden brohten, erfchien er eines Tages an der Thüre von »Großmauls« Hütte und verlangte ihn zu fprechen. Sobald »Großmaul«, erfchien. warb er von zwei Kriegern gepackt und feftgehalten, während der »gefleckte Schwanz« eine Piftole zog, fie ihm auf die Bruft fetzte und ihn tobt fchoß. Ueber ben Mord wurde nie etwas gefprochen ober verhandelt, und man kann fich leicht benken, baß feither in jenem Indianerftamme niemand mehr einen Tabel ober eine Splitterrichterei über ben Häuptling verfucht hat.

3. Religion.

Kein Chrift, Muslim ober Bubbhift hängt mehr an feiner Religion und kein Hochkirchlicher ift mehr auf die Form erpicht, als ein Cheyenne=Inbianer. Seine Religion ift mit jeber Phafe feines Lebens innig ver= woben und verwachfen, und kein Vorhaben irgend welcher Art, betreffe es die Regierung, die Gemeinde ober bas Individuum, wird jemals unternommen, ohne baß man zuerft die Anficht ober die Geneigtheit der Gottheiten über ben Gegenftand zu ermitteln verfucht.

Gleich ben beften ber Indianer der Prairien glaubt auch ber Cheyenne an zwei Götter, welche ein= ander an Weisheit und Macht gleich find.

Der Eine ist der »gute Gott«, welcher den Indianer nach seinem besten Vermögen in allen Unternehmungen desselben, gleichviel ob gut oder böse, unterstützt und (ohne Bezug auf abstractes Recht oder Sittlichkeit, von welchen der Indianer ja keinen Begriff hat) immer und unter allen Umständen sein Freund und Beistand ist. Von ihm kommen die angenehmen Dinge des Lebens: Wärme, Nahrung, Freude, Erfolg auf der Jagd, in der Liebe und im Kriege.

Der Andere ist der »böse Gott«, des Indianers beständiger Feind, der ihn zu allen Zeiten und an allen Orten schädigt, wenn er nicht durch die Macht des guten Gottes davon abgehalten wird. Von dem bösen Gott kommt aller Schmerz, alles Leiden und Unglück her; er bringt die Kälte, er vertreibt das Wild, und durch sein Zuthun wird der Indianer mit Wunden gequält und krümmt sich im Tode.

Zwischen den beiden Göttern findet ein fortwährender Kampf statt, dessen Gegenstand der Indianer ist, und der Erfolg jenes Kampfes wechselt fortwährend. Da er keinen angeborenen oder anerzogenen Sinn für Recht und Unrecht und keinen Begriff von einer sittlichen Verantwortlichkeit in Gegenwart oder Zukunft hat, so mißt der Indianer der unmittelbaren Einwirkung einer großen Macht alles Gute und der anderen großen Macht alles Böse bei, was ihm zustoßen mag. Für seine treuen und unabläſſigen Dienste zu Gunsten des Indianers verlangt der gute Gott keine Gegenleistung — keine Schmeichelei, kein Gebet, nicht einmal Dank. Er ist des Indianers Freund, wie der böse Gott sein Feind ist, aus irgend einer unerforschlichen eigenen Ursache, welche der Indianer nicht zu ermitteln strebt. Während der Indianer an ein anderes Leben nach dem Tode glaubt, erstreckt sich die Macht der beiden Götter nicht auf das= selbe, sondern wird ganz auf Wohlthaten oder Schädi= gungen in dieser Welt beschränkt, und sein vermeintlicher Zustand nach dem Tode hängt in keiner Weise weder von seiner eigenen Aufführung bei Lebzeiten, noch von dem Willen eines der beiden Götter ab. Man muß zunächst eingedenk sein, daß der Indianer kein Unrecht thun kann, mit anderen Worten, daß er gar keinerlei sittliches Gefühl hat. Mord und Diebstahl sind die Mittel zu seinem Lebensunterhalte; Habgier, Unenthalt= samkeit, Völlerei und andere Züge, welche wir Laster nennen, sind ihm so natürlich, wie irgend einem anderen Thiere, und er steht unter keinem größeren Zwang als rohem Instinct oder Furcht. Er mag für ein Verbrechen gegen seinen Häuptling oder Stamm körperlich abgestraft werden; er mag Pferde dafür zu bezahlen haben, daß er einen anderen Indianer niedergestoßen oder demselben sein Weib geraubt hat; aber alle seine Verbrechen und Vergehen führen ihre Bestrafung schon in diesem Leben herbei (oder werden auch nicht an ihm heimgesucht). Was auch immer sein Charakter sein, wie auch immer die Thaten beschaffen sein mögen, welche er bei Lebzeiten verübt hat, der Indianer geht mit seinem Tode alsbald nach den glücklichen Jagdgründen, wenn er nicht durch Zufall davon ausgeschlossen wird.

Es gibt zwei Wege, durch welche die Seele eines Indianers von den glücklichen Jagdgründen ferne ge= halten werden kann. Der erste ist, wenn der Kopf eines Leichnams scalpirt wird, denn kein scalpirter Indianer

kann jemals sein Himmelreich ererben. Daher die heftige
Begierde jedes Stammes, alle Feinde zu scalpiren, und
die Sorgfalt, womit der Indianer sein eigenes Scalpirt=
werden zu verhindern sucht. Dieser Aberglaube liefert
die Veranlassung für die Entfaltung der allerbesten und
schönsten Züge des indianischen Charakters. Die toll=
kühnsten Angriffe werden gemacht und die verzweifeltsten
Wagnisse von den Kriegern versucht, um den Körper
eines Häuptlings oder eines theuren Freundes unscalpirt
davon zu führen oder mitten aus dem feindlichen Haufen
herauszuholen. Man kennt eine Menge Beispiele, daß
viele Indianer in vergeblichen Bemühnngen, die Leichen
ihrer erschlagenen Krieger wieder zu bekommen, getödtet
wurden. Ein indianischer Homer würde einen indianischen
Helden des unsterblichsten Ruhmes für ebenso würdig
halten als Achilles wegen seiner Bemühungen, die Leiche
seines Freundes zu retten; und kein christlicher Missionär
hat jemals eine edlere Gleichgiltigkeit gegen Gefahr
bethätigt, als der Wilde sie in dem Bestreben an den
Tag legt, die Seele seines Freundes vermeintlich zu
retten. Ist der Scalp heruntergerissen, so wird der
Leichnam bloßes Aas und ist nicht einmal mehr ein
Begräbniß werth. Die andere Art und Weise, wodurch
ein Indianer um seinen Himmel verkürzt wird, geschieht
durch Hängen. Der Indianer glaubt, die Seele entweiche
aus dem Körper durch den Mund, der sich im Augen=
blicke der Auflösung von selbst öffne, um jener den
freien Durchgang zu gewähren. Sollte nun der Tod
durch Hängen oder Erdrosselung erfolgen, so kann die
Seele niemals aus dem Körper entweichen, sondern muß
immer in demselben bleiben, selbst nach vollkommener

Verwesung. Diese Todesart hat daher für den Indianer unendlich mehr Entsetzliches, als irgend eine andere, und er wird lieber am Pfahl tausendfachen Tod mit all' den Martern erleiden, welche sein Scharfsinn erdenken kann, als durch den Strang sterben.

Es gibt keinerlei Hölle oder Fegefeuer für den Indianer. Die Seelen aller Verstorbenen gelangen an denselben Ort, mit Ausnahme derjenigen, welche durch Scalpiren zerstört wurden, oder derjenigen, welche verdammt sind, für alle Zeit und Ewigkeit mit den faulenden oder verwesten Leichen derer fortzuleben, welche durch Erdrosselung oder Hängen gestorben sind. Da der Indianer glaubt, daß keinerlei Handlungsweise von seiner Seite ihm zum Guten oder Bösen ausschlagen kann, da er seine Hilflosigkeit und völlige Abhängigkeit und die relative Gewalt der beiden großen Wesen fühlt, welche fortwährend für ihn oder gegen ihn kämpfen, so geht sein erstes und wichtigstes Anliegen dahin, irgend ein sicheres Mittel der Entdeckung zu finden, welche von den beiden Gottheiten zu irgend einer besonderen Zeit Gewalt über ihn habe, und dies sucht er durch Ahnung oder Weissagung zu ermitteln. Das Wort »Medicin« findet unter den Indianern die allgemeinste Anwendung. Alles, was nun für gesund oder glücklich, oder irgend welcher Weise auf die Anwesenheit oder Gewogenheit des guten Gottes hinweisend gilt, ist eine »gute« — alles Gegentheilige ist eine »schlechte« Medicin. Da er, wie alle Urvölker, äußerst abergläubisch ist, so gibt es beinahe keinen Gegenstand, welcher nicht den einen oder anderen Charakter trägt. Der Flug eines Vogels durch die Luft, der Lauf einer Schlange im Grase, das

Kökern eines Fuchses, jeder Anblick oder Ton im Alltagsleben haben für den Indianer eine geistige Bedeutung und höhere Meinung. In Ermangelung einer genaueren Kenntniß der nächsten Zukunft verläßt er sich auf einen Proceß des »Medicinmachens«, welcher nur den Indianern selbst genau bekannt ist.

Erde und Sand von verschiedener Farbe, Asche von gewissen Pflanzen oder von besonderen Knochen von Vögeln, Vierfüßlern oder Reptilien, sowie anderen Ingredienzien, welche sorgfältig geheim gehalten werden, und andere Gegenstände werden in einem flachen Napf oder sonstigen Gefäße mit einander vermengt und mit einem Stock sachte umgerührt, wie man Salat anmacht. Aus der Verbindung der Farbe oder irgend einer anderen, während dieses Processes sich entwickelnden Eigenthümlichkeit glaubt der Indianer unfehlbar ahnen oder errathen zu können, welche Gottheit gerade die Oberherrschaft über ihn hat. Ist die »Medicin« etwa »gut«, so wird ein kleiner Theil davon in winzige Säckchen von gegerbter Hirschhaut gethan und im Haar der Krieger ein= oder den Weibern und Kindern am Hals umgebunden, das Uebrige aber sorgfältig im Feuer der Hütte verbrannt. Hat aber das angestellte Verfahren »schlechte Medicin« ergeben, so wird das Gemenge zum Lager hinausgetragen und sorgfältig vergraben, ohne daß jemand es berührt.

Kein Indianer wird einen Jagdzug oder auch nur eine alltägliche Reise von einigen Tagen unternehmen, ohne zuvor »Medicin zu machen«. Ist diese »gut«, so tritt er glücklich und zufrieden seinen Zug an; ist sie »schlecht«, so bleibt er zu Hause. Zur Sommerszeit, wo der Indianer ein rühriges Dasein führt, vergeht kaum eine Woche, ohne daß in jeder Hütte Medicin gemacht wird. (Viele von den alten Trappern der Prairien glauben felsenfest an ihr Vermögen, Medicin machen zu können, und sind in ihren religiösen Anschauungen eben so gute Indianer als irgend eine Rothhaut.) Dies könnte man Privatandacht oder Hausgottesdienst nennen. Jede Bande macht aber gelegentlich auch gemeinsame Medicin, und mindestens einmal im Jahre versammelt sich der ganze Stamm und verbringt sogar ganze Wochen mit einer ebenso interessanten, als bisweilen auch tragischen Ceremonie, wie sich wohl denken läßt. Während jeder Krieger als Familienhaupt und Besitzer einer Hütte der Priester für sich und die Seinigen ist, so gibt es in jedem Stamme einen »Medicin-Häuptling«, welchen man den Bischof des Sprengels nennen könnte. Dieser ist gewöhnlich ein Mann von stark ausgeprägtem Charakter mit hinreichendem Verstande, savoir-faire und Menschenkenntniß, um ihn in Stand zu setzen, seine ziemlich schwierige Rolle zu spielen. Er ist nothgedrungen der Häuptling einer Bande, obwohl seine geistlichen Pflichten ihn in keiner Weise von dem weltlichen Oberbefehle oder auch nur vom kriegerischen Dienste im Felde entbinden. Gewöhnlich begnügt er sich jedoch mit der Behaglichkeit und Würde seiner Stellung und verläßt sich auf seinen Einfluß über die Häuptlinge wegen der raschen Bestrafung jeder Geringschätzung oder Verletzung seiner Befehle von Seiten irgend eines Individuums des Stammes.

Da der Indianer nicht arbeitet, so bedarf er auch keines Sabbaths oder Ruhetages. Für die Erfüllung

der gewöhnlichen Pflichten der Religion ist keine regel=
mäßige Zeit festgesetzt, und man darf daher nicht er=
warten, daß der Priester irgend welche Ceremonien
begehe. Seine Pflichten scheinen vorzugsweise darin zu
bestehen, daß er bei allen Vertheilungen des erlegten
Wildes für sich und seine Familie sorge, daß er seinen
Vortritt, sein Ansehen und seine überlegene Heiligkeit
durch einen absichtlichen Nichtverkehr mit dem gemeinen
Volke des Stammes und durch einen gelegentlichen
Besuch bei einem Kranken, für welchen er im Falle der
Genesung des Patienten bezahlt wird, aufrecht erhalte.
Mit seinem Priesteramte verbindet er nämlich noch
die berufsmäßigen Verrichtungen eines Arztes und
Wundarztes, welche keinerlei specielle Kenntniß der
Heilkunde erfordern, denn da jede Krankheit nur das
Werk und das Vorhandensein der bösen Gottheit ist,
so muß ja der Leidende sogleich genesen, wenn jene
abgünstige Gottheit durch die geistliche Macht des Priesters
ausgetrieben werden kann. Dieses Austreiben geschieht
vermeintlich durch Beschwörung, durch die Aufführung
geheimnißvoller Ceremonien unter Begleitung einer
Musik von unheimlichem Geheul und dem kläglichsten
Wehklagen, von dem man glauben möchte, daß es allein
schon hinreiche, den hartnäckigsten von allen Teufeln
auszutreiben. Beinahe alle Indianer besitzen einige
Kenntniß von Hausmitteln und in der Behandlung von
Wunden, so daß der Medicin=Häuptling nur in den
äußersten Fällen gerufen wird. Zur Winterszeit, wenn
Frost und Schnee die Anwesenheit der bösen Gottheit
verkündigen, begnügt sich der Indianer, dessen Lager
behaglich in irgend einem geschützten Winkel aufgeschlagen

ist, damit, schlafend und spielend die Zeit hinzubringen, und ist zufrieden, wenn er nur vor Hunger geschützt ist. Wenn aber bei Wiederkehr der behaglichen Wärme und beim Aufbrechen der Knospen die gütige Gottheit lächelt, wenn das grüne Gras hervorsproßt und die halb verhungerten Klepper wieder fett zu werden beginnen, dann erwärmt sich auch das Blut des Indianers, und er beginnt Pläne zu schmieden zu Raubzügen auf Scalpe und Pferde. Dann kommt die günstige Zeit für den Medicin-Häuptling, welcher nun irgend einen geeigneten und günstigen Punkt auswählt, Boten an die verschiedenen Banden ausschickt und diesen befiehlt, sich zu einer bestimmten Zeit an dem bezeichneten Punkte zu versammeln, um Medicin zu machen. Dies ist nicht immer eine angenehme Einladung, und wenn es sich daher nicht um eine drohende und ernste Kriegsfrage handelt, so erweisen sich die Banden oft widerspenstig und entweichen manchmal in eine Entfernung, welche der Verfolgung zu trotzen vermag. Ein willenskräftiger und entschiedener Medicin-Häuptling wird jedoch, unterstützt durch die Macht eines starken obersten Häuptlings, in der Regel alle Banden des Stammes zur anberaumten Zeit zu dem bestimmten Stelldichein bringen. Im Jahre 1872 weigerte sich eine Bande vom Cheyenne-Stamme entschieden, dieser Aufforderung Folge zu leisten. Einige Tage später ward diese Bande plötzlich durch eine Uebermacht von Hundesoldaten überrumpelt, die die widerspenstigen Krieger keines Angriffs oder Vorwurfs würdigten, sondern zunächst nur die geeigneten militärischen Vorkehrungen gegen bewaffneten Widerstand trafen und dann eine Anzahl Krieger absandten,

welche nach den Hütten gingen und den Squaws den
Befehl brachten, sogleich aufzubrechen und zu packen.
Wenn diesem Befehle nicht mit der gehörigen Munterkeit
Folge geleistet wurde, so erhielt die Squaw eine tüchtige
Tracht Schläge mit einem daumendicken Stock, und nach
vergeblichem Bitten und Weinen machten die Squaws
sich bald an die Arbeit, so daß in sehr kurzer Zeit die
Hütten abgebrochen waren und die Weiber und Kinder
mit der Fahrniß unter dem Geleite der Hundesoldaten
abzogen, worauf natürlich den Vätern, Gatten und
Liebhabern nichts anderes übrig blieb, als denselben
wohl oder übel zu folgen.

Der Medicin-Tanz.

Sobald Alle am Orte des Stelldicheins versammelt
sind, so werden alsbald Vorbereitungen für den »Medicin-
Tanz« getroffen. Die Weiber müssen sich an die Arbeit
machen, die alte Medicinhütte herauszuflicken oder eine
neue zu errichten. Diese ist ein großes Gebäude aus
gegerbten Fellen und geräumig genug, um einige Hundert
Leute zu fassen. Alles ist Lärm, Geschäftigkeit und Aufregung, denn nicht allein hängt die Politik für das
bevorstehende Jahr von dem Erfolge des Tanzes ab,
sondern wahrscheinlich muß auch jemand während seiner
Aufführung sterben, und die Auswahl der Tänzer wird
noch nicht bekannt gemacht. Jetzt ist die Medicinhütte
fertig. Ein Götzenbild, aus einem Pfosten oder gespal-
tenen Block roh ausgehauen, mit dem Profil eines
Mannes, dessen eine Seite schwarz, die andere weiß
bemalt ist, hängt im Mittelpunkt der Hütte in der Nähe

Der Medicin=Tanz.

(Seite 96.)

der Decke. Ein Kreis von etwa sechs Meter Durch=
messer ist durch Stricke für die Tänzer abgezäunt; außer=
halb dieses Kreises ist ein concentrischer Raum von
Meterbreite für die Wache und der ganze äußere Raum
der Hütte ist den Zuschauern vorbehalten. Seiner Be=
fugniß und Pflicht gemäß verkündigt der Medicin=
Häuptling nun die Auswahl, welche er unter den
Kriegern getroffen, die jetzt den Tanz aufführen sollen.
Die Zahl derselben wechselt, beträgt aber durchschnittlich
einen Krieger auf jedes Hundert Personen, welches die
Banden repräsentiren. Der oberste Häuptling verkündet
nun auch die von ihm getroffene Wahl für die Wache,
deren Obliegenheit darin besteht, zu sorgen, daß die
Tänzer in keiner Weise gestört werden und ihre Schuldig=
keit den Weisungen des Medicin=Häuptlings gemäß thun.
Die Kopfzahl der Wache kommt ungefähr derjenigen
der Tänzer gleich. Die Verkündigung der Namen der
Tänzer und Wächter und der Stunde, zu welcher der
Tanz beginnen soll, erfolgt mit lauter Stimme von der
Thür der Medicinhütte aus, und die Aufgerufenen
werden insgesammt verwarnt, daß Schmach und Tod
jeden Krieger treffen werde, welcher zur anberaumten
Stunde nicht erscheinen würde.

Wenige Minuten vor der festgesetzten Zeit marschirt
die Wache in vollständiger Bewaffnung und unter ihrem
hierzu bestimmten Anführer in die Hütte und stellt sich
gerade außerhalb der Stricke des innern Cirkels auf.
Im anberaumten Zeitpunkte werden die Tänzer durch
den Medicin=Capitän in den innersten Kreis eingeführt,
jeder ist entkleidet bis auf die Lendenschürze (bisweilen
sogar ganz nackt) und hält eine kleine Pfeife aus Holz

ober Knochen im Munde, in deren unterem Ende eine
einzelne Schwanzfeder des »Medicinvogels«*) befestigt
ist. Der Medicin-Häuptling stellt die Tänzer in einem
dem Mittelpunkte zugewandten Kreise auf, tritt dann
beiseite und gibt das Zeichen zum Anfang. Alsbald
heftet jeder Tänzer sein Auge auf das aufgehangene
Götzenbild, bläst fortwährend in die schrille Pfeife und
beginnt den eintönigen anmuthlosen Indianertanz, wobei
die ganze Tänzerreihe sich langsam im Kreise herum-
bewegt. Einige der jungen Tänzer, von religiöser Be-
geisterung hingerissen, machen kräftige Luftsprünge; die
älteren und erfahrenen aber verwenden nur eben so viel
Kraft, als nothwendig ist, denn dieser Tanz währt lange
und man will den Willen der Götter an der Wirkung
des Tanzes auf die Tänzer erfahren. Die Tänzer
müssen daher ihren ermüdenden Reigen fortsetzen, bis der
Hohepriester sich für befriedigt erklärt, und jene dürfen
weder dem Schlaf, dem Hunger und Durst, noch irgend
einer Forderung der Natur nachgeben. Während der
ersten acht oder zehn Stunden ist der Tanz sehr un-
interessant; dann aber beginnen die Ermüdung, die langsame Rotationsbewegung, das beständige Firiren der
Augen auf einen Punkt und der Aufwand an Athem

---

*) Der Wegläufer oder Chapparal-Hahn, ein Vogel,
welcher bei allen Indianern der Plains für wundervoll »gute
Medicin« gilt. Der Balg oder sogar nur einige Federn gelten
für ebenso wirksam, um Uebles von einer Hütte abzuhalten, wie
das Hufeisen bei unseren Vorfahren. Der arme Vogel muß
diese günstige Meinung über ihn theuer bezahlen, denn die
Indianer stellen ihm unablässig nach, und er ist nun auf den
Plains, nördlich von Texas, außerordentlich selten.

bei dem unaufhörlichen Pfeifen sich geltend zu machen. Mittlerweile ist jede Fußbreite des Raumes innerhalb der Hütte mit neugierigen und höchlich interessirten Zuschauern angefüllt. Verwandte und Freunde beobachten jede Bewegung der Tänzer und suchen die müde werdenden durch Geschrei und Zurufe, durch ermuthigende Worte oder zierlichen Zuspruch aufzurichten. In der Hütte herrscht ein babylonischer Lärm und Wirrwar von Tönen, welcher in Aufschreien und dem Herzuspringen von Weibern gipfelt, wenn irgend ein Tänzer wankt, taumelt und zu Boden fällt. Die Wache steuert aber alsbald dem Herzuspringen und schleppt den Gefallenen aus dem Kreise der Tänzer in denjenigen der Wache, wo derselbe auf den Rücken gelegt wird und der Hohepriester sich anschickt, demselben mit »Medicinfarbe« verschiedene Symbole und Hieroglyphen auf Gesicht und Leib zu malen. Wird er dadurch nicht wieder zur Besinnung zurückgerufen, so schleppt man den Körper ins Freie und übergießt ihn mit Eimern voll Wasser, was gewöhnlich den Ohnmächtigen wieder belebt, bei welchem Anblick die Weiber ein Freudengeschrei ausstoßen und den Priester mit Bitten und Flehen bestürmen, daß diesem Tänzer die weitere Anstrengung erlassen werden möge. Ueber die ganze Dauer der Ceremonie gilt das Wort des Medicin-Häuptlings als Gesetz, an welchem keine Macht rütteln darf. Er kann nun dem wieder zu sich gekommenen Tänzer befehlen, sich noch einmal in den Kreis der Tänzer zurück zu begeben und weiter zu tanzen, bis er abermals zusammenbricht, oder er kann ihn entschuldigen. Der Priester läßt sich durch die Fürbitten der Weiber oder durch das Versprechen von einem, zwei oder bis zu einem halben Dutzend Pferde (je nach den Vermögensverhältnissen des Tänzers) gewöhnlich zur Erfüllung der Bitte bestimmen, und der ermattete Tänzer wird von seinen Weibern nach seiner Hütte getragen, um dort bis zu seiner vollständigen Wiedergenesung gehätschelt und bemitleidet zu werden. Mittlerweile wird der Tanz noch immer fortgesetzt; die Tänzer brechen einer um den andern zusammen, um durch denselben Proceß wieder ins Leben zurückgerufen und mittelst derselben Zureden und Fürbitten losgebeten oder barsch wieder zu ihrer Arbeit zurückgeschickt zu werden. Da aber der Tod eines Tänzers ein Anzeichen von »schlechter Medicin« ist, so findet dieses Zurückschicken eines vor Ermattung zusammengebrochenen Tänzers nur in seltenen und wichtigen Fällen, oder wenn der Priester einen Zweck damit erreichen will, statt.

Ist der Tanz bis zum Ablauf der anberaumten oder geeigneten Zeit (von einem bis zu drei Tagen, oder bis alle Tänzer mindestens einmal zusammengebrochen sind) fortgesetzt worden, ohne daß einer daran gestorben ist, so verkündigt der Priester »gute Medicin«. Der Tanz wird eingestellt, die Tänzer werden gelobt und geliebkost und bewirthet, die Medicinhütte wieder abgeschlagen. In Aller Mienen geben sich Freude, Glück und Beglückwünschung kund, und die Häuptlinge und Krieger, welche nun der Gunst und des Schutzes der guten Gottheit versichert sind, treten zu einer Rathsversammlung zusammen, um das Programm für das Jahr zu beschließen, welches nach einer »guten Medicin« immer auf Krieg lautet. Es kann sich aber auch ereignen, daß einer oder mehrere Männer vom Tanze hinweggetragen werden, welche weder durch Bemalung noch durch Wassergüsse wieder ins Leben zurückgerufen werden können. Die »schlechte Medicin« braucht man nicht erst laut anzuzeigen, denn kaum hat man sich von einem Todesfall vergewissert, so verwandelt sich das ganze Lager in ein Pandämonium: das Geheul der Männer mischt sich in das Geschrei und Wehklagen der Weiber, der Tanz wird eingestellt, man schlachtet Pferde zum Gebrauch der Todten in den glücklichen Jagdgründen, und die Witwen der Verstorbenen bringen sich häßliche Wunden an den Armen und Brüsten bei. Das ganze Lager ist eine einzige Scene der Bestürzung und Trauer, und sobald die letzten Ceremonien für Trauer um die Todten vorüber sind, trennen sich die Banden und suchen jede auf ihre eigene Weise dem Zorn der bösen Gottheit zu entgehen oder denselben abzuwenden. Die Ausdauer und das Vermögen, Strapazen zu ertragen, welche bei diesen Tänzen an den Tag gelegt werden, sind einfach wunderbar. Personen, die ich als zuverlässig und mit den Verhältnissen vertraut kenne, haben mich versichert, es komme nicht selten vor, daß einzelne Krieger den Tanz drei Tage und drei Nächte lang ohne einen Augenblick der Unterbrechung und ohne den kleinsten Bissen Nahrung fortsetzen. Von keinem Krieger wird aber auch verlangt, daß er den Medicin=Tanz zum zweiten Male mitmache.

Die jüngsten Jahre, welche so viel Ungemach in der christlichen Welt hervorgebracht haben, sind auch an der Religion der Indianer nicht spurlos vorübergegangen.

Der häufigere Verkehr mit den Weißen hat die Macht der abergläubischen Vorstellungen gemindert, und bei manchen von den Stämmen der Plains kommt der Medicin=Tanz allmählich in Mißachtung. Die Cheyennes und Kiowas aber halten noch an ihrem alten Glauben fest — sei es um ihrer stärkeren Naturen willen oder wegen ihres geringeren Verkehres mit den Weißen — und feiern noch immer alljährlich den Medicin=Tanz in seiner ganzen ursprünglichen Strenge. Ein Häuptling der Arrapahoes=Indianer vertraute mir einmal die Gründe an, warum er nicht mehr an den Medicin=Tanz glaube. Ein Medicin=Häuptling der Arrapahoes war ein ehrgeiziger Mensch und strebte nach der weltlichen Herr= schaft über den Stamm. Wie sehr daher auch die An= sichten der übrigen Häuptlinge über die weltlichen An= gelegenheiten des Stammes von den seinigen verschieden waren, so fand man doch immer, daß das Ergebniß des Medicin=Tanzes mit den Wünschen des Medicin= Häuptlings übereinstimmte und denselben förderlich war.

Wenn er Krieg haben wollte, so wurden die stärksten Krieger, die nur zu bekommen waren, zu Tänzern aus= ersehen und man gestattete ihnen daneben noch Pausen, Nachsichten, Ablösungen und Raststunden, so daß das Ergebniß natürlich »gute Medicin« war. Wenn er Frieden haben wollte, so wurden einige schwächliche Krieger zu Tänzern auserlesen und der Tanz überdem mit solcher Strenge durchgeführt, daß auch die Stärksten erlagen. Er war reich, weil er immer eine Anzahl solcher auswählte, welche entweder selbst reich oder die Söhne reicher Männer waren, die tüchtig dafür bezahlen mußten, daß man sie nach dem Zusammenbrechen losließ. Mit

einem Worte, jener Medicin-Häuptling der Arrapahoes
benützte sein Priesteramt nur zur Förderung seiner zeit=
lichen Interessen, und wenn die gute oder die böse
Gottheit ihm dies ungeahndet zu thun erlaubte, so war
der Medicin=Tanz kein Prüfstein für die Macht oder die
Wünsche jener beiden Gottheiten. Wie sehr verschieden
hievon es auch unter einsichtsvollen und gebildeten
Völkern hergehen mag, so ist es doch ganz sicher, daß
das Priesterthum unter unwissenden Wilden nur ein
Handwerk ist.

4. Die glücklichen Jagdgründe des Indianers.

Des Indianers Vorstellung von dem zukünftigen
Leben in den glücklichen Jagdgründen ist so vag, ver=
worren, unbestimmt und inconsequent, als man sich nur
denken mag. Er glaubt, er werde glücklich, vollkommen
glücklich sein; allein über das Wie, Warum, Wo und
Wofür behauptet er nichts zu wissen.

Sein Glaube ist ein sehr weiter, denn alle Personen
von jedem Alter, Geschlecht, Farbe oder Glauben, welche
unscalpirt und unerdrosselt sterben, werden sich in jenem
endlichen Himmel der Seligen wieder begegnen. Er
geht dorthin gerade so, wie er hienieden war, mit den=
selben Leidenschaften, Empfindungen, Gefühlen, Wünschen
und Bedürfnissen. Sein Lieblingspferd wird an seiner
Grabstätte getödtet, damit es ebenfalls eine Ewigkeit
voll schöner Waiden genieße und seinen Herrn in den
Krieg oder auf die Jagd trage.

Er wird dort noch Waffen bedürfen, um sich gegen
Feinde (Menschen und Thiere) zu vertheidigen: daher
werden seine Büchse, Pistole, sein Bogen und Köcher

mit ihm begraben. Er wird Feuer bedürfen, daher bilden Stahl und Stein oder eine Schachtel Zündhölzer einen Theil seiner Ausrüstung für die letzte Reise.

In jenem Leben gibt es zwar keinen Tod, aber Wunden und Schmerzen, Hunger und Durst, Liebe, Rache, Ehrgeiz, alle die Leidenschaften oder Anspornungen zur Thätigkeit wie hienieden. Der Indianer kennt in diesem Leben kein anderes Glück, als in der Befriedigung seiner natürlichen Gelüste. Sein künftiges Leben wird eine größere Befähigung und weitere Gelegenheit für den Genuß der Gelüste in ihm entwickeln. Er wird drüben Feinde treffen, von denen er sich übrigens in dieser Welt so wenige als möglich zu machen strebt, indem er hienieden so viele als möglich scalpirt. Er wird gefährlichen wilden Thieren begegnen, denn die Geister oder Gespenster von allen Vierfüßlern, Vögeln, Reptilien, Insecten und Fischen kommen ebenfalls in die glück=lichen Jagdgründe — kurzum, die zukünftige Welt ist für ihn einfach nur eine erweiterte und vergrößerte Fortsetzung der gegenwärtigen, in welcher allein der Tod überwunden ist. Wie der Mann, der hienieden eine unglückliche Gemüthsanlage hat, drüben glücklich sein kann, das versucht er gar nicht zu erklären. Er hat weder einen Begriff von irgend einer besonderen Gottheit, welche in der künftigen Welt den Vorsitz führe, noch den Glauben an eine solche; er vermag sich daher keine Vorstellung von einem besonderen Wunder zu machen, welches in jedem einzelnen Falle den Bedürfnissen des Wohlthaten=Empfängers angepaßt ist.

Die Vorstellung von der Abschaffung des Todes in dem künftigen Zustande scheint sogar noch mit einem

Zweifel oder einer Modification verbunden zu sein. Der Indianer erwartet, dort alles Wild zu erlegen und zu verzehren, das er sich wünscht, sich in die Häute der erlegten Thiere zu kleiden, seine Feinde zu bekämpfen und ihnen sogar die Scalpe zu nehmen; allein was aus den erschlagenen Thiergespenstern oder den Geistern der scalpirten Menschengespenster wird, das ist ein Problem, welches er wohlweislich künftiger Lösung überläßt. Aus dem seither Gesagten wird mit Fug geschlossen werden, daß in dem künftigen Zustande nicht nur die Thiere, sondern auch die unbelebte Natur vertreten sind. Alle Dinge, welche der Indianer für sich in diesem Leben machen kann, vermag er sich auch im zukünftigen zu machen, daher braucht er auch diese Classe von Dingen nicht mit sich auf die Reise in die künftige Welt zu nehmen. Er kann sich dort Felle für seine Kleidung und Hütte und Büffeldecken für sein Bett u. s. w. verschaffen. Dagegen müssen alle Gegenstände, deren Anfertigung über seine eigene Geschicklichkeit hinausgeht — Gewehr, Pulver, Blei, Zündhütchen, Messer, Wolldecken, ein eiserner Kochtopf u. dergl. — von dem Todten in die künftige Welt mitgenommen werden, und der Todte selbst wird in Hemd, Beinkleidern und Rock von civili=sirter Arbeit (oder in so vielen von diesen Gegenständen, als derselbe bei Lebzeiten besaß) beerdigt.

Der Indianer begreift vollkommen gut, daß der Todte die in dieser Welt mit ihm begrabenen greifbaren Gegenstände nicht wirklich mit sich in die nächste Welt hinübernimmt, denn einige derselben werden ja um die Begräbnißstelle herum aufgehangen und zur Schau gestellt. Er glaubt aber, daß, wenn die Artikel so lange bei der Leiche oder in deren Nähe bleiben dürfen, bis sie sich gänzlich zersetzt haben, der Geist des Todten in der künftigen Welt den Gebrauch der Gespenster von diesen Artikeln haben werde. Der rührendste Zug im Charakter des Indianers ist der allgemeine Wunsch, daß der Todte die glücklichen Jagdgründe mit einer möglichst vollkommenen Ausrüstung betreten möge; darum wird jeder Artikel, welchen man im künftigen Leben für nöthig erachtet und den der Verstorbene bei Lebzeiten nicht besaß, sogleich von seinen Verwandten und Freunden geliefert, und zwar mit bedeutenden Opfern. Worin auch immer die unentbehrlichen Lebens= bedürfnisse eines Indianers bestehen mögen, man kennt kein Beispiel, daß er zur Befriedigung derselben das Grab oder die Grabstätte eines anderen Indianers seines Stammes geplündert habe. Lieber hungert er aus Mangel an den Mitteln, Wild zu erlegen; obwohl er ein Dutzend Bäume mit Leichen kennt, bei deren jeder ein Gewehr, Pulver und Blei zu finden wären. Die persönlichen Miß= geschicke und Eigenthümlichkeiten, welche ein Indianer in diesem Leben hat, haften ihm auch noch über das Grab hinaus an. Ein Mann mit einem Bein bleibt einbeinig bis in alle Ewigkeit. Wer hienieden die Seh= kraft verloren hat, tappt auch durch die glücklichen Jagd= gründe blind. Dort gibt es keine Zeit mehr und kein Altern, und jeder bleibt daher für immer genau in demselben Alter, in welchem er in das neue Leben ein= getreten ist. Das unmündige Kind, die abgelebte alte Hexe, die blühende Jungfrau und der stämmige Krieger, alle bleiben in Ewigkeit genau so wie jedes starb. Ein von Schmerz und Krankheit abgezehrter und entstellter

Körper schickt eine Seele, welche in derselben Weise leiden wird, auf die lange Reise ins Jenseits. Da die Umgebungen der Schlußscene dieses Lebens auf die ganze Zukunft der Seele ihren Eindruck machen, so entsteht bei dem Indianer der nur allzu erklärliche Wunsch, so schnell wie möglich von dieser Bühne entrückt zu werden und namentlich noch in der vollen Kraft und Blüthe der Mannheit oder Weiblichkeit. Ich habe eine Geschichte erzählen hören, welche mit dem Tod des Majors Elliot zusammenhing, eines tapferen Cavallerie-Officiers, der vor mehreren Jahren in einem Zusammenstoß mit den Indianern der Plains fiel. Sie schmeckt zwar zu sehr nach Empfindsamkeit, um echt zu sein, aber ich gebe sie für das, was sie werth ist, und schicke nur voraus, daß, wenn sie wahr, sie das einzige mir bekannt gewordene Beispiel davon ist, daß ein Indianer jemals irgend welche Großmuth gegen einen Feind oder günstige Werthung der Tapferkeit eines solchen an den Tag legte. Major Elliot wurde mit etwa sechzehn Mann während des Kampfes von der Hauptmacht der Truppe getrennt, umzingelt, und alle fielen, nachdem sie sich bis auf den letzten Mann tapfer geschlagen hatten. Einige Zeit später ward eine Streifpartie ausgeschickt, um die irdischen Ueberreste derselben zu entdecken und zu begraben. Alle wurden gefunden, wo sie gefallen waren, die Soldaten scalpirt und furchtbar verstümmelt, die Leiche des Majors aber unscalpirt, jedoch mit abgehauener rechter Hand und rechtem Fuß. Monate später, als der Krieg beendigt war, wurde ein Häuptling, welcher notorisch an jenem Kampfe theilgenommen hatte, gefragt, wie es gekommen, daß der Major Elliot nicht scalpirt worden sei. Seine Antwort war: er und die anderen Indianer seien so von Bewunderung für die tapfere Gegenwehr und den unnachgiebigen Muth des Majors Elliot erfüllt gewesen, daß sie seine Versetzung in die glücklichen Jagdgründe nicht haben verhindern wollen, sondern ihm nur Hand und Fuß abgehauen, um ihn der Möglichkeit zu berauben, ihnen dort Schaden zuzufügen.

Ein anderer überall wohlbekannter Aberglaube der Indianer der Plains ist der, daß ein Mann, welcher im Dunkeln erschlagen wird, in alle Ewigkeit auch in der Finsterniß bleiben wird. Dieser Wahn kommt dem weißen Mann sehr zu Gute und mindert wesentlich die Gefahren und Strapazen der Truppen, denn bei ihrer List, Geduld, ihrem raubthierartigen Anschleichen und ihrer Kenntniß der Gegend würden die Indianer bei nächtlichen Ueberfällen wahrhaft furchtbar sein. So wie die Dinge stehen, kommt aber ein derartiger Angriff ungemein selten vor und wird, wenn er überhaupt be= schlossen ist, unfehlbar bei Mondschein gemacht. Die Indianer schleichen sich ins Lager und stehlen Pferde und mögen bisweilen auch aus der Entfernung einige Schüsse in dasselbe hinein abfeuern; aber in einer dunklen Nacht ist wenig Gefahr zu befürchten, selbst wenn man von den feindseligsten Indianern umgeben wäre.

Im Einklang mit den alten Völkern unserer geschicht= lichen Vorzeit glauben auch die Indianer, die Manen oder Schatten ihrer im Kampf erschlagenen Stammesgenossen müßten womöglich durch den Tod derer, von denen sie erschlagen worden, oder — in Ermangelung dessen — durch den Tod einiger von der Nation oder dem Stamme der letzteren, versöhnt werden. Im Früh=

jahre 1873 wurde eine Bande Cheyennes auf einem Raubzuge nach Neu=Mexico von amerikanischen Truppen überrascht und etwa sechs oder acht Indianer getödtet. Als die Ueberlebenden die Kunde davon nach Hause brachten, entstand die furchtbarste Aufregung im ganzen Indianerlager und es wurde sogleich ein Trupp nach den Ansiedelungen abgeschickt, um an weißen Opfern Wiedervergeltung zu üben. Zum Glück für die unvorbereiteten Ansiedler, aber zum größten Unglück für sie selber, war eine kleine Abtheilung Feldmesser gerade auf dem Wege des Indianermarsches an der Arbeit und wurde von den Indianern überfallen, welche, nachdem sie eine zur Beschwichtigung der Schatten ihrer erschlagenen Freunde hinreichende Anzahl getödtet hatten, zufriedengestellt nach ihrem Lagerplatz zurückkehrten, ohne die Ansiedelung zu belästigen.

Zwei oder mehr Krieger von benachbarten Stämmen haben einen Zusammenstoß, worin einer von ihnen erschlagen wird. Seine Verwandten und Freunde suchen nun jede Gelegenheit auf, um durch Erlegung von einem oder mehreren Verwandten des Mörders Wiedervergeltung zu üben. Die Schatten appelliren der Reihe nach oder abwechselnd an ihre Freunde wegen ihrer Beschwichtigung, und im Laufe der Zeit kann eine Feindseligkeit, welche aus einer bloßen Rauferei zwischen zwei halb betrunkenen jungen Burschen entstanden sein mag, sich so in die Breite und Tiefe ausgedehnt haben, bis beinahe jede Familie des einen Stammes eine blutige Fehde mit einer oder mehreren Familien des andern hat. In der indianischen Kriegführung wird kein Pardon gegeben, und wenn der Ehrgeiz noch durch Aberglauben an=

gespornt, wenn Haß und Rachgier zur religiösen Pflicht erhoben werden, so wird der Streit immer persönlicher, immer erbitterter, blutiger und barbarischer, bis zuletzt jedes Individuum von jedem Stamme nur durch die vollständige Ausrottung des anderen zufrieden gestellt wird. Die Sioux und Pawnees liefern ein vollkommen anschauliches Beispiel von diesen Ansichten und Gefühlen.

*

Wir haben bereits oben erwähnt, daß die Indianer der Plains allen Schmerz und alles Leiden als unmittelbare Offenbarung der Macht der bösen Gottheit betrachten. Während der jüngsten dreißig Jahre sind sie von den Blattern und der Cholera heimgesucht worden. Den abergläubischen Schrecken, die Bestürzung und die verzweiflungsvolle Angst zu schildern, welche diese unwissenden Wilden zu solchen Zeiten ergreifen, geht beinahe über das Vermögen der Sprache hinaus. Sobald die Seuche sich hinreichend geltend gemacht hat, um sicher erkannt zu werden, steigt ein allgemeines Geschrei der Verzweiflung gen Himmel, denn die böse Gottheit hat sich nun in ihrer schrecklichsten und gefürchtetsten Form ihrer bemächtigt. Lager und Hütten werden verlassen, Todte und Sterbende rücksichtslos und ohne Pflege zurückgelassen und preisgegeben, und Alle, welche noch nicht von der Krankheit befallen sind, trennen sich in einzelne Familien, fliehen nach allen Richtungen vom Schauplatz der Krankheit hinweg und hoffen durch die Raschheit und Heimlichkeit ihrer Bewegungen der Verfolgung der bösen Gottheit zu entgehen. Wird ein Unglücklicher unterwegs von der Krankheit befallen, so wird er gezwungen, die Gesellschaft zu verlassen, um einsam und allein in der Wildniß zu leben oder zu sterben. Gatten verlassen ihre Weiber, Kinder ihre betagten Eltern, Mütter ihre Säuglinge, und dieses entsetzliche Wettrennen um das Leben dauert so lange fort, bis die Krankheit entweder aus Mangel an Berührung oder aus Mangel an Opfern ausgetobt hat. Die Orte, an welchen die Indianer von solchen Heimsuchungen befallen worden sind, werden für immer mit abergläubischem Entsetzen betrachtet, und keinerlei Ueberredung oder Bestechung könnte einen Indianer bewegen, sie wissentlich zu besuchen. Vor nahezu dreißig Jahren war der Verfasser mit einer kleinen militärischen Abtheilung auf einer Streifpartie in den Guadalupe-Bergen in Texas, dem damaligen Lieblings-Jagdgebiete der Indianer. Auf dem Wege von einem Gebirgspaß zu einem andern wurde eine alte Indianerfährte entdeckt, deren Tiefe und Breite deutlich für deren häufige und zahlreiche Benützung sprach, aber durch keinerlei Anzeichen verrieth, daß sie neuerdings begangen worden sei. Sie führte offenbar nach irgend einem Orte, der ein Lieblingsaufenthalt der Indianer gewesen, aber aus irgend welchen Gründen seit mehreren Jahren verlassen worden war. Aus Neugier, Weiteres zu erfahren, wurde die Fährte verfolgt, und dieselbe führte, nachdem sie sich drei oder vier englische Meilen weit über Anhöhen hingewunden hatte, mittelst eines langen und steilen Abstieges in ein äußerst reizendes Thal hinab, das ganz heimlich und verborgen im Schooß der Berge selber lag. Dieses Thal war etwa zwölf englische Meilen lang, bei einer durchschnittlichen Breite von etwa drei Viertel-Meilen. Ein schöner Berg-

strom wand sich in anmuthigen Krümmungen von Berg
zu Berg, als suche er kein Fleckchen des Thales von
seinem lebenspendenden Einfluß unbesucht zu lassen.
Hoher stattlicher Baumwuchs besäumte die Ufer des
Flusses; glatter Rasen von saftigstem grünem Grase,
bestockt mit Buschwerk und niederem Gehölz und durch-
woben mit einer bunten Blüthenpracht, schuf ein so
liebliches Bild, als es ein Menschenauge nur wünschen
konnte. Als wir einige Meilen weit am Flusse herunter-
geritten waren, kamen wir an einem der anmuthigsten
der vielen hübschen Thalwinkel zu den Ueberbleibseln
eines Indianerlagers. Viele von den Pfosten der früheren
Hütten standen noch, obwohl die Hütten selbst längst
verfault waren. Ueberall rings umher, verrostet und verfault, waren Kochgeschirre, Waffen, Sättel und alle
möglichen anderen Dinge zerstreut, welche den Reichthum
und die Behaglichkeit des Indianers bilden. Zwischen
diesen aber und in jeder Richtung innerhalb und außerhalb des Lagers bleichten zahllose Knochen und Schädel,
die zerworfenen Skelette der ehemaligen indianischen
Bewohner dieses Lagers — die einen beinahe noch ganz,
lagen an der Stelle, wo sie ihren Athem ausgehaucht
hatten, andere waren zerstreut und zerbrochen, als ob
sie von Wölfen benagt und hin und her geschleppt und
dann liegen gelassen worden seien. Allem Anschein nach
war kein Gegenstand von Menschenhand berührt worden
und keine lebende Seele hatte jenes Lager seit dem
Tage betreten, wo es von der bösen Gottheit mit der
verheerenden Seuche heimgesucht worden war.

Die Beisetzung der Todten.

(Seite 113.)

5. Die Beisetzung der Todten.

Die schließliche Verfügung über die Leiche eines verstorbenen Indianers ist unter Umständen von einer religiösen Ceremonie begleitet oder nicht. In manchen Fällen wird die mühsamste Sorgfalt dabei angewendet und jede Form gewissenhaft beobachtet. In anderen Fällen kann die Leiche in eine Schlucht oder ein Erdloch geworfen und nachlässig mit Gras oder Laub bedeckt oder einfach liegen gelassen werden, um am Boden zu verfaulen. Die beliebteste Art und Weise der Indianer der Plains, ihre Todten zu bestatten, ist die, sie auf einem Baume aufzubahren. Aus der Sorgfalt, mit welcher, der Baum gewählt, und aus der mehr oder minder mühsamen und kunstvollen Bauart, womit die Bahre oder der Sarg oder Kasten, welcher zur Aufnahme der Leiche dient, hergestellt worden ist, kann man einen ziemlich triftigen Schluß auf den Rang und das An= sehen des Verstorbenen ziehen. Soll ein Häuptling oder der Sohn eines solchen beigesetzt werden, so wird die Gegend auf viele Meilen weit um das Lager herum abgespürt, um mehrere empfehlenswerthe Begräbniß= plätze ausfindig zu machen, und die beziehungsweisen Vortheile und Verdienste desselben bilden den Gegen= stand einer Erörterung, welche der Erwägung einer Rathsversammlung würdig ist. Endlich gibt man irgend einem Punkte den Vorzug, vornehmlich einem gesunden starken Baume, welcher gut vor dem Winde geschützt und daher anscheinend vor jeder Möglichkeit gesichert ist, von den heftigen Stürmen entwurzelt zu werden, welche mit entsetzlicher Gewalt über die Plains hin=

fegen; auch müſſen die Aeſte ſo gewachſen ſein, daß der
letzte Ruheplatz der Leiche ſo horizontal wie irgend
möglich iſt. Zunächſt werden nun Stangen gehauen zu
Erbauung einer Plattform und das Ganze mittelſt
Stricken aus roher Thierhaut feſt zuſammen und an
die Aeſte gebunden. Die Plattform iſt von ſechs bis zu
zehn Fuß lang und drei bis fünf Fuß breit, und auf
ihr werden Binſen, Gras, Laub oder kleine Baum-
zweige ausgebreitet und eine oder zwei gegerbte Büffeldecken darüber gelegt. Auf dieſes Bett wird die Leiche
zuweilen in ſitzender Stellung geſetzt, gewöhnlich aber
in natürlicher Rückenlage hingelegt. Die Leiche iſt in
den prächtigſten Aufzug gekleidet, welcher nur zu bekommen iſt, denn der Geiſt wird ſo gekleidet in den
glücklichen Jagdgründen erſcheinen, und ein möglichſt
guter Eindruck derſelben iſt höchſt wünſchenswerth. Ein
alter Waffenrock, welcher irgend einem Lieutenant der
Armee lange gute Dienſte geleiſtet hat, ein Paar ver-
blichene Epauletten und ein Hut von irgend einem
Militärpoſten ſind ſehr hoch geſchätzte Theile des Leichen-
gewandes. Wie ſchon erwähnt, werden mit dem Todten
alle diejenigen Artikel von civiliſirter Herſtellung, welche
derſelbe bei Lebzeiten beſaß, oder welche von der Pietät
und Großmuth ſeiner Freunde beigeſteuert wurden und
für nothwendig zu ſeinem Behagen oder beſſeren An-
ſehen in der zukünftigen Welt erachtet werden, mit ihm
beigeſetzt. Sein Haar wird ſorgfältig gekämmt, in der
Mitte geſcheitelt und in zwei lange Zöpfe, einen auf
jeder Seite des Kopfes, geflochten (und Büffelhaare hinein-
geflochten, um ſie länger zu machen) und mit großen
runden ſilbernen oder verſilberten Schnallen verziert.

Um den Hals hängt man ihm den Medicinbeutel, welcher seinen »Totem« und die Knochen, Aschen und Erben u. s. w. enthält, deren er sich zu seinen Privat= andachten bediente. An seinem Gürtel (bei den Indianern der südlicheren Plains an seiner Lanze oder seinem Schilde) werden alle Scalps aufgehängt, welche er bei Lebzeiten erbeutet hat, und sein Gesicht wird im präch= tigsten Style indianischer Kunst bemalt. Wenn Alles fertig ist, werden leichte aber starke Zweige an die Seiten der Plattform gebunden und wie die Bogen eines Wagendaches über die Leiche hereingebogen. Das Geflecht, womit die in Rückenlage beigesetzte Leiche be= deckt wird, ist nicht über zwei Fuß hoch; über dieses Geflecht werden Büffelhäute (womöglich frische, wenn solche zu erlangen sind) mit der Haarseite nach außen gespannt und mittelst Stricken aus roher Thierhaut an die Plattform und an die Bögen fest angebunden und dann jede Oeffnung so dicht als möglich verstopft. Alle nothwendigen Artikel, wie Töpfe, Kessel u. dgl., welche im Innenraume hinderlich sein würden, werden an die Plattform oder die benachbarten Aeste festgebunden, und über dem Ganzen werden zahlreiche Wimpel von weißem und rothem Tuch angebracht, um irgend welche Raub= thiere oder Vögel zu verscheuchen, welche die irdischen Ueberreste eines solchen Kriegers zu stören wagen sollten. Eine derartige Bestattung (denn Grab kann man es nicht wohl nennen) hält in dem trockenen Klima der Plains mehrere Jahre lang. Ob sie aber so lange dauert oder nicht, scheint die Indianer nicht im mindesten zu kümmern, denn sie bessern dieselbe niemals aus, noch bauen sie sie von Neuem auf, und wenn Zeit, Ver=

moderung oder ein Unfall die Plattform zerstört und die Gebeine auf den Boden zerstreut hat, so läßt man diese liegen, wie sie gefallen sind, und widmet ihnen keine weitere Aufmerksamkeit oder Sorgfalt. Die oben beschriebenen umständlichen Anordnungen werden aber nur getroffen, wenn die Indianer in einem Winter=lager sind und Zeit genug haben, um sich der Aufregung und dem Luxus des Kummers und der Trauer hinzu=geben. Zu anderen Jahreszeiten oder auf der Reise oder wenn die Zeit drängt, verwendet man Höhlen für die Häuptlinge und Erdlöcher oder kleine Schluchten für die Beerdigung der gewöhnlichen Krieger. Scalpirte Krieger werden nie begraben, sondern liegen gelassen wo sie fielen. Hie und da wird das Lieblingsweib eines Häuptlings in einem Baum beigesetzt, allein in der Regel werden die Leichen der Weiber in aller Eile ohne Umstände oder ohne besondere Darlegung von Kummer im ersten besten passenden Loche in Felsen oder in der Prairie begraben. Die Umgegend des Cimarron=Flusses, südlich von Fort Dodge, gehört beinahe ausschließlich der Gypsformation an. Anstatt Canäle auf der Oberfläche des Bodens auszuwaschen und Schluchten zu bilden, sind die Regen in den Boden gedrungen, haben den Gyps aufgelöst und sich Wasserläufe in Gestalt von unzähligen langen, verschlungenen Stollen und Höhlen gebildet, welche zu beliebten Begräbnißplätzen geworden sind. Während eines Besuches, welchen ich mit einer Ab=theilung Soldaten jener Oertlichkeit abstattete, entdeckten meine Leute eine mühsam zugemauerte Höhle, brachen in dieselbe ein und nahmen aus derselben eine große Menge nützlicher und sehenswerther Artikel, Zierate und indianischer Putzgegenstände. Ich hatte jedoch keine Luft, sie wegen dieser Entweihung zu schelten, als sie mir eine Schnur mit mindestens einem Dutzend weißer Scalpe brachten, worunter mehrere von Kindern und namentlich einen von einem wunderschönen, langen, seidenweichen blonden Haar, welcher ohne Zweifel das Haupt eines Frauenzimmers geziert hatte, das zum mindesten gebildet genug gewesen war, um diese anmuthige Zierde zu schätzen und trefflich zu pflegen. Sogar Häuptlinge werden nicht immer mit religiöser Sorgfalt und Aufmerksamkeit beigesetzt. Ich kam einmal auf einem Streifzuge in ein erst neulich verlassenes indianisches Lager, von welchem ich, nach den Pferdeleichen, zerbrochenen Waffen, niedergerissenen und zersetzten Hütten und vielfachen Blutspuren, anfänglich vermuthete, daß es durch eine feindliche Bande überfallen und geplündert worden sei. Eine kritischere Untersuchung überzeugte mich jedoch bald, daß alle jene Spuren der Zerstörung nur Beweise für den Tod irgend eines angesehenen Mannes waren. Ich fand eine Fährte, wo ein schwerer Körper über den Boden hingeschleppt worden war, folgte dieser Fährte etwa zweihundert Meter weit und gelangte zu einem Haufen von dürrem Laub. Als ich diesen aus einander schob, fand ich darin zu meinem Erstaunen die Leiche des Kriegshäuptlings der Comantschen, eines Mannes, welcher von seinem Stamme sehr geliebt und gefürchtet war. Er war bekleidet mit einem militärischen Uniformrock, sein Kopfputz bestand in einem Hut mit Feder, sein Gesicht war bemalt, seine Flinte und vollständige Ausrüstung lagen neben ihm und in seiner Hand hielt er eine Schachtel Zündhölzchen. Eine genauere

Untersuchung enthüllte die Thatsache, daß man ihm das Ende eines Strickes um die Knöchel und das andere Ende offenbar an den Knopf seines Sattels gebunden und die Leiche auf diese Weise nackt aus dem Lager weggeschleppt und nachher erst herausgeputzt hatte. Die ganze Haut war vom Rücken, den Seiten und Lenden abgerissen und die Leiche außerdem noch durch diese rauhe Behandlung verstümmelt. Erst einige Monate später erfuhr ich, daß dieser Häuptling am Säuferwahnsinn gestorben war. Der Stamm hatte alle die überschwänglichen Trauerceremonien veranstaltet und ihm eine gute Ausrüstung für die glücklichen Jagdgründe mitgegeben, aber die Werthung seiner Todesart dadurch an den Tag gelegt, daß er die Leiche mit Schimpf behandelte.

6. Liebe, Freien und Ehe.

Lieb' herrscht am Hof, im Lager und im Hain.

In einem Indianerlager findet eine Menge Liebeln und Freien statt. Der Junge hat kaum seine Mannhaftigkeitsprobe bestanden und ist ein Krieger geworden, so beginnt er sich schon nach einem Weibe umzusehen. Obwohl das einzig wesentliche Erforderniß zu diesem Geschäfte der Besitz von Pferden ist, um seine Zukünftige damit ihrem Vater abzukaufen, so ist es doch aus Gründen, welche später dargethan werden, immer besser, wenn er sich womöglich zuvor die Liebe des Mädchens erwirbt. Seine ersten Annäherungen sind denjenigen eines verzagten weißen Liebhabers im Hinterwalde sehr ähnlich: er besucht die Hütte seiner Auserwählten, treibt sich viel in der Nähe derselben herum und zeigt nur durch Blicke die Gefühle, welche seine Brust bewegen. Wenn er keine abschlägige Antwort bekommt, so greift er zu Serenaden, »quält der Nacht schläfriges Ohr« und bringt alle Hunde und alten Weiber des Lagers in Aufruhr durch seine kläglichen Accorde auf einem armseligen Ersatz für eine Flöte. Jetzt beginnt er zu hoffen und liegt allnächtlich Stunden lang in der Nähe der Thür ihrer Hütte auf der Lauer und wartet auf das Erscheinen der Geliebten, versteckt sich aber sorgfältig vor der Beobachtung irgend einer anderen Person. Da durchschnittlich acht bis zehn Köpfe in dem einen Raum einer Hütte beisammenwohnen, würde ihm die Gelegenheit zu einem heimlichen Zwiegespräch mit seiner Angebeteten sehr selten gemacht werden, wenn sie ihm nicht selbst zu Hilfe käme. Falls ihr seine Werbung nicht unangenehm ist oder von ihrem Vater nicht ungünstig angesehen wird, verläßt sie nach Eintritt der Dunkelheit ihre Hütte, worauf der Anbeter alsbald auf sie losstürzt. Wenn sie ihm Widerstand leistet oder aufschreit, muß er sie alsbald verlassen. Thut sie aber keines von beiden, so trägt er sie ein Stück weit fort, außer der Hörweite der Hütte, beide setzen sich neben einander auf den Boden nieder, ziehen eine Wolldecke über ihre Köpfe und Körper herein und machen einander nach Herzenslust den Hof.

Paare, welche in diesem Geschäft begriffen sind, werden niemals gestört, denn es gehört zu den socialen Fictionen des Indianerlebens, daß man annimmt, der Liebhaber sei jedem Andern als seiner Geliebten gänzlich unbekannt, denn man betrachtet die Liebe bei einem Mann als eine Schwäche. Es kommt nicht selten vor, daß zwei oder mehr Verehrer demselben Mädchen zu gleicher Zeit ihre Huldigungen darbringen. Alle liegen so gut wie möglich am Boden versteckt, aber nur in geringer Entfernung von der Thür ihrer Hütte. Das Mädchen erscheint, die Verehrer stürzen auf sie zu und einer derselben ergreift sie. Ist es der Richtige, so gibt sie willenlos nach und läßt sich davon tragen, worauf die Anderen sich aus dem Staube machen. Ist es der Unrechte und versucht sie einen leichten Widerstand oder schreit sie, so wird sie sogleich losgelassen, und derselbe Proceß wiederholt sich, bis sie mit ihrem Entführer zufrieden ist. So unbedeutend die Gelegenheit ist, so kann das indianische Mädchen in diesen augenblicklichen Liebeszügen doch eine ziemliche Koketterie an den Tag legen und thut es auch. Das Mädchen ist schließlich gewonnen, und nun beginnt ein höchst merkwürdiger Auftritt zwischen dem Liebhaber und dem grausamen Vater seiner Angebeteten. — »Ich gedenke deine Tochter zum Weibe zu nehmen«, sagt der Liebhaber; »sie ist ein häßliches Ding, träge wie ein Bär, unerfahren im Kochen und Arbeiten und ohne allen Werth; da ich aber gewiß weiß, daß du sie gern loswerden willst, so kam ich her, um dir zu sagen, daß ich sie dir zu Gefallen abnehmen will«. — »Oh«, versetzt der Vater, »du willst mein Lieblingskind, die beste und liebreichste Tochter, welche ein Mann jemals hatte; die beste Köchin und Gerberin von Büffelhäuten, die geschickteste Stickerin mit Glasperlen, die ausdauerndste und emsigste Arbeiterin im ganzen Stamm? Ich kann meinen Liebling nicht entbehren. Ich werde sie niemand abtreten, am wenigsten dir, der du noch so jung bist, der du erst einen Scalp erbeutet und nicht mehr als zwei Pferde gestohlen hast. Nein fürwahr, du kannst meine Tochter nicht bekommen, wenn du mir nicht zwanzig Pferde um sie gibst«.

»Zwanzig Pferde?!« schreit der Liebhaber mit großer Geringschätzung; »zwanzig Pferde für ein häßliches Mädchen, das nicht eine Büffeldecke werth ist? Ich kann ein ganzes Dutzend bessere Mädchen um diesen Preis kaufen!« So geht unter vieler harter und vieler persön= licher Beschimpfung das Feilschen fort, indem der Vater die Dirne lobt, der Liebhaber sie heruntersetzt, bis nach einem stürmischen Wortwechsel, der sich bisweilen über viele Wochen ausdehnt (namentlich wenn der Alte irgend welche liebhaberartige Schwäche oder Ungeduld an dem Jüngeren bemerkt), bis man endlich zu einem Preise, der annähernd dem Marktwerthe des Mädchens (gewöhnlich von einem bis zu vier indianischen Kleppern) entspricht, handelseins wird. Eine Hochzeitsfeier findet nicht statt. Ist der Kaufpreis bezahlt, so führt der Mann das neuerkaufte Weib in die Hütte seines Vaters, um daselbst zu bleiben, bis die Vermehrung seiner Familie oder sein wachsender Wohlstand und sein Ansehen im Stamme ihn nöthigen oder in den Stand setzen, eine Hütte für sich selbst aufzuschlagen.

7. Geselliges Leben.

Das Leben einer Indianerin ist ein Kreislauf von mühseliger Arbeit. Die Ehe ist für sie nur ein Wechsel der Gebieter. Der Stolz eines guten Weibes besteht darin, daß sie ihrem Manne erlaubt, gar nichts selber für sich zu thun. Sie kocht ihm seine Speisen, verfertigt und flickt ihm seine Kleider, gerbt Häute, trocknet Fleisch, versorgt und sattelt sein Pferd. Wenn er eine Reise macht, so bricht sie die Hütte ab, packt die Thiere, und überwacht sie auf dem Marsch. Trifft man auf dem Lagerplatze ein, so packt sie die Thiere ab, schlägt die Hütte auf, bereitet die Betten, holt Holz und Wasser und verrichtet alle nothwendigen Geschäfte und Arbeiten, ja sie erlaubt ihrem Herrn und Gebieter kaum, sein Pferd abzusatteln. Was sie als Tausch und Vergeltung für all' diese Hingebung erhält, läßt sich unmöglich sagen. Sei es aus Unkenntniß irgend eines bessern Geschicks oder aus fortwährender Beschäftigung, soviel ist wenigstens gewiß, daß ein glücklicheres und zufriedeneres Weib gar nicht gefunden werden kann, und doch ist sie eine weit unumschränktere Sclavin, als irgend eine Negerin vor dem amerikanischen Bürgerkriege, denn nicht nur ihre Person, sondern auch ihre Tugend kann vom Gatten an jeden verkauft werden, welcher sie zu kaufen nur irgend Lust hat. Vielweiberei scheint etwas Natürliches zu sein, denn sie ist wenigstens unter allen Ur= oder Naturvölkern Sitte. Jeder rothe Mann hat so viele Weiber, als er nach seinem Belieben haben will oder als sein Reichthum ihm erlaubt. Seine Weiber sind für ihn gleichsam die Diamanten des Spielers, welche er in Tagen des Wohlergehens aufspeichert als ein sicheres Einkommen, falls das Unglück über ihn hereinbricht. Aber trotz alledem sind die Weiber doch nicht ohne eigenes Gewicht und Einfluß in allen Angelegenheiten des Stammes, und wenn ihnen auch nicht die Befugniß zusteht, auch nur die Berathungshütte zu betreten, so sind sie doch sehr häufig die »Macht hinter dem Throne«

und leiten und lenken, beinahe ohne es selber zu wissen. Das Weib ist des Mannes unumschränktes Eigenthum. Er darf sie ohne Frage schelten, schlagen, sogar tödten. Ist sie aber nur leiblich hübsch oder steht sie im Rufe einer tüchtigen Arbeiterin, so hat sie ein sicheres Mittel der Abhilfe gegen alle ehelichen Leiden in der ihr zustehenden Befugniß, ihn zu verlassen zu Gunsten jedes andern Mannes, welcher sie nehmen und für sie bezahlen will. Die Uebertragung der Hingebung und des weiblichen Gehorsams an andere Männer als ihre rechtmäßigen Eigenthümer kommt bei den Indianern der Plains ziemlich häufig vor, und mag von Mißhandlung von Seiten des Gatten oder von demjenigen herrühren, was man im civilisirten Leben ein regelrechtes Davonlaufen oder eine Verführung nennen würde.

Ein Mann faßt eine Vorliebe für das Weib eines andern; er macht ihr die ersten Avancen, findet Ermuthigung und gewinnt sie nach einer mehr oder minder langwierigen Belagerung. Der Gatte findet eines Morgens beim Erwachen sein Weib davongelaufen, sucht nach ihr im ganzen Lager und findet sie in der Hütte eines Andern, wo sie ihren Verrichtungen nachgeht, als ob sie zu Hause wäre, und er hört nun, daß sie das Weib eines Andern geworden sei. Der geschädigte Ehemann geht sogleich zum Häuptling und bringt seine Beschwerde vor; einige angesehene Krieger werden herbeigerufen, untersuchen den Fall und setzen die Entschädigung fest, einigermaßen nach Maßgabe der Umstände, aber häufiger unter Bezugnahme auf die Befähigung des neuen Gatten zum Zahlen. Die durch den Häuptling und seine Rathgeber festgesetzte Buße muß sogleich erlegt werden, und wenn dies geschehen, ist die Geschichte vorüber. Selten kommt dabei irgend eine Balgerei oder Rauferei vor und in jedem Falle, gleichviel ob eine Strafe bezahlt wird oder nicht, darf das Weib forthin bei dem Manne ihrer Wahl bleiben.

Wenige Personen sind in jüngster Vergangenheit im Indianergebiet gewesen, ohne von »Romeo«, einem mexicanischen Cheyenne-Halbblütigen, einem ausgezeichneten Führer und Dolmetscher, gehört zu haben. Seine Mutter war eine Cheyenne-Indianerin, er wuchs unter diesem Stamme auf, hat eine Cheyenne zum Weibe und lebt unter diesen Rothhäuten. Er spricht mehrere indianische Sprachen fließend, versteht sich vortrefflich auf die Fingersprache und spricht außerdem ganz vortrefflich Englisch. Er war in der Eigenschaft eines Führers und Dolmetschers auch für mein Commando auf eine Saison angestellt, und ich war recht froh, die Langeweile der eintönigen Märsche über die Prairien mir dadurch verkürzen zu können, daß ich ihn veranlaßte, mir von sich selbst und seinem Volke zu erzählen. Eines Tages berichtete er mir eine Liebesgeschichte. Er hatte sich ein Jahr zuvor in das Weib eines Indianers in demselben Lager verliebt: sie war schön, reizend, bezaubernd, ein Inbegriff von Liebenswürdigkeit, ihr Mann aber arm und ein ziemlich werthloser Bursche. Romeo begann einen heftigen Sturm auf ihr Herz, versuchte zwei Monate lang Alles, was nur Geschenke und treue Hingebung zu thun vermochten, und die Angebetete krönte endlich sein Glück dadurch, daß sie zu ihm in seine Hütte floh. Am andern Morgen kam der Gatte, fand sie und ging zum Häuptling. — »Der Häuptling und etliche der alten Krieger kamen zu mir«, sagte Romeo, »und wir gingen mit einander zu der Heerde hinunter, um die Thiere auszulesen, welche ich für mein neues Weib bezahlen sollte. Nach langem Handeln und Sprechen nahmen sie mir fünf Pferde und zwei Maulthiere — meine fünf besten Gäule und ein prachtvolles Paar Maulthiere. Das war sehr hart; aber sie war damals so schön und ich liebte sie so sehr — ich hätte mein ganzes Hab und Gut für sie hingegeben: ich war mit ihr im Himmel, denn sie war so gut und hübsch. Drei Morgen später wachte ich auf und fand, daß sie fort war. Ich war wild und lief' hinaus, um nach ihr zu sehen, und fand sie in der Hütte ihres vorigen Gatten. Sie sagte mir, daß sie aus freien Stücken zu ihm zurückgekehrt sei. Ich ging zum Häupt= ling, welcher mit einigen alten Männern nach der Hütte des vorigen Gatten kam, und ich verlangte mein Weib oder die Rückgabe meiner Pferde und Maulthiere. Der frühere Gatte sagte: »Das ist dein Weib; ich habe sie nicht hieher gebracht; ich will sie nicht und brauche sie nicht; ich habe die Pferde und Maulthiere als Zahlung für das Weib erhalten, welches du mir genommen hast; du kannst sie nicht wieder bekommen. Nimm dein Weib mit, wenn du· sie haben willst«. Das Weib weigerte sich mit mir zu gehen; sie sagte, sie habe ihren ersten Gatten am liebsten und wolle bei ihm wohnen und nicht mit mir leben. Nach einer langen Unterredung entschieden der Häuptling und die Alten, das Weib solle seiner eigenen Wahl folgen, sein früherer Mann aber sei berechtigt, die Pferde und Maulthiere zu behalten, da er das Weib nicht verführt oder zurückgestohlen habe. Und so«, schloß Romeo, »verlor ich mein Weib, meine Pferde und Maulthiere. An den Gäulen und Maulthieren war mir nichts gelegen, aber desto mehr an meinem Weibe, denn es war so gar schön und lieb!« Und nach einer kurzen Pause, während deren er mannhaft mit seinen Empfindungen gekämpft hatte, wandte Romeo sich mit mühsam verhaltenen Thränen im Auge zu mir und setzte mit halb erstickter Stimme hinzu: »Oberst, ich glaube, es war eine abgekartete Geschichte.«

Sollte das Weib eines Häuptlings sich verführen lassen, ihrer Gattenpflicht untreu zu werden, so wird in der Regel gar nichts davon geredet. Der Häuptling ist ein allzu großer Mann, zu hoch und mächtig und viel zu entfernt von den Gefühlen der gewöhnlichen Menschheit, um auch nur einen Augenblick lang einen Gedanken an ein solch unbedeutendes Ding, wie ein Weib, zu verschwenden. Sein entlaufenes Weib kann im selben Lager, ja in der allernächsten Hütte sein und er jeden Tag an ihr vorüber= gehen, ohne daß er sich herabläßt, sie auch nur eines Blickes oder Wortes zu würdigen. Die unverheirateten Weiber haben ein ähnliches Recht der Selbstvertheidigung gegen ihr eigenes willkürliches Verkauftwerden durch ihre Väter. Das Mädchen kann verkauft werden und geht mit ihrem Käufer nach dessen Hütte, aber sie wider= setzt sich aus allen Kräften seinen Bemühungen, die Ehe zu vollziehen. Wenn es alsdann in zwei oder drei Tagen seinen Bitten oder Leidenschaften nicht gelungen ist, sie sich zu eigen zu machen, so steht ihr das Recht zu, nach der Hütte ihres Vaters zurück zu kehren, welcher aber in diesem Falle verpflichtet ist, dem Käufer den Preis zurückzubezahlen, welchen dieser für sie erlegt hat.

Ein Amerikaner hatte lang unter den Brulé=Sioux gelebt und schon ein Sioux=Weib genommen, da faßte er eine Neigung zu einem Mädchen und kaufte sie, ohne alle vorhergehende Werbung, ihrem Vater gegen ein Pferd ab. Sie blieb drei Tage und drei Nächte in seiner Hütte, widerstand aber all seinen Bitten, Versicherungen und Versprechungen, kehrte nach Ablauf jener Zeit in die Hütte ihres Vaters zurück, und die Ehe wurde für null und nichtig erklärt. Der Käufer erhielt zwar sein Pferd zurück, allein dies war auch die einzige Genugthuung, welche er von seiner ehelichen Capitalanlage bekam.

Ein anderer Amerikaner kaufte (ohne Werbung) ein Sioux-Mädchen und nahm es mit sich nach Hause. Gegen Schlafengehenszeit versuchte er gegen sie einige kleine Vertraulichkeiten, worauf das neu erworbene Weib ein großes Messer zog und ihn mit der äußersten Wildheit angriff. Er war so überrascht und verblüfft, daß er nur mit der größten Mühe ihren wiederholten Angriffen auswich und sein Wagniß um ein Haar mit dem Leben bezahlen mußte. Glücklicherweise konnte er ihr endlich einen Faustschlag beibringen, welcher sie zu Boden streckte; nun entwand er ihr das Messer, nahm seine Reitpeitsche, verabreichte ihr eine tüchtige Tracht Schläge, legte sich nach dieser Erholung zu Bett und verließ die Neuvermählte, die bitterlich weinend am Boden hockte. Nach einer halben Stunde trocknete sie ihre Thränen, stand auf, entkleidete sich und ging zu Bett, und ist seither nicht allein ein gutes und gehorsames, sondern auch ein liebevolles Weib gewesen.

Der Indianer hat gar keine Idee von sittlicher Verpflichtung. Seine Ansichten über Keuschheit könnten wohl von einem angelegentlichen Studium der alten hebräischen Schilderungen hergeleitet worden sein. Für den Mann gibt es kein solches Wort und keinen solchen Begriff wie Enthaltsamkeit. Er hat so wenig Herrschaft über seine Leidenschaften als irgend ein wildes Thier und wird zu ebenso geringer Verantwortlichkeit wegen deren unterschiedloser Befriedigung angehalten. Von den Weibern dagegen erwartet man, daß sie keusch seien, aber nicht aus irgend einem sittlichen oder Pflichtgefühl, sondern man fordert von ihnen, daß sie, weil sie das unumschränkte Eigenthum ihrer Gatten sind, sich auch ganz ausschließlich für dieselben erhalten sollen. Ledige Mädchen sind im Allgemeinen tugendhafter als die verheirateten Weiber, denn Unkeuschheit schädigt nicht nur ihre Aussichten auf einen guten Gatten, sondern setzt sie auch der Gefahr aus, von ihren Vätern bestraft zu werden, weil es den Marktwerth der Mädchen zum Nachtheil der Väter heruntersetzt. Die indianischen Männer von allen mir bekannten Stämmen sind einander vollkommen gleich in ihrer schrankenlosen und gänzlichen Hingabe an die Befriedigung ihrer Leidenschaften zu jeder Zeit und auf jede Weise.

Es gibt keinen einzelnen Punkt, worin die verschiedenen Stämme sich so sehr von einander unterscheiden, als in der durchschnittlichen Keuschheit ihrer Weiber. Die Stämme der Cheyennes und Arrapahoes bewohnen dasselbe Gebiet, leben in demselben Lager beisammen und sind eng und beständig mit einander verbündet. Die Männer der beiden Stämme sind in ihren Gewohnheiten bezüglich persönlicher Keuschheit ganz übereinstimmend, weichen aber in ihren Ansichten bezüglich der Familienzucht und der Tugend ihrer Weiber wesentlich

von einander ab. Bei den Arrapahoes wird auf die
Untreue der Weiber kein besonderer Werth gelegt, —
nicht einmal von deren Gatten. Unter den Cheyennes
würde die Entdeckung einer solchen sehr ernste Folgen,
möglicherweise sogar den Tod für das Weib nach sich
ziehen. Die Folge davon ist merkwürdig. Die Cheyenne-
Weiber sind zurückhaltend und bescheiden und können
bezüglich der Keuschheit sich füglich mit den Weibern
jeder anderen Nation oder jedes anderen Volkes
messen. Die Arrapaho-Weiber sind beinahe ohne Ausnahme liederlich. Die Weiber des einen Stammes sind
also beinahe Muster von Reinheit und Keuschheit, die
des anderen Stammes beinahe genau das Gegentheil.
Die oben erwähnte Vertauschung der Gatten ist in keinem
Sinne eine Verletzung von Satzungen der strengsten
Keuschheit; sie ist gesetzmäßig gerecht und billig, der
Schutz des Weibes gegen Tyrannei. Das Cheyenne-Weib,
einer muthigen, hochfahrenden Race entstammend, ist sehr
empfindlich und geneigt, jede Mißhandlung durch den
einen Gatten dadurch zu bestrafen, daß sie einen anderen
nimmt. Kein Stamm sucht den Liebhaber oder Verführer
mit irgend einer Strafe heim. Dem Manne steht immer
das Recht zu, einem Weibe nachzustellen und es womöglich zu gewinnen, und der Anschlag des Einen auf
die Tugend des Weibes eines Anderen ist nach indianischen Begriffen mit der innigsten Freundschaft zwischen
den Männern durchaus nicht unverträglich. Eine »Verführung« im Sinne der Weißen gibt es unter den
Rothhäuten nicht. Man erwartet von dem Weibe, daß
es seine Tugend beschütze oder die Folgen davon trage.
Der Zweck aller Bewerbung liegt ja klar am Tage, und

eine Schöne von den Cheyennes kann die heimlichen Huldigungen eines Bewunderers nicht unter der günstigen civilisirten Gestalt einer unschuldigen Koketterie oder Liebelei annehmen. Die Schande einer Liaison fällt ganz allein auf das Weib, von welchem erwartet wird, daß es nicht allein immer »Nein« sage, sondern auch jeder Versuchung aus dem Wege gehe. Man sieht daher ein Cheyenne-Weib niemals allein. Wenn zwei oder drei Weiber an der Thüre einer Hütte sitzen, so stehen sie bei der Annäherung eines Mannes, welcher nicht zu ihrer eigenen Familie gehört, selbst wenn er ein vertrauter Freund sein mag, immer sogleich auf und treten in die Hütte. Wenn der Gatte über Nacht vom Hause fern ist, so windet sich das Weib vor dem Schlafengehen einen Strick oder Lariat um die Lenden und wickelt denselben bis zu den Knöcheln hinunter fest um ihre Beine. Sitte und Gewohnheit haben dies zu einem vollkommenen Schutze gemacht, und mit demselben kann das Weib unbehelligt allein in einer Hütte schlafen; ohne dieselbe Vorkehrung aber würde die Hälfte der jungen Männer in der Bande sie noch vor Tagesanbruch heimsuchen, selbst wenn ihre Kinder oder andere Personen noch mit ihr in der Hütte wären. Von dem Weibe verlangt man, daß es tugendhaft sei und sich selber beschütze, und die Sitte gibt ihm zu ihrer Bewahrung gewisse Mittel und Hilfen an die Hand; wenn sie sich nach diesen bequemt, so ist sie sicher; wenn nicht, so ist es ihre eigene Schuld und sie läuft Gefahr, dafür als für ein absichtliches Verbrechen bestraft zu werden. So würde z. B. ein Mann, welcher eine Frau nothzüchtigte, die ihre Beine zusammengebunden hat, umgebracht werden. Das Weib, welches diese Vorsicht vernachlässigt, kann von allen Männern geschwächt werden, und hat allein die Schuld davon zu tragen. Es gibt noch andere Sitten und Bräuche, welche ebenso willkürlich und in gleicher Weise zum Nachtheile der Weiber sind. Man denke sich ein Dorf mit einer Einwohnerschaft von fünfhundert Köpfen, worunter hundert männliche Einwohner von dreizehn bis zu sechzig Jahren, welche jeder menschlichen oder himmlischen Gewalt ganz unverantwortlich sind und von der rücksichtslosen Befriedigung ihrer Leidenschaften nur durch gewisse Sitten und Bräuche abgehalten werden, die durch langjährige Geltung und Gewohnheit die Macht von Gesetzen erlangt haben; man denke sich hundert Weiber von jedem Alter über der Mannbarkeit, von welchen gefordert wird, daß sie sich tugendhaft erhalten, und die doch vor Vergewaltigung zu jeder Zeit und an jedem Orte nur dadurch geschützt werden, daß sie gewisse willkürliche und despotische aber unnatürliche und un= bequeme Maßregeln beobachten; man denke sich jene Männer beständig auf der Lauer nach irgend einer Vernachlässigung jener Regeln, mit dem Rechte, in jeder Hütte bei Nacht einzudringen, wenn der Eheherr ab= wesend ist, um zu sehen, ob das Weib sich mit einem Stricke umbunden hat, und mit dem absoluten Rechte, sie zu schwächen, wenn sie dies nicht gethan hat; — man vergegenwärtige sich all dies und noch mehr, und man kann sich einigen Begriff von dem sittlichen Zu= stande eines Dorfes der Cheyenne=Indianer machen.

Die Stämme der Plains unterscheiden sich ungemein in der Bestrafung, welche sie untreuen Weibern angedeihen lassen. Unter ungetreuen Weibern sind aber nicht allein diejenigen zu verstehen, welche sich aus eigenem Antriebe auf eine Liaison einlassen, sondern auch diejenigen, welche durch Vernachlässigung irgend einer Vorschrift einer Nothzüchtigung unterworfen worden sind.*) Die Cheyennes sind die strengsten und verfügen darüber nicht selten Todesstrafe. Ein junges Mädchen war das dritte oder vierte Weib eines Mannes geworden, welcher mindestens schon fünfzig Jahre alt war. Sie verliebte sich nun, wie es vielleicht natürlich war, in einen jungen Burschen, welcher nicht die Mittel hatte, sie zu kaufen, und sie überredete, mit ihm davon zu laufen. Die Entführung ward glücklich ausgeführt, und das junge Paar erreichte das Dorf einer anderen Bande desselben Stammes, wo es sich niederließ und als Ehepaar zusammenlebte. Etwa fünf oder sechs Monate später ward der ganze Stamm zum »Medicin-Tanz« zusammenberufen; dabei fand der hintergangene Gatte sein entlaufenes Weib und verlangte, daß dasselbe zur Bestrafung ihm überantwortet werde. Hätte nun der junge Entführer irgend welche Mittel besessen, die Strafe für die Entführung zu bezahlen, so wäre die Angelegenheit wahrscheinlich in dieser Weise beigelegt worden; da er aber arm war, so wurde das junge Weib auf Befehl des Häuptlings seinem Gatten ausgeliefert. Dieser setzte sie auf den Boden, kreuzte ihre Füße so, daß der Knöchel des einen Beines über denjenigen des anderen zu liegen kam, und schoß ihr

---

*) Diese Bemerkungen gelten nur für verheiratete Weiber. Ein Mann, welcher ein lediges Mädchen oder eine Witwe schwächen würde, müßte sie zum Weibe nehmen und für sie bezahlen. Das Zusammenbinden der Beine ist nur bei den Cheyennes allein im Brauche.

kaltblütig eine Kugel durch die beiden, gab sie dann förmlich dem jungen Manne zurück und äußerte voll Ingrimm: »Du brauchst nun nicht zu fürchten, daß sie dir mit einem Anderen davonlaufen wird.«

Die Comantschen schlitzen den treulosen Weibern die Nasen auf, und ich habe selber ein unglückliches Weib mit fünf einzelnen Schnitten in ihrer Nase gesehen, welche sowohl deren Schönheit als deren Nutzen gänzlich zerstörten. Da aber diese sichtbaren Zeichen nothgedrungen den Werth einer Frau verringern müssen, falls der Gatte sie zu verkaufen Lust haben sollte, so wird nicht immer zu jenem summarischen Strafverfahren geschritten.

Unter allen wilden Stämmen der Plains hat der Gatte die unumschränkte Verfügung über die Person seines Weibes und kann sie nach Belieben verkaufen oder verleihen. Ich verbrachte einen Winter auf der Nord-Platte-Station an der Union-Pacific-Eisenbahn, in der Beaufsichtigung der Bande der Brûlé-Sioux unter dem »gefleckten Schwanz«. Wir hatten unaufhörlichen Verdruß und Mühe mit betrunkenen Indianern, und als ich genaue Nachforschungen anstellte, woher dieselben den Branntwein erhielten, fand ich, daß beinahe jeder von den gemeinen Kriegern der Bande sein Weib für eine Nacht um eine Flasche Whisky zu verkaufen pflegte und daß Civilisten und Soldaten von dieser Gelegenheit Gebrauch machten und beinahe allnächtlich diesen Preis bezahlten.

In dieser Bande bestand eine der Pflichten der Gastfreundschaft darin, daß man einem Gaste, welchen der Wirth ganz besonders zu beehren wünschte, ein Weib lieferte. Ein Civilarzt, welchen die Regierung als wunärztlichen Beistand angestellt hatte, war auf einem Militärposten stationirt, auf welchem die Sioux häufig einkehrten. Der Doctor hatte eine reizende, liebenswürdige Frau ohne die geringste Neigung zur Koketterie; aber er war ein lockerer Bursche und ausnehmend hinter den Weibern her und dabei entsprechend eifersüchtig, damit seine Frau nicht sein Beispiel nachahme. Der »gefleckte Schwanz« kam zum Besuch nach dem Posten, und der Doctor war besonders aufmerksam und gastlich gegen den indianischen Häuptling. Eines Abends kamen der Doctor und der »gefleckte Schwanz« in ein Zimmer, worin mehrere Officiere waren. Der Doctor war in einer übermüthigen Laune und zum Scherzen aufgelegt, und neckte den Indianer über die Sitten und Bräuche seines Volkes, über seine vielen Weiber u. dgl. Der »gefleckte Schwanz« ließ es sich eine Zeit lang gefallen, dann sagte er: »Doctor, du kommst in mein Lager, ich gebe dir viel zu essen, gutes Bett und ein Weib, bei dem du schlafen kannst. Ich bin nun drei Tage in deinem Lager gewesen, und du hast mir noch nicht einmal ein Weib gegeben«. Das Entsetzen, welches sich in des Doctors Zügen aussprach, ist nicht mit Worten zu schildern; er verließ bald darauf unter einem Vorwande die Gesellschaft und gab wenigstens seine vertraute Freund=schaft mit dem Indianer=Häuptlinge auf.

Der Verkauf eines Weibes ist nichts Ungewöhnliches. Die Indianer haben eine große Liebe zu Kindern und sind sehr besorgt, deren so viel wie möglich zu bekommen. Wenn ein Weib nicht in einer gewissen Zeit ein Kind bekommt, so kann sie beinahe mit Gewißheit darauf rechnen, daß sie verkauft wird; bleibt sie unfruchtbar, so geht sie durch

Kauf und Verkauf höchst wahrscheinlich von Hand zu
Hand, bis sie entweder ein Kind hat oder zu alt zum
weiteren Verkaufe ist. Wenn ein Gatte sein Weib ver=
kauft, so behält er gewöhnlich die Kinder, falls solche
vorhanden sind (obwohl ich auch von Fällen gehört
habe, wo das Weib sammt den Kindern verkauft wurde).
Die Möglichkeit einer Scheidung trägt dazu bei, das
Weib in entsprechender Unterwürfigkeit zu halten, obschon
weder ihr Verkauftwerden noch ihr freiwilliges Davon=
laufen von ihrem Gatten und ihren Kindern (durch
den Wechsel der Gatten) sie der Befugniß verlustig
macht, die Hütte ihres ersten Gatten zu besuchen, so
oft es ihr beliebt, und ihre Kinder nach Herzenslust zu
sehen und zu sprechen.

In früheren Zeiten war unter den Sioux eine
höchst eigenthümliche Ceremonie im Schwange, von deren
Ausübung ich bei keinem anderen Stamme gehört habe.
Zu einer gewissen Jahreszeit versammelte sich die ganze
Bande, und alle männlichen Mitglieder derselben, von
den mannbar Gewordenen an, wurden in zwei Reihen
ungefähr vier Fuß von einander und mit den Gesichtern
einander zugekehrt aufgestellt. Alle Weibsleute von der=
selben Altersstufe aufwärts mußten eine hinter der
anderen zwischen diesen Reihen hingehen, und jeder
Mann in den Reihen, welcher innerhalb Jahresfrist
geschlechtlichen Umgang mit irgend einem dieser Weibs=
leute gehabt hatte, war kraft seiner Religion und Ehre
verpflichtet, seine Hand auf sie zu legen, während sie
an ihm vorüberging. Diese Pflicht galt für so heilig,
daß man sich erzählt, es habe oft ein Weib, wenn der
Mann, mit welchem sie Umgang gepflogen, sie bei diesem

Vorübergehen zu berühren unterlassen habe, denselben ins Gesicht geschlagen und einen Feigling genannt, worauf er öffentlich beschimpft und aus der Bande ausgestoßen worden sei. Die Berührung des Mannes führte keinerlei schlimme Folgen für ihn selbst herbei; noch ward ein verheiratetes Weib deshalb gestraft oder von ihrem Gatten verstoßen, sondern sie durfte zwar noch bei diesem und bei ihren Kindern wohnen bleiben, aber sie ward eine gleichsam Ausgestoßene oder Vogelfreie. Wenn sie allein außerhalb des Lagers gefunden wurde, so durfte sie ungestraft von jedem Manne oder von deren mehreren geschwächt werden. Diesem Schicksale konnte sie ausweichen, wenn sie ihre Hütte niemals anders verließ, als in der Gesellschaft eines anderen Weibes oder eines Kindes. Wenn dann im nächsten Jahre dieselbe Ceremonie wiederkehrte und sie die Reihen der Männer passirte, ohne berührt zu werden, so ward der Fluch von ihr genommen und sie wieder in ihre ursprüngliche Reinheit und Achtung eingesetzt.

Christenthum und Civilisation, welche eine einzige Sünde mit dem Fluch und der Schmach eines ganzen Lebens belegen, könnten von diesen unwissenden Wilden eine beschämende Lehre in der Nächstenliebe hinnehmen. Weiße Männer kamen dann und wohnten unter den Sioux oder verheirateten sich mit Sioux-Weibern, wurden ebenfalls in Reihe und Glied gestellt, berührten aber nicht nur diejenigen Weiber nicht, mit welchen sie heimlich zu thun gehabt hatten, sondern überzeugten dieselben von vorn herein, daß für sie gar keine Ehren- oder Religionspflicht vorliege, sich selbst anzugeben und bloßzustellen. Diese Weiber brachten sodann dieselbe Ansicht auch ihren anderen Liebhabern und den übrigen Weibern bei. Es sollen auch manche Weiber in den Verdacht gekommen sein, daß sie aus Bosheit oder Rachgier in der oben bezeichneten Weise Männer denuncirten und der Verachtung preisgaben, welche in Wirklichkeit gar nicht mit ihnen zu thun gehabt hatten. Die Ceremonie soll hierdurch allmählich in Verruf, dann in Abgang gekommen sein und ist, so viel mir bekannt, jetzt ganz abgeschafft worden.

Man betrachtet es im Allgemeinen für unpassend und weibisch von einem Manne, wenn er (wenigstens vor fremden Augen) irgend welche Liebe für sein Weib oder Aufmerksamkeit für ein anderes Weib an den Tag legt. Eine sehr bemerkenswerthe Ausnahme hiervon machte »Pulvergesicht«, ein angesehener Häuptling der Arrapahoes, ein verzweifelter und gefährlicher, mit Narben bedeckter Krieger, welcher wegen der vielen von ihm erbeuteten Scalps und der von ihm bestandenen Gefahren allgemein bekannt und berühmt ist. Sein Weib war zu der Zeit, von welcher ich rede, eine recht hübsche Person von ungefähr fünfundzwanzig Jahren; sie waren schon einige Jahre verheiratet und hatten keine Kinder; aber trotzdem konnten zwei Leute nicht glücklicher mit und zärtlicher gegen einander sein, als dieses Paar. Sie begleitete ihn auf Schritt und Tritt und war seine willigste Sclavin, und er saß stundenlang vor der Thüre seiner Hütte, kämmte ihr das Haar, bemalte ihr das Gesicht, küßte und liebkoste sie und gab sich einem Betragen hin, welches einem minder kühnen oder wohlbekannten Krieger zur Schande angerechnet worden wäre.

Seine Kinder sind dem Indianer sehr viel werth. Der Vater fühlt sich stolz auf seine Söhne, welche seinen Ehrgeiz rege erhalten: sie unterstützen ihn auch in der Ernährung der Familie und in der Ueberwachung des Viehstandes. An seinen Töchtern nimmt er ein Interesse, weil sie, sobald sie heiratsfähig geworden, eine sichere Einnahmequelle für ihn sind. Die kleinen Kinder werden sehr verhätschelt und verwöhnt: sie tummeln sich und klettern ungetadelt und ungewehrt an ihrem Vater und an seinen Gästen in der Hütte herum und scheinen niemals eine Belästigung oder eine Störung zu sein. Die Knaben wachsen heran, wie es der Zufall will, ohne irgend welche Einschränkung in irgend etwas. Die Mädchen werden frühzeitig in Gehorsam und Unterwürfigkeit unterrichtet und beginnen schon arbeiten zu lernen, wenn sie kaum gehen können.

Die Indianer lieben geselliges Zusammenleben. Sogar der Häuptling zieht es vor, noch eine oder mehrere Familien außer der eigenen in seiner Hütte zu haben. Jede Hütte des gemeinen Volks enthält drei bis fünf Familien, was für einen Raum von kaum zwanzig Fuß Durchmesser eine starke Bevölkerung ausmacht.

Man kennt keine regelmäßigen Stunden für die Mahlzeiten, noch wird in der Regel mehr als eine einzige Mahlzeit am Tage eingenommen. Ein großer Topf oder Kessel voll Fleisch wird über das Feuer gesetzt, und wenn dasselbe gar gekocht ist, in die Mitte der Hütte gebracht, wo jede Person mit den Fingern zugreift. Hat man kein Mehl, so genießt man gedörrtes Büffelfleisch statt des Brotes. Wenn Alle satt sind, wird der Kessel beiseite gesetzt, und diejenigen, welche öfter als einmal am Tage Hunger verspüren, gehen dann hin und versehen sich aus demselben. Sie sind gastfreundlich unter

einander und gegen Fremde und bieten ihren Besuchern
immer etwas zu essen an. Wenn es bekannt wird, daß
es in irgend einer Hütte einen besonders guten Bissen
gibt, und wo nur immer ein ungewöhnlich starker Rauch
auf die Bereitung einer tüchtigen Mahlzeit deutet, da
kann man sicher sein, daß eine Menge Bummler einsprechen.
Diese haben immer das Recht, zuerst zuzugreifen, und die
Bewohner der Hütte begnügen sich mit demjenigen was übrig
bleibt. Thee, Kaffee und Zucker sind Ausnahme-Genüsse,
mit welchen nur ausgezeichnete Gäste bewirthet werden.

Man hat über den Stoicismus und die Verschlossenheit
der Indianer unendlich viel geschrieben und geschwatzt.
Mein jahrelanger Verkehr mit denselben hat mich jedoch
überzeugt, daß dieser Stoicismus nur Sitte und Aeußer-
lichkeit, das Ergebniß eines Lebens voll Wachsamkeit
und verhältnißmäßiger Einsamkeit, ist. Von ihrer wunder-
baren Ausdauer gegen Schmerz und Mangel habe ich
bereits gesprochen. Allein der Indianer ist in Wirklichkeit von einem sehr nervösen und erregbaren Tempera-
ment, das jedem Eindruck und jeder Einwirkung zu-
gänglich ist. Kein Volk, welches überhaupt kämpft, ficht
so schlecht wie die Indianer, wenn sie überrascht werden.
Kein Volk kann so leicht und so vollständig in panischen
Schrecken versetzt, in kopflose Flucht gejagt oder durch
Furcht besinnungslos gemacht werden. Der Indianer
redet sich gern in eine wilde Aufregung hinein, prahlt
mit seinen Heldenthaten in der Liebe, im Kriege und
auf der Jagd und begeht alle Arten von Extravaganzen,
wenn er eine aufregende Geschichte erzählt oder derselben
zuhört. In ihrem Alltagsleben sind die Indianer lebhaft,
gesprächig, hören und erzählen gern Geschichten, haben eine

große Freude an derben Witzen und ergehen sich besonders
gern in Neckereien, Hänseleien und praktischen Späßen.
Die Nächte werden mit Gesang, Tanz und wildem
Saus und Braus verbracht, und im Verhältniß zu der
darin vorhandenen Menschenzahl ist ein indianisches
Lager, wenn man sich vor aller Gefahr sicher weiß, bei
Nacht der lärmvollste Ort, den man nur finden kann.

Ungebildete Menschen von unserer eigenen Race
sind unempfänglich und ohne Erstaunen oder Bewun=
derung für den Aufgang der Sonne, den Wechsel der
Jahreszeiten, das Zucken des Blitzes oder das Rollen
des Donners; sie nehmen dieselben als Thatsachen hin,
ohne Erklärung und auch ohne Ueberraschung, obwohl
dieselben über ihre Fassungskraft hinausgehen. Der Mensch
äußert nur Ueberraschung und Staunen über etwas,
das außerhalb der gewöhnlichen Linie seiner Erfahrung
und Erlebnisse ist; Staunen ist ein Act der Vergleichung.

Der Indianer besitzt wirkliche und alltägliche gemeine
Erfahrung von manchen Artikeln civilisirter Arbeit und
Manufactur, deren einfachster eben so weit über seine
Fassungsgabe hinausgeht, wie der complicirteste. Er
würde ein einfaches Ausrufungszeichen sein, wenn er sein
Erstaunen über Alles dasjenige darlegen wollte, was ihm
neu oder unverständlich ist. Er geht daher in das andere
Extrem über und bethätigt oder fühlt selten Erstaunen
über irgend etwas. Er besucht die Vereinigten Staaten
und betrachtet ungerührt und unempfindlich das Dampf=
boot und die Locomotive. Die Leute nennen das
Stoicismus, aber sie vergessen, daß für die Unwissenheit
der Rothhäute die Herstellung einer Glasflasche eben so
unergründlich ist als das Getöse des Donners. Ein

Stück bunten Zeuges ist ihm ein Gegenstand der Ver=
wunderung, ein gewöhnlicher Spiegel ein Wunder. Er
versteht nichts von den vergleichsweisen Schwierigkeiten
der Erfindung und Fabrikation, und der Mechanismus
einer Locomotive ist für ihn in keiner Weise ein Gegen=
stand höheren Erstaunens als derjenige eines Schieb=
karrens. Wenn Dinge im Bereiche ihrer eigenen täglichen
Erfahrung in einer Weise ausgeführt werden, welche
für sie merkwürdig ist, so legen die Indianer das tiefste
Erstaunen an den Tag. Ich habe mit angesehen, wie
mehrere Hundert Indianer in der größten Aufregung
und Spannung der Neugierde einem Arbeitsmanne,
welcher Kletterstiefeln mit Steigeisen an den Beinen
trug, von einer Telegraphenstange zur anderen folgten
und jedesmal, wenn er, einen Fuß über den anderen,
an der Stange hinaufstieg, ihrem Staunen und Ver=
gnügen in den lautesten Ausdrücken des Beifalls und
der Bewunderung Luft machten. Eine Weiße, welche
auf einem Damensattel reitet, in einer Stellung, welche
dem Indianerweib beinahe unmöglich erscheinen dürfte,
würde bei den Rothhäuten mehr Ueberraschung und
Bewunderung hervorrufen, als die vollendetste Dampf=
schnellpresse in voller Thätigkeit.

Vor fünfundzwanzig Jahren, als die Indianer
noch verhältnißmäßig wenig von den Wundern der
Civilisation wußten, wurde der jetzige General P.,
damals noch Lieutenant, mit einer kleinen Truppe aus=
geschickt, um mit einer Indianerbande zu verhandeln,
welche schwierig zu werden drohte, und nahm als Führer
und Dolmetscher einen Delawaren=Häuptling Namens
»schwarzer Biber« mit sich, welcher als Krieger sich

weit und breit in den Plains eines großen Ruhms erfreute. Biber war eine »halbcivilisirte« Rothhaut, war in Washington gewesen, besaß ein Gehöfte und erfreute sich in seinem Lande eines bedeutenden socialen Ansehens. Die widerspenstigen Indianer wurden zu einer Berathung versammelt und die Streitigkeiten beigelegt, worauf Lieutenant P. sich anschickte, mit der Kopfzahl und Macht der Weißen zu prahlen und die Thorheit zu tadeln, daß die Indianer mit denselben Krieg führen wollten. Als Schluß seiner Rede bat er Biber, den Indianern die Dampfboote zu schildern; Biber hatte solche gesehen und gab eine glühende Beschreibung derselben, an deren Schlusse ein Gemurmel durch die Gruppe der Indianer lief. »Was sagen sie denn, Biber?« fragte P. »Sie sagen, sie glauben nicht an diese verd Lüge«, erwiderte Biber. — »Erzähle ihnen nun etwas von den Eisenbahnen«, meinte P. Biber war auf Eisenbahnen gefahren und machte sich daran, seine Ideen und Erfahrungen über diesen Gegenstand preiszugeben: allein abermals entstand ein Gemurmel in der Versammlung. »Was sagen sie denn nun?« fragte P. — »Sie meinen, sie könnten auch diese verdammte Lüge nicht glauben«, versetzte Biber. P. war einigermaßen in Verlegenheit um irgend etwas Wunderbares, was sie glauben könnten, und sagte endlich zu Biber: »Erzähle ihnen 'mal etwas vom Telegraphen!« — »Ich weiß aber selbst nicht, was das ist«, entgegnete Biber, und P. erklärte ihm nun, daß er mittelst eines kleinen Drahtes von dem Orte aus, wo er saß, mit dem »Großen Vater« in Washington sprechen könnte u. dgl. m. Biber horchte aufmerksam aber mit einem ernsten Gesicht zu und machte gar keinen Versuch, es zu übersetzen »Nun, warum sagst du ihnen dies nicht?« fragte P. ungeduldig. — »Weil ich«, erwiderte Biber und schüttelte langsam und nachdrücklich den Kopf, »weil ich diese verd— Lüge selbst nicht glaube.«*)

Die Hütte (lodge) der Prairie-Indianer ist eine Art kegelförmigen Zeltes oder Baues aus gegerbten Büffelhäuten und ruht auf einem Gerüste von leichten geschälten Stangen, welche sich in der Nähe der oberen Enden kreuzen und mit den unteren Enden am Boden weit auseinander gerückt sind. Die Hütte hat einen Durchmesser von zwölf bis zwanzig Fuß und ist ungefähr fünfzehn Fuß hoch. Das Feuerloch ist in der Mitte angebracht und der Rauch zieht durch eine Oeffnung im Dache ab, welche mit einer Art geflügelter und nach allen Seiten hin drehbarer Kappe versehen ist, mittelst deren man den Wind abhält, direct in die Hütte herunter zu blasen. Der Luftzug ist jedoch sehr mangelhaft und die Hütte bei kaltem Wetter gewöhnlich zu voll von Rauch, um für jemand anders als einen Indianer erträglich zu sein. Die Lodge ist übrigens den Bedürfnissen dieser Wilden vortrefflich angepaßt; ihre Gestalt sichert sie vor der Gefahr, durch Windstürme umgewelt zu werden, und man kann sie selbst beim kältesten

---

*) Diese Geschichte wurde mir im Jahre 1867 von dem Officier selber erzählt, dem sie zugeschrieben und von dem sie beglaubigt wird. Nachdem ich sie mir in obiger Gestalt niedergeschrieben hatte, fand ich sie auch in General Marcys' Werk über das Leben auf der Grenze citirt. Sie unterstützt meine Behauptung, und ist, gleichviel von wem sie auch herrühren mag, zu gut, um verloren zu gehen.

Wetter mit sehr wenig Brennmaterial warm und be=
haglich erhalten. Die Betten bestehen aus aufgeschichteten
Haufen von Büffeldecken (den gegerbten Fellen von
Bisonkühen) und Wolldecken, welche man, so dicht wie
möglich, am äußeren Umfang der Hütte auf dem Boden
ausbreitet. Sie versehen die doppelte Stelle von Betten
oder Schlafplätzen für die Nacht, und von Ruhbetten
oder Sophas, um bei Tage darauf zu sitzen und zu
faullenzen. Sie werden bei Tage nicht zusammengemacht
oder beiseite gebracht, obwohl man an schönen sonnigen
Tagen das Bettzeug aus der Hütte nimmt, ausschüttelt
und in der Sonne ausbreitet. In jenem kleinen Raume
sind häufig acht bis zehn Menschen zusammengedrängt,
welche möglicherweise drei oder vier verschiedenen Familien
angehören, und da in demselben Raume alle mit einander
kochen, essen, wohnen und schlafen, wird derselbe bald
unaussprechlich schmutzig und wimmelt namentlich von
Ungeziefer. Außer dem Bettzeuge, den Koffern oder
Reisesäcken aus parflèche, welche das gedörrte Fleisch
und die besseren Kleider und Putzartikel enthalten, und
außer einigen Töpfen, Kesseln und Zinnbechern enthält
die Hütte kein Geräth oder Mobiliar, und selbst in der
Anordnung dieser wenigen Artikel ist nicht der mindeste
Versuch von Ordnung zu erkennen.

Der Reichthum des Indianers besteht außer Waffen
und Geräthen in seinen Pferden und Maulthieren; er hat
keinen Sinn und kein Verlangen nach der Anhäufung von
weiteren und anderen Dingen, als denjenigen, welche ihm
zeitweilig für den Bedarf seiner Familie nothwendig sind. Die
Jagd im Herbste liefert ihm Felle genug, um sich den Winter
hindurch warm zu erhalten, und läßt ihm noch so viel zum

verkaufen übrig, daß er seinen erforderlichen Vorrath an Lebensbedürfnissen sich von den Weißen verschaffen kann.

Beim Eintritt des Frühjahrs wird das Lager abgebrochen und die Banden führen nun ein nomadisches Leben. Alles muß gepackt und ausgepackt, auf die Pferde geladen und wieder von denselben abgenommen werden, und die Weiber, welche alle Arbeit versehen müssen, kommen allmählich dazu, alle jene Dinge zurück zu lassen, welche nicht von unmittelbarem Nutzen sind. Ihre eigenen Kleider und Putzgegenstände werden in die parflêches gepackt und leicht untergebracht und versorgt; alles Umfangreiche oder Schwerfällige und alles nicht absolut Nothwendige wird weggeworfen. Ein anderer Grund für diese Armuth des Indianers ist die Nothwendigkeit, den Todten für seine Reise nach den glücklichen Jagdgründen passend auszustatten. Dieser muß gewisse Artikel haben, selbst wenn die Lebenden sich deren entäußern sollten, und durch dieses von ihrer Religion geheiligte Bedürfniß sind und bleiben die Rothhäute beinahe arm an allen Artikeln von civilisirter Arbeit.

Der Indianer heiratet jung, der junge Bursche, sobald er so glücklich ist, die Pferde zu stehlen, womit er ein Weib bezahlen, oder sobald er seinen Vater überreden kann, ihm ein Weib zu kaufen. Die Mädchen heiraten gewöhnlich sehr bald nach Erreichung des mannbaren Alters, denn der Vater ist in der Regel sehr erpicht darauf, sie zu verwerthen, und das Mädchen wünscht, — mit echt weiblichem Instinct in diesen Dingen — sobald als möglich ein Weib zu werden und einen Mann zu bekommen. Zuweilen kommt ein Vater in Noth und Gedränge und muß seine Töchter verkaufen, während sie noch bloße Kinder sind. Diese Mädchen werden dann von wohlhabenden Männern in mittleren Jahren wohlfeil aufgekauft, welche sie für künftige Verwendung auf= bewahren, ihnen aber sogar, während sie noch Kinder sind, alle Rechte und Vorrechte von Weibern einräumen. Sa=na=co, ein Comantschen=Häuptling und der beste Indianer (von unserem Standpunkte aus), welchen ich jemals sah, hatte ein Weib, das nur etwa zehn Jahre alt war. Ich habe noch mehrere andere Krieger kennen gelernt, welche noch die reinen Kinder zu ihren dritten und vierten Weibern hatten.

Das natürliche Ergebniß des gänzlichen Mangels an Heimlichkeit und Zurückgezogenheit in einer Indianer= hütte ist der entsprechende Mangel an Zartgefühl, Schamhaftigkeit und Bescheidenheit. Alle jene Handlungen des häuslichen Lebens, welche unter Weißen in tiefster Heimlichkeit vor sich gehen, werden von den Indianern ohne Zögern in Gegenwart von Erwachsenen und Kindern beider Geschlechter vorgenommen und ausgeübt. Nach der möglicherweise bereits überfüllten Hütte bringt der junge Sohn sein Weib. Es kann nur wenig Romantik um ein Brautbett herum geben, auf welches ein halbes Dutzend Paare neugieriger Augen geheftet sind und über welches sich ein halbes Dutzend Zungen Bemer= kungen erlauben. Die Indianer scheinen dies aber ganz in der Ordnung zu finden und stehen in ihren geschlecht= lichen und ehelichen Beziehungen kaum über dem wilden Thiere. Der Gatte, welcher schon ein Weib hat, bringt ein zweites und ein drittes mit nach Hause. Sie Alle schlafen in demselben Bette, wenn es groß genug ist; wo nicht, so werden die älteren Weiber ausgewiesen, um der jüngeren Favoritinnen willen. Ich habe nie von Streit oder Schwierigkeiten zwischen den Weibern aus diesem Grunde gehört, und die Empfindung der Leidenschaft scheint der Squaw ganz zu fehlen. Die Hingebung eines Gatten an ein neues Weib oder seine Untreue gegen alle seine Weiber scheint nicht die geringste Empfindlichkeit hervorzurufen und wird von den Weibern nicht mehr beachtet, als die Launen oder Untreuen eines Hahnes von seinem gefiederten Harem.

Viele weiße und indianische Männer, welche Weiber unter den wilden Stämmen der Prairien gehabt hatten, haben mir mancherlei merkwürdige sociale und physio= logische Thatsachen erzählt, welche nur noch einer klaren Bestätigung bedürfen, um hinsichtlich der Theorien über die Einheit der Racen äußerst interessant und lehrreich zu werden, so z. B., daß die Weiber während der Dauer ihrer monatlichen Regeln für unrein betrachtet werden und sich im Sommer in die Wälder, im Winter in eine eigens für ihren Gebrauch errichtete Hütte zurückziehen, wo sie bleiben, bis sie wieder ganz wohl sind; daß von einer Periode an, die sich von einem bis auf drei Tage erstreckt, nachdem das Weib wieder wohl ist, dieses allein ein geschlechtliches Verlangen hegt; daß sowohl Männer wie Weiber den Beischlaf mit einem Weibe, welches in gesegneten Umständen ist, als »schlechte Medicin« für die Familie betrachten, obwohl des Gatten Untreue mit einem anderen Weibe in diesem körperlichen Zustande keinerlei schlimme Folgen für ihn herbeiführen würde u. s. w.

Das Indianerweib ist nicht sehr fruchtbar, sei es aus Mangel an passender Nahrung oder in Folge der beständigen Plackerei ihres harten Daseins. Ich habe nie ein Weib gesehen, das über vier Kinder geboren hätte, und sehr viele Weiber sind unfruchtbar. Durchschnittlich kommen kaum mehr als zwei Kinder auf jedes Weib. »Red Bead« (rothe Glasperle), ein Sioux, pflegte sich sehr zu seiner großen und schönen Familie Glück zu wünschen, weil seine beiden Weiber mit einander fünf Kinder hatten. In den meisten Hütten sind die Kinder nicht zahlreicher als die Weiber. Die Entbindung scheint der Indianerin kaum mehr Beschwerde zu verursachen, als der Büffelkuh. Beim ersten Kinde hat sie vielleicht die Unterstützung und Pflege eines anderen Weibes, welches die Stelle einer Hebamme versieht; allein wenn sie sonst gewöhnlich gesund und wohl entwickelt ist, so behilft sie sich in der Regel allein und besorgt Alles selbst. Ich habe mir sagen lassen, daß die Kreißende bei guter Witterung am liebsten allein nach einem abgelegenen Orte im Walde oder Gebüsche geht und daß die ganze Entbindung das Werk von einer oder zwei Stunden ist, und wenn dann das Kind zwei oder drei Stunden alt ist, geht die Mutter höchst wahrscheinlich schon wieder ihren gewöhnlichen Geschäften nach.

Auf einer Streifpartie begegnete ich einmal einer kleinen Bande Indianer, welche Halt machte und einige Minuten mit mir plauderte. Der Anführer fragte mich, wohin ich gehe, und als sich aus meiner Antwort ergab, daß mich mein Weg auf seiner Fährte weiter führe, vertraute er mir an, eines seiner Weiber sei eine kurze Strecke rückwärts zurückgeblieben, um eines Kindes entbunden zu werden, und bat mich, keinem meiner Leute zu gestatten, daß er das Weib belästige. Als wir etwa drei englische Meilen weiter gekommen waren, begegneten wir dem Weibe allein, welches ruhig auf der Fährte nachritt und das Neugeborene, in einer Wiege eingeschnürt, auf dem Rücken trug. So lange das Kind, gleichviel ob ein Knabe oder ein Mädchen, noch sehr klein ist, hat die Mutter es ganz unter ihrer Pflege, Aufsicht und Behandlung. Man lehrt es bald, nicht zu schreien, durch ein sehr summarisches, wenn auch allerdings nicht zartes Verfahren: man bedeckt ihm nämlich den Mund mit der Handfläche, drückt ihm zwischen Daumen und Zeigefinger die Nase zusammen, bis das arme Kleine beinahe erstickt ist, läßt es dann gehen und packt und schweigt es auf dieselbe Weise von Neuem bei dem ersten weiteren Versuche zu weinen; hierdurch lernt der Säugling bald, daß Schweigen die beste Politik ist. Beinahe unmittelbar, nachdem der kleine Knabe von der Mutterbrust entwöhnt ist, wird er der Mutter hinweggenommen und wird so zu sagen wirklich sein eigener Herr. Die Mutter darf niemals einen Knaben bestrafen, gleichviel was er auch begangen habe. Dagegen behält sie ihre Aufsicht über die Mädchen, bis diese verheiratet werden, und erlangt die einzige Er= leichterung und Hilfe, welche ihr von ihren Kindern zu Theil wird, von ihnen. Der mütterliche Instinct scheint übrigens bei ihnen nicht sehr stark zu sein, denn Witwen verkaufen häufig ihre weiblichen Kinder, selbst wenn sie nicht von Noth dazu gedrängt werden, und ich habe selbst verschiedene Fälle erlebt, wo eine Indianerin ihr Kind gegen ein weißes Kind zum Tausche anbot. Vor einigen Jahren reiste ein Officier des Unionsheeres mit einer Frau und einem hübschen kleinen Knaben über die Plains. Die Indianer waren friedlich und der

Officier hatte deshalb nur eine kleine Geleitsmannschaft bei sich. Eines Nachmittags erschien eine Indianerin im Lager, ward überrascht von der Schönheit des weißen Kindes und schlug dessen Mutter einen Tausch vor. Die Officiersfrau hielt diesen Vorschlag für einen Scherz und ging lachend darauf ein, erschrak aber bald gewaltig, als die Squaw ihr eigenes Kind hinlegte und das weiße mitzunehmen versuchte. Es erfolgte nun ein heftiger Auftritt, und die Indianerin mit ihrem Kinde ward schließlich zum Lager hinausgejagt, worüber sie in die höchste Leidenschaft und Aufregung gerieth und Rache gelobte. Am andern Morgen vor Sonnenaufgang erschien eine starke Bande indianischer Krieger mit dem Weib, verlangte die Auslieferung des weißen Knaben und drohte mit Gewalt, wenn man denselben nicht gutwillig herausgebe. Es erfolgte nun eine lange Unterhandlung, in deren Folge die Indianer endlich mit der Bezahlung von Wolldecken und Zucker gütlich abgefunden wurden.

Für die Wittwen und Waisen eines Stammes wird einigermaßen durch die »Hundesoldaten« gesorgt, welche bei der allgemeinen Vertheilung von Wildpret und Fellen einen zum Unterhalt von jenen hinreichenden Antheil beiseit setzen. Unter den Stämmen der Plains wird ein Weib bei dem Tode ihres Gatten nicht allein selber frei, sondern wird zugleich die Herrin ihrer Töchter mit unbeschränktem Eigenthumsrecht. Die Söhne sind zwar unabhängig, müssen aber die Mutter und Schwestern unterstützen, wenn sie schon alt genug dazu sind oder noch keine eigene Familie haben. Die Witwen theilen mit ihren weißen Schwestern die Abneigung gegen die Annehmlichkeiten der Freiheit und des gesegneten Ledigseins und verheiraten sich immer schnell wieder, wenn sie überhaupt noch jung und hübsch sind. Man hat mich versichert, daß alte und häßliche Witwen, welche keine eigenen Söhne zu ihrer Stütze und zu ihrem Unterhalte haben, sich manchmal einen Gatten kaufen, indem sie ihm ihr Eigenthumsrecht auf ihre Töchter abtreten, jedoch nicht daß er sie als Weiber benütze, sondern als verkäufliches Eigenthum betrachten und behandeln darf. Das Dasein eines Weibes, welches einen Mann als Versorger hat, ist um so sicherer und um so freier vor den Möglichkeiten von Hunger oder Mangel, daß beinahe jedes Weib die Verdrießlichkeiten und Mißhandlungen von Seiten eines bösen Gatten den möglichen Wechselfällen und dem ungesicherten Dasein der Witwenschaft vorzieht.

Eine sehr ernste Verlegenheit und Sorge und ein Ärgerniß, über welches ich viele Klagen gehört habe, bereitet den Indianern die Menge der Witwen und Waisen, welche ihnen durch die Weißen aufgebürdet werden, denn nichts ist gewöhnlicher, als daß weiße Jäger, Fallensteller und Händler, welche unter den Indianerstämmen gelebt und indianische Weiber genommen haben, diese über kurz oder lang verlassen. Die Indianer haben diese Angelegenheit ganz in ihrer Hand: sie brauchen nur ihren Weibern die Heirat mit weißen Männern zu verbieten. Allein dies ist nicht nach ihrem Geschmacke, denn ein Vater kann möglicherweise für seine Tochter von einem weißen Manne doppelt so viel erlangen, als ein Indianer bezahlen würde, und er verkauft zu dem höchst möglichen Preise. Ihm den Verkauf seines unbeschränkten Eigenthumes zu verbieten, würde für eine Beeinträchtigung seiner heiligsten und sichersten Rechte angesehen werden. Sobald er aber seine Tochter verkauft und den Kaufpreis erhalten hat, betrachtet er sich aller Verantwortlichkeit für jene entbunden, denn sie sollte hinfort durch den Gatten unterhalten werden, und der Vater erachtet es als Last, eine Schmach und Beleidigung, als wirkliche gegründete Ursache zu Klage und Beschwerde, wenn er — ob auch nur theilweise oder vorübergehend — gezwungen wird, zum Unterhalt eines Weibes, seiner eigenen leiblichen Tochter beizutragen, nachdem diese durch seine Habgier einem Manne auf= geopfert worden ist, von welchem der Vater wußte, oder annehmen konnte, daß er sie früher oder später verlassen würde. Als der Trapper oder Fallensteller noch ein auf den Plains vertretener Stand war, betrachtete keiner dieser Leute seine Ausrüstung für vollständig, so lange er nicht ein oder mehrere indianische Weiber hatte, welche er später sitzen ließ, wenn er in die Niederlassungen zurückkehrte. Kam er dann wieder nach derselben Gegend, so nahm er seine Weiber wieder; wechselte er aber seinen Aufenthalt, so holte er sich einen neuen Vorrath von dem Stamme, welcher ihm zufällig der nächste war. Die sitzengelassenen Damen vermochten nicht immer neue Männer zu bekommen, denn obwohl sie gewöhnlich die hübschesten und schmuckesten des Stammes waren (die Trapper hatten Geschmack und Geld), so waren doch die Weiber, weil sie nicht so beständig der Gefahr ausgesetzt sind, bei allen Stämmen meistens den Männern an Kopfzahl weit überlegen. Ihre Väter wollten aber die

Verlassenen nicht unterstützen, da sie sich weder durch Neigung noch durch Sitte hiezu verpflichtet erachteten, und so wurden diese und ihre Kinder eine Bürde für die Kraft und Energie des Stammes.

In einer Rathsversammlung, welche im Jahre 1867 am nördlichen Platteflusse zwischen den Indianern und einigen Vertretern der amerikanischen Regierung abgehalten wurde, sprach einer der Häuptlinge ernstlich, verständig und mit Gefühl über diesen Gegenstand. Er sagte, sein Stamm sei arm und außer Stande, die von den Weißen sitzengelassenen Weiber und Kinder zu erhalten, und er bat daher, daß die Unionsregierung einige besondere Vorsorge für diese Menschenclasse treffen möge.

Der Verkehr, die geschäftlichen Unterhandlungen der Amerikaner mit den Indianern sind gewöhnlich so thöricht und verkehrt gewesen, daß es gar nicht zu verwundern ist, wenn die Rothhäute uns Weiße für halb Blödsinnige ansehen, welche zu jeder Zeit oder über jeden Gegenstand durch irgend eine blendende Rede oder ein plausibles Versprechen getäuscht und geprellt werden könnten. Ihre Ueberzeugung von unserer Leichtgläubigkeit war unzweifelhaft die Veranlassung dazu, daß die Rothhäute in jener Rathsversammlung eine der merkwürdigsten Bitten stellten, welche jemals irgend ein Volk im Ernste gewagt hat. Im Frühjahre und Sommer 1867 hatte eine fortlaufende Reihe von Raubzügen, Plünderungen und Mordthaten stattgefunden; alle Stämme der Prairien waren losgelassen. General Custer streifte mit einer bedeutenden Streitmacht zwischen der Kansas-Pacific-Eisenbahn und dem Platteflusse. Es wurde nothwendig, ihm Mittheilungen zu machen, und ein Lieutenant mit

dreizehn Mann vom 2. Cavallerie-Regiment und »Red
Bead« einem Sioux-Häuptling als Führer, wurden vom
Fort Sedgewick aus gesandt, um Custer aufzusuchen
und vor weiterem Vordringen zu warnen. Der Lieutenant
war sehr schlau und umsichtig und gebrauchte jede Vor-
sichtsmaßregel gegen Ueberrumpelung: er schlug kein
Lager auf, sondern machte nur in unbestimmten Zwischenräumen Halt, um seine Leute ausruhen und sich
erholen und seine Thiere grasen zu lassen. Er hatte
jedoch mit »Pawnee-Töbter« zu thun, dem furchtbarsten
aller feindlichen Häuptlinge und demjenigen, von welchem
diese Schilderung herrührt. Eines Nachts marschirte der
Lieutenant bis gegen Morgen, machte dann Halt und
erlaubte seinen erschöpften Leuten, welche weder Feuer
anmachen noch absatteln durften, daß sie sich ausruhten
und die Pferde grasen ließen. »Pawnee-Töbter«, welcher
ihm wie ein Verhängniß auf dem Fuße folgte, schlich
sich mit einer starken Abtheilung an die Schlafenden
heran und streckte gerade mit Tagesanbruch die sämmtlichen Schläfer bis auf zwei todt nieder. Diese beiden
waren ein Corporal und »Red Bead«. Der Corporal
sprang bei dem Schießen mit der Pistole in der Hand
auf, feuerte zwei Schüsse auf den gegen ihn andringenden
Feind ab und tödtete zwei Indianer, wurde aber, bevor
er noch mehr thun konnte, von Kugeln durchbohrt und
zu Boden gestreckt. »Red Bead« entsprang, wurde verfolgt und trotz seiner indianischen Verschlagenheit und
Ausdauer doch eingefangen und niedergemacht. Als
hernach die Indianer in der erwähnten Rathsversammlung erschienen, um Frieden zu machen, brachten sie
eine alte Witwe mit, welche nach ihrem Vorgeben ihre

Söhne verloren und Niemand zu ihrer Unterstützung mehr hatte, und verlangten, daß die Unionsregierung ihr eine Pension reichen solle. Bei genauerer Nachforschung ergab sich, daß die beiden Söhne der Witwe die Krieger gewesen waren, welche der Corporal in seiner letzten tapferen Gegenwehr niedergeschossen hatte.

Wenn die Indianer nach den feigen Zugeständnissen früherer derartiger Rathsversammlungen urtheilten, so hatten sie allerdings volle Ursache zu der Erwartung, daß die Witwe eine Pension erhalten werde. Zum Glück waren aber bei jener Berathung Männer, welche weder den Indianer fürchteten noch aus ihm ein Mittel des Gelderwerbs zu machen gedachten. Die Forderungen der Cheyennes wurden nicht nur nicht angenommen, sondern denselben eine solche furchtlose und mannhafte Schilderung dessen entgegengehalten, was für sie daraus erfolgen würde, falls sie den Krieg fortsetzen wollten, daß die Rothhäute die Rathshütte unter dem Einfluß der einzigen Empfindung, welche sie zur Menschlichkeit bewegen kann — nämlich der Furcht — verließen und sich seither ziemlich ordentlich betragen haben.

Obwohl der Indianer im Pferdehandel sehr schlau ist und die allgemeinen Grundsätze des Tauschverkehres mit den Weißen sehr rasch begreift, scheint ihm doch noch niemals der Gedanke gekommen zu sein, sich einer besonderen Beschäftigung, einem Gewerbe oder Handel zu widmen und seinen Unterhalt durch einen Austausch seiner eigenen Producte gegen diejenigen von Anderen zu verdienen. Jeder Mann unter ihnen ist sein eigener Handwerker und Künstler. Was er bedarf, muß er sich selbst verfertigen oder vom weißen Mann kaufen. Er besitzt eine unbezwingliche Geduld, einen regen Nachahmungstrieb und weiß mit Hilfe seines Messers und roher Thierhaut für die Mehrzahl seiner Bedürfnisse zu sorgen. Thierhäute vertreten ihm die Stelle von allem Möglichen und sind für ihn das, was der Bambus für den Ostindier oder die Brodfrucht für den Südsee-Insulaner ist. Sie liefern ihm in verschiedenen Gestalten Behausung, Bettzeug, Möbel, Kleidung, Pferdegeschirr, ja beinahe Alles, was er zu seiner Nothdurft und seinem Behagen nöthig hat. Erfindungsgabe scheint ihm aber beinahe vollständig abzugehen. Die altherkömmliche Art und Weise ist die beste, und die Kinder kommen nicht über ihres Vaters Geschicklichkeit und Kenntniß hinaus, bilden dessen Erfahrung nicht fort und verbessern sie nicht. Der Indianer hat nur sehr wenig Formensinn und Geschicklichkeit zum Zeichnen und doch ist er im Stande, mit Hilfe seiner merkwürdigen Kenntniß der »Landmarken« oder natürlichen Charakterzüge einer Gegend, mit dem Boden anstatt eines Reißbrettes oder Zeichenpapieres und mit seinem Finger an der Stelle eines Bleistiftes, eine Landkarte zu entwerfen, nach welcher jeder Bewohner der Prairien mit Sicherheit reisen kann. Während seiner häufigen Besuche im Fort Chadbourne pflegte Sa-na-co den ersten besten Officier zu bitten, daß er ihm den Namen irgend eines Artikels, z. B. »Zucker«, auf ein Stück Papier schrieb, welches er dann sorgfältig einsteckte. Am andern Tag kam er zu einem anderen Officier, um sich ein anderes Wort, wie »Kaffee« u. dgl. aufschreiben zu lassen. Er machte dann die Runde bei allen Officieren, und wir vermutheten, er wolle damit irgend eine Art von »Medicin« machen. Er verließ dann den Posten, aber einige Wochen später traf ein Bote mit einem Briefe an den Marketender des Postens ein, und es ergab sich, daß der Brief eine auf einem Streifen Papier geschriebene Bestellung auf Kaffee, Zucker und andere Gegenstände war, von denen jeder als besondere Zeile geschrieben und das Ganze mit Sa-na-co unterzeichnet war, und die Unterschrift und die Bezeichnung der zehn bis zwölf Artikel oder Waaren, auf welche die Bestellung lautete, war so genau nachgemacht, daß der Schreiber der Urschrift nicht zu unterscheiden vermocht hätte, welches seine eigene Handschrift und welches die Abschrift sei.

8. Spielen.

Alle Indianer sind leidenschaftliche Spieler. Die alten Spiele, welche früher unter ihnen üblich waren und so oft beschrieben worden, sind allgemein in Abgang gekommen, denn die Stämme sind nun soweit civilisirt, daß sie Spielkarten besitzen und mit denselben zu spielen verstehen. Diejenigen Stämme, welche mit den Mexicanern in Berührung kommen, sind in alle Geheimnisse des »Monte« eingeweiht. Diejenigen, welche auf den Reservationen civilisirt werden, erwerben eine für alle praktischen Zwecke hinreichende Kenntniß von »Eufer«, »Poker« und »Seven-up« in einem Viertheil der Zeit, welche die Erlernung des ABC sie kosten würde.

Die wilderen Stämme erfinden Spiele für sich selber und spielen mit beträchtlicher Geschicklichkeit. Alle

Indianer betrügen notorisch beim Kartenspiel und ver=
stehen ihre betrügerischen Manipulationen so geschickt zu
verbergen als irgend ein falscher Spieler der civilisirten
Welt. Auch Weiber spielen gern, aber ich habe sie selten
mit Männern spielen sehen, und da sie nur wenig zu
verlieren und viel zu arbeiten haben, so dauern ihre
Spielsitzungen niemals lange. Die Männer aber spielen
vom Morgen bis in die Nacht hinein und wieder vom
Abend bis zum Morgen, und treiben in den Winter=
lagern kaum etwas Anderes. Die Einsätze sind sehr hoch
für ein armes Volk. Ich habe selbst bei einem Spiele
zwischen zwei Arrapaho=Häuptlingen zugesehen, wo —
wie man mich versicherte, denn ich selber konnte es nicht
verstehen — hundertundzwanzig Dollars auf einer Karte
standen. Die Rothhäute besitzen die echte Spielerleiden=
schaft und sind im Stande, wenn ihnen das Glück nicht
hold ist, Pferde, Hütte, Waffen, Büffel und Wolldecken
und endlich sogar Weiber und Kinder zu verspielen
(obschon letzteres jetzt selten ist). Ich habe aber vor
fünfundzwanzig Jahren mehr als einen Fall unter den
Comantschen kennen gelernt, wo ein unglücklicher Spieler
Weib und Kinder und Hab und Gut verlor, sein ganzes
Besitzthum dem Gewinner einhändigte und ganz allein
nach Mexico aufbrach, um seinem ungünstigen Geschick
durch Raub und Diebstahl wieder aufzuhelfen. Man
macht aus den Spielen gar kein Geheimniß. Eine Woll=
decke wird auf den Boden ausgebreitet, bei gutem Wetter
im Freien, bei ungünstiger Witterung auf dem Boden
einer Hütte, und vertritt die Stelle eines Tisches. Die
Zuschauer schaaren sich um die Decke herum, und wenn
ein Mann schwere Verluste hat, so erfährt es gleich das

ganze Lager. Die Weiber legen dann gewöhnlich eine Verwahrung ein, ehe es mit den Einsätzen zum Aeußersten kommt, und thun dem Spiele entweder durch Einschüchterung des Gatten oder durch die Erklärung Einhalt, daß sie mit dem Gewinner nicht leben wollen, falls sie ihm zufallen.

9. Trinken.

Kein Laster ist in seinen Folgen für den Indianer unglücklicher und verhängnißvoller, als sein Hang zu geistigen Getränken und deren übermäßigem Genusse. Seine Leidenschaft für Berauschung steigt beinahe bis zum Wahnwitz. Er ist nicht im Stande zu begreifen, daß man ein Getränk zur Befriedigung des Geschmackssinnes oder um angenehmer Geselligkeit und Gastlichkeit willen mäßig genießen und trinken kann. Seine Vorstellung von dem Vergnügen und Nutzen des Trinkens besteht darin, vollkommen und besinnungslos betrunken zu werden, und je schneller und vollständiger dieser Zweck erreicht werden kann, desto lieber ist es ihm. Der Indianer wird von Spirituosen sehr leicht angegriffen, und das, was bei einem Weißen nur ein sehr gewöhnliches Räuschchen ohne wahrnehmbare Wirkung hervorrufen würde, macht die Rothhaut schon zum Brüllen betrunken. Um diese Leidenschaft zu befriedigen, ist der Indianer zu Allem fähig und begeht jedes Wagniß und jede noch so schmutzige That. Die Gesetze der Vereinigten Staaten verbieten unter den strengsten Androhungen, dem Indianer berauschende Getränke zu verkaufen oder zu verabreichen oder dieselben in das Indianergebiet einzuführen. Es ist jedoch leichter, Gesetze zu machen, als die Beobachtung derselben zu erzielen. Als jene Gesetze gemacht wurden, verstand man unter dem Indianergebiete jeden Theil des Landes, welcher von Indianern besetzt war. Der größte Theil jenes Gebietes liegt noch innerhalb der Staaten, und die Gesetze jener Staaten gewähren jedem ihrer Bürger den Schutz im Verkauf von geistigen Getränken, wenn er sich einen Erlaubnißschein dafür nimmt. Man hat eine Menge obrigkeitlicher Entscheidungen nach einander im Interesse der Partien getroffen, welche das Recht der Erlaubniß zum Branntweinverkauf für die Einen zu vereinbaren suchten mit dem Recht, Anderen die eigene Berauschung zu verbieten, bis man dazu kam, daß man gegenwärtig unter dem ›Indianergebiet‹ einfach das Terrain innerhalb einer Indianer-Reservation versteht. Ein Squatter, welcher jene Grenze überschreitet, um Branntwein zu verkaufen, läuft Gefahr, um Geld bestraft und eingesperrt zu werden. Bleibt er aber diesseits der Grenzlinie, so darf er ungestraft jedes beliebige Quantum Branntwein an Indianer verkaufen, welche zu ihm kommen. Ob dies die Absicht des Gesetzes ist, mag bestritten werden; aber jeder Bewohner der Indianergrenze weiß, daß dies heutzutage die praktische Wirkung und Tragweite der Indianergesetze ist.

Der Indianer ist, wie wir schon vorstehend erwähnt, sehr geneigt, sein ganzes Hab und Gut um Branntwein hinzugeben. Ich habe bereits oben erwähnt, wie die Brulé-Sioux ihre Weiber um eine Flasche Branntwein herzuleihen pflegten. Ich habe aber auch einen Fall kennen gelernt, wo ein Cheyenne ernstlich in einen Officier drang, ihm ein Maulthier, das seine hundert-

undfünfzig Dollars werth war, um eine Flasche Whisky
abzukaufen. Wo solche Gewinne winken, da bedürfte es
eines ganzen Heeres von Polizeibeamten, um die Brannt=
weinhändler auf der Grenze vom Handel mit den Indianern
abzuhalten. Und wenn der Indianer ebenso erpicht auf
Whisky ist, wie der Händler auf Pferde und Pelzwerk,
so bedarf es kaum der Erwähnung, daß der Tauschverkehr
zwischen beiden ein sehr lebhafter und intensiver ist.
Mexicaner aus Neu=Mexico rüsten große Karawanen aus,
um mit den Kiowas, Apachen und Comantschen zu
handeln. Der südliche Theil des Staates Kansas wimmelt
von umherziehenden Schnapsschänken. Ein einziger Be=
sitzer einer Schnapskneipe von Dodge City unterhielt
während des Winters 1872 bis 1873 mehrere der=
artige nomadische Schnapsbuden im Felde mit einem
solch' bedeutenden Gewinn für sich selber, daß ihn ein
Paar derartiger Winter zum steinreichen Mann machen
und für die höchsten socialen und politischen Ehren im
Staate qualificiren werden. Sein regelmäßiger Preis
für ein Gallon (à 4½ Liter) gewässerten Whisky war
ein Pferd oder fünf gegerbte Büffeldecken, und ein ein=
ziger Arrapaho=Häuptling soll um solche Preise während
jenes Winters über fünfzig Indianerpferde vertauscht
haben. Die Arrapahoes würden ganz verarmt sein, wenn
sich nicht eine übermäßige Rivalität unter den Händlern
ergeben hätte und diese in ihrer Habgier nicht über die
Grenze in das Indianergebiet eingedrungen und auf
Befehl des indianischen Departements gepackt worden
wären. Sechzehn bis achtzehn solcher Händler wurden
verhaftet und ins Gefängniß gesteckt, und dies that dem
Handel auf eine Weile und gerade zu rechter Zeit Ein=

halt, denn die Arrapahoes wurden kaum der Nothwendig=
keit enthoben, zu ihrer Wiederherstellung und ihrem
weiteren Fortkommen in den Krieg zu ziehen. Texas,
Nebraska, Colorado, Wyoming, Utah und Dakotah
concurriren sämmtlich mit Kansas und Neu=Mexico in
diesem äußerst gewinnreichen Tauschverkehr. Die Büffel=
jäger sind dahin gekommen, daß sie ein oder mehrere
Fäßchen Whisky als einen nothwendigen Theil ihrer
»Ausrüstung« betrachten, durch welchen sie die Zahl der
heimzubringenden Häute unendlich vermehren können.
Es ist nur zu verwundern, daß noch irgend welche
Indianer am Leben geblieben sind.

Das Eigenthümliche bei dem Betrinken des Indianers
besteht darin, daß er, wenn nur Branntwein genug
vorhanden ist, sich rasch einen vollständigen Rausch an=
trinkt, daher in seiner Angetrunkenheit nicht händel=
süchtig ist. Im Verhältniß zu der Menge der unter den
Indianern vorkommenden Trunkenbolde werden denn
auch nur sehr wenige Gewaltthaten oder Morde von
ihnen begangen.

Trunksucht ist kein Laster der Weiber und während
meiner ganzen langjährigen Erfahrung habe ich niemals
eine betrunkene Indianerin gesehen. Sie schauen jedoch
mit freundlicher Nachsicht auf die Bestialität ihrer Ehe=
herren und scheinen diese als etwas ganz Natürliches
zu betrachten. Nur bei einer einzigen Gelegenheit nahm
ich das Gegentheil wahr: eine Ute=Squaw versuchte ihren
Mann, welcher noch nicht genug Whisky getrunken hatte
und nur stierbetrunken war, obwohl er kaum mehr
gehen konnte, nach Hause zu führen; sie war geduldig, er
dagegen brutal. Endlich schlug er sie; da ergriff sie einen

ziemlich derben Stecken, welcher zufällig in der Nähe lag, fiel über ihn her und prügelte ihn damit ganz unbarmherzig durch. Als ich glaubte, er habe genug, ging ich auf das Weib zu, um mich ins Mittel zu legen. Sobald sie mich erblickte, warf sie den Stecken weg und begann zu lachen, während ihr Gatte auf dem Boden saß und heulte wie ein geprügelter Schuljunge. Der Führer im Fort Martin Scott in Texas war ein Delaware, ein treuer und zuverlässiger Indianer, welcher einen Gehalt von vierzig Dollars monatlich bezog. So oft er diesen ausgezahlt erhielt, pflegte er nach dem zwei Meilen entfernten Friedrichsburg zu gehen und das ganze Geld für einen vollständigen »weißen Manns-Anzug« vom Hut bis zu den Stiefeln und sogar bis auf die Handschuhe hinaus zu verausgaben. Mit seinen neuen Kleidern angethan, stolzirte er dann im ganzen Posten herum und brüstete sich gewaltig, verbrachte auch wohl einen ganzen Tag damit, Besuche in den verschiedenen Häusern zu machen; Officiere, Damen, Bürger, Soldaten, Wäscherinnen und Dienerinnen hatten dann insgesammt Gelegenheit, seinen Aufzug zu bewundern, und er erwartete sogar, daß sie ihn lobten. Wenn diese Feierlichkeit vorüber war, hielt er um einen Urlaub von zwei oder vielleicht auch drei Tagen an, nach dessen Verlauf er dann wieder in Wolldecke und Lendenschurz in den Posten einmarschirte. Seine ganze Kleidung war auf dem Tauschwege in die Mittel verwandelt worden, sich für die Dauer des Urlaubs »a good heap drunk«, einen colossalen Rausch, zu verschaffen, und dies war ein regelmäßiges allmonatliches Vorkommniß.

10. Vergnügungen und Belustigungen.

Trinken, Spielen und Liebeln sind für den Indianer eher ernsthafte Beschäftigungen als Vergnügungen. Außer diesen ist einer der liebsten Zeitvertreibe zu Hause und einer der größten Genüsse für den Indianer das Geschichtenerzählen. Ein guter Erzähler von Geschichten und Abenteuern ist ein wichtiger und angesehener Mann. Männer, Weiber und Kinder versammeln sich in Menge in seiner Hütte oder wo er sonst zufällig sich befinden mag, und verbringen die langen Winterabende im aufmerksamen Anhören seiner Erzählungen. Diese Geschichten sind so wundervoll, als die Einbildungskraft des Erzählers sie nur schaffen und gestalten kann, und mengen kunterbunt Götter und Menschen, fabelhafte und wirkliche Thiere, Unmögliches und Mögliches in der seltsamsten Verwirrung untereinander. Es ist wenig Pointe oder Witz und kaum irgend welcher dramatische Nerv in ihnen, ausgenommen, wenn der Erzähler irgend ein persönliches Erlebniß schildert, wobei er dann den Auftritt mimisch mit aller möglichen Uebertreibung darstellt. Die persönlichen Geschichten sind in der Regel sehr schmutzig und die Sprache möglichst gemein, denn sie haben keinerlei ausweichende oder beschönigende Ausbrücke für die Dinge, sondern nennen sie, welcher Art sie auch sein mögen, bei ihrem rechten Namen. Die Anwesenheit von Weibern und Kindern ist ihnen ganz gleichgiltig und legt ihnen in Worten und Geberden keinerlei Zwang auf. Eines der merkwürdigsten Schauspiele liefert ein Geschichtenerzähler mit seiner Zuhörerschaft, wenn er sich der Zeichensprache bedient. Alle sitzen schweigend umher und heften ihre Augen begierig auf den Erzähler, welcher, ohne einen Laut über seine Lippen zu bringen, rasch seine Hände bewegt, jetzt die eine, dann die andere, dann alle beide. Gelegentlich durchläuft ein Grunzen der Genugthuung oder des Beifalls den Zuschauerkreis. Gesteigerte Spannung und gierige Aufmerksamkeit, heftigere Bewegungen und Windungen des Körpers zeigen das zunehmende Interesse, und zuletzt bezeichnet ein gewaltiger Ausbruch von Gelächter und Beifall die Pointe der Geschichte.

Die Zeichensprache ist auf den Prairien im allgemeinen Gebrauch, und zwei Indianer, welche kein Wort von ihren gegenseitigen Sprachen sprechen oder verstehen können, vermögen sich mittelst derselben ebenso leicht und verständlich zu unterhalten, als wenn sie in derselben Hütte mit einander aufgewachsen wären. Ein derartiges Verkehrsmittel ist eine beinahe unumgängliche Nothwendigkeit für die Indianer, da diese in zahllose Stämme und Banden zersplittert sind, welche jede eine von denen der anderen verschiedene Sprache reden. Daß kaum irgend einer außer seinen unmittelbaren Stammesgenossen die Worte versteht, welche ein Indianer spricht, während man von Allen erwartet, daß sie eine stumme Sprache verstehen, deren er Herr ist, das ist unzweifelhaft die Ursache der Schweigsamkeit und Wortkargheit des Indianers in Gegenwart von Fremden. Die Thatsache, daß die menschliche Stimme zwar die am deutlichsten ausgezeichnete, aber auch zugleich der am wenigsten und seltensten gehörte von allen Lauten auf den Plains ist, so daß ihr Gebrauch von Seiten des Indianers den Feinden seine Anwesenheit zu verrathen und das Wild

aus seiner Nachbarschaft zu vertreiben vermag, führt
dazu, daß der rothe Mann sich zur Unterhaltung auf
Raub= und Jagdzügen und Expeditionen beständig der
Zeichensprache bedient, und das erklärt seine Schweig=
samkeit zu solchen Zeiten. Der Indianer schweigt dann
allerdings, mag aber möglicher Weise die ganze Zeit
über sich mit seinen Gefährten unterhalten. Ich kenne
die Fingersprache nicht, welche man den Taubstummen
beibringt; allein man versichert mich, die indianische
Zeichensprache sei etwas sehr Aehnliches, ausgenommen
daß, weil es kein Alphabet für die Indianer gibt, die
Zeichen eher Phrasen oder Begriffe, als Worte aus=
drücken.

Die üblichen Belustigungen der Indianer im Freien
sind: Reiten, Schießen, Wettrennen und Wettlaufen,
Ringen und Schwimmen, und bei den Knaben eine
Art Berühr= oder Anschlagspiel. Bei guter Witterung
verbringt der junge männliche Indianer beinahe die
Hälfte seiner wachen Tagesstunden im ·Sattel. Reiten
ist ihm zur zweiten Natur geworden. Wenn er noch
kaum zu gehen im Stande ist, wird er rittlings auf ein
Pferd geschnallt und vermag sich daher, wenn er zum
Mann herangewachsen ist, keiner Zeit mehr zu erinnern,
wo er nicht reiten konnte. Da ich niemals Gelegenheit
hatte, die Reitkunst der Araber, Turkmenen, Kosaken,
Gauchos und anderer weltberühmten Reiter zu sehen,
so weiß ich nicht, wie sich der Indianer mit ihnen ver=
gleichen darf, aber ich bin überzeugt, daß er viel zu
sehr einem Centauren gleicht, um von irgend einem
anderen Reitervolke übertroffen zu werden.

11. Die indianischen Pferde.

Das Gebiß, dessen sich der Indianer gewöhnlich bedient, ist die sogenannte »mexicanische Stange«, ein äußerst grausames Werkzeug. Die Stange ist in der Mitte gebogen und bildet eine Zunge von zwei bis zu vier Zoll Länge, welche sich rückwärts bis zur Kehle des Pferdes erstreckt. Am oberen Ende ist ein eiserner Ring eingelassen, welcher den Unterkiefer umfaßt und die Kinnkette bildet. Lange Seitenhebel sind an der Stange angebracht und an diesen die Zügel aus Roß=haar oder roher Thierhaut befestigt. Das Kopfgestell ist von Pferdehaar und kunstreich mit silbernen oder silber=plattirten Schnallen verziert. Mittelst eines derartigen Zügels kann auch das widerspenstigste Pferd durch einen einzigen Ruck des Handgelenkes auf seine Hanken nieder=gerissen werden, und ich habe von mehreren Fällen ge=hört, wo einem Pferde durch einen heftigen Ruck der Kiefer gebrochen wurde.

Der Sattel ist ein leichtes Holzgerüste, dessen Seitentheile genau auf einen Pferderücken gepaßt sind. Der Sitz ist nicht gerundet, sondern beinahe ganz gerade und bildet sehr genau rechte Winkel mit dem Sattelknopf und der Pausche, welche beide sich ungefähr acht Zoll hoch über den Sitz erheben. Der Sattelknopf endet in einem runden, kugelartigen Knauf; die Pausche, oben und am Grunde ziemlich breit, hat in der Mitte einen Ausschnitt oder eine tiefe Kerbe, um das Bein oder die Ferse des Reiters aufzunehmen und seine Stütze zu bilden, wenn er sich auf diese Seite seines Pferdes zu werfen wünscht. Das Ganze ist mit ungegerbter Thier=

haut überzogen, welche beim Austrocknen alle Theile beinahe so fest und stramm zusammenhält, als wenn sie von Eisen wären.

Der Gurt ist ein breites Band aus Zöpfen von Roßhaar und endet in eisernen Ringen (oder, wo solche nicht zu beschaffen sind, in gekrümmtem und mit roher Thierhaut überzogenem Holze). Diese Ringe sind nach dem Princip des mexicanischen »Cinche« am Sattel angebracht, mittelst dessen ein Mann von gewöhnlicher Körperkraft beinahe einem Pferd die Rippen eindrücken kann. Da der Indianer zu Pferd sich große Freiheiten in der Haltung und heftige Bewegungen erlaubt, so ist es von der äußersten Wichtigkeit, daß der Sattel fest ist und der Gurt nicht nachgibt. Der Steigbügel ist von dünnem Holze und mit roher Thierhaut überzogen und mit demselben Material an den Sattel befestigt. Zwischen Pferd und Sattel wird ein leichtes Kissen oder Pausch gelegt, das Fell eines Wolfs oder eines Büffelkalbes oder in neuerer Zeit eine alte Wolldecke oder ein Getreidesack. Die Steigbügel sind außerordentlich kurz, so daß der Schenkel des Reiters beinahe wagerecht liegt; sie sind übrigens von geringem Nutzen außer beim Aufsteigen oder als Ruhepunkt für den Fuß beim Reiten. Civilisirte Völker besteigen das Pferd von der linken Seite, weil die alten Ritter, von denen wir unsere Ideen vom Reiten überkommen haben, ihre Schwerter auf dieser Seite zu tragen pflegten und daher nicht von der rechten Seite aufsteigen konnten, ohne von jener Waffe genirt zu werden. Der Indianer dagegen steigt immer von der rechten Seite auf, und dies ist ohne Zweifel natürlich und weit passender, da es die rechte Hand frei läßt, um die Zügel zu halten und das Pferd zu handhaben, während die Linke die Mähne oder den Sattelknopf erfaßt. Auf der Reise werden die Lebensmittel und sonstigen Vorräthe entweder en croupe oder zu beiden Seiten an den Sattel geschlungen getragen. Eine Woll- oder Büffeldecke ist um den Leib des Reiters geschlungen und auf einer weiteren, falls er eine solche hat, sitzt er. Sein Gewehr trägt er quer über seinen Schenkeln, gegen den Sattelknopf gelehnt; seinen Bogen und Köcher trägt er über den Rücken geschlungen an einem Riemen, welcher von der Rechten geht, aber den Köcher beinahe perpendiculär mit seiner Oeffnung über die rechte Schulter bringt.

Wenn der Indianer unter gewöhnlichen Ver- hältnissen von einem Orte zum andern reist, kann ein Exemplar von unromantischerem oder minder gefährlichen und drohenden Aussehen kaum gefunden werden, als ein indianischer Krieger. Sein Sitz und seine Haltung sind besonders ungraziös, denn die kurzen Steigbügel nöthigen ihn beinahe auf dem Ende des Rückgrates zu sitzen, und der Rücken selbst ist zu einer unansehnlichen Curve gewölbt; seinen Kopf reckt er so weit vorwärts, als es der Hals erlaubt. Seine linke Hand hält die Zügel, seine Rechte ist mit einem kurzen Stock bewaffnet, woran eine Peitschenschlinge von der unausweichlichen rohen Thierhaut befestigt ist, und mit einem leichten Schlage dieses Stockes bezeichnet er jeden Schritt seines Pferdes. Er bedient sich keiner Sporen, aber seine Fersen trommeln beständig auf den Rippen des Pferdes mit einer unerklärlichen nervösen Bewegung. Er wendet kaum jemals seinen Kopf oder bewegt seinen Körper und scheint selbst, wenn er am alleraufmerksamsten ist, nichts zu sehen. Er sieht zu Pferde steif, gezwungen und unbehaglich aus, und doch verrichtet dieser wunderliche, plump aus- sehende Bursche Reiterkunststücke, welche jedem in der That unglaublich sind, der nur civilisirtes Reiten gesehen hat. Von seinem im vollsten Galopp dahinsprengenden Pferde herab hebt er eine kleine Münze vom Boden auf. Er wirft sich auf die Seite seines Pferdes und hängt so an demselben, daß nur ein kleiner Theil eines Armes oder Beines von der anderen Seite aus gesehen werden kann.

Eine Art des Wettrennens besteht darin, daß die Renner von einer Linie weg und im vollsten Rosseslauf nach einem Baume reiten, und daß derjenige, welcher den Baum zuerst berührt, der Gewinner ist. Eine andere Art besteht darin, daß man zum Ziele einen schweren Pfahl nimmt, welcher horizontal in einer Höhe von ungefähr sechs Fuß vom Boden angebracht ist und auf fest eingerammten Gabeln ruht. Hält nun der Reiter sein Pferd einen Augenblick zu früh an, so ist er nicht im Stande den Pfahl zu berühren; hält er einen Moment zu spät, so sprengt das Pferd unter dem Pfahle durch und läßt den Reiter entweder an demselben hängen oder er wird an den Boden geschleudert. Eine dritte Art des Wettrennens besteht darin, daß man zwei Streifen Büffel- haut von sechs bis zu zehn Fuß auseinander am Boden befestigt. Der Ausgangspunkt des Rennens ist ungefähr 200 Meter von jenen Streifen entfernt, und die Aufgabe besteht darin, daß man im vollsten Rosseslaufe nach denselben hinreitet, das Pferd zwischen beide Streifen hineinsprengt, dann dasselbe auf der Hinterhand herum- wirft und nach dem Ausgangspunkte zurückreitet. Das

Pferd, welches nicht mit allen vier Füßen über den ersten Streifen hinwegsetzt oder den zweiten Streifen nur mit einem einzigen Fuß überschreitet, hat verloren, auch wenn es die Strecke am schnellsten zurücklegt. Die Abrichtung oder Trainirung der indianischen Ponies trägt jedoch ebenso wesentlich zu dem Erfolge eines indianischen Wettrennens bei, als die Schnelligkeit des Pferdes oder die Geschicklichkeit des Reiters. Die Roth=häute geben sich daher große Mühe mit dem Trainiren, und ein Pony, welcher in allen diesen Kniffen und Kunst=stückchen wohlbewandert ist, steht in hoher Werthung.

Der Indianer ist ein durchtriebener Roßknecht und Bereiter und versteht sich auf alle Listen und Ränke des gewerbsmäßigen Wettrennens so gut, als irgend ein Veteran der englischen Rennställe und Rennbahnen. Er tritt aber nur selten als Concurrent der Weißen auf, theils weil er eine Vorliebe für solche Rennen mit den eben geschilderten Kunststücken hat, theils weil er sich nicht gern auf ein regelrechtes ehrliches Wettrennen auf einer geraden ebenen Bahn einläßt. Außerdem ist es in Wirklichkeit ausnehmend schwierig, eine geeignete und billige Entfernung zwischen dem indianischen und dem amerikanischen Pferde zu ermitteln. Da der Start (Abgang) immer von einem Halt ausgeht, so hat der kleine lebhafte indianische Pony beinahe stets die Gewißheit, auf einer Strecke von hundert bis dreihundert Armlängen zu gewinnen, während die weiten Schritte des Pferdes von amerikanischer Zucht ebenso sicher bei einem Rennen von sechshundert Armlängen bis zu zwei englischen Meilen (oder ungefähr viertausend Armlängen oder Schritten) den Sieg über den indianischen Pony davontragen.

Eine Bande Comantschen unter Mu-la-que-top lagerte einmal in der Nähe von Fort Chabbourne in Texas und kam häufig zum Besuch nach diesem Posten, wo sie sich als freche Bettler sehr unliebsam machten. Mehrere von den amerikanischen Officieren waren große Freunde vom Pferderennen und einige von ihnen besaßen Vollblutpferde, deren relative Schnelligkeit bei jedem einzelnen Thier durch verschiedene Versuche beinahe bis auf einen Fuß hinaus bekannt war. Man neckte Mu-la-que-top, um ihn zu einem Wettrennen zu veranlassen, und nach mehrtägigen Unterhandlungen ward ein solches mit einer Distanz von vierhundert Armlängen gegen das drittbeste Pferd der Garnison veranstaltet. Die Indianer wetteten Büffeldecken und sonstige Beute ver= schiedener Art im Werth von sechzig bis siebzig Dollars gegen Mehl, Zucker und dergl. von gleichem Betrage. Zur anberaumten Zeit fanden sich alle Indianer und die Mehrzahl der Garnison auf der Rennbahn ein.

Die Indianer ließen ein elendes Schaf von einem Pony paradiren, eine häßliche Mähre mit Füßen wie Butter= fässer, am ganzen Leib mit struppigen, drei Zoll langen Haaren bedeckt und mit einem allgemeinen Ausbruck von Verwahrlosung, Hilflosigkeit und geduldigem Leiden, welches allen Zuschauern ein ernstliches Mitleiden ein= flößte. Der Reiter war ein stämmiger junger Bursche von einhundertundsiebzig Pfund Gewicht, welcher groß und stark genug aussah, um das arme Thier selbst auf seinen Schultern zu tragen. Er war mit einem dicken Knittel bewaffnet, mit welchem er, sobald das Signal zum Abreiten gegeben war, das armselige Thier vom Aufbruch bis zum Ziele bearbeitete. Zum Erstaunen aller

Weißen siegte der Indianer um eine Halslänge. Jetzt wurde ein anderes Rennen von den Officieren vorgeschlagen und von den Indianern nach langem Feilschen und Zögern gegen das zweitbeste Pferd der Garnison angenommen und die Wetten verdoppelt; und binnen einer Stunde war das zweite Rennen von demselben Pony anscheinend mit der gleichen Anstrengung und genau mit demselben Ergebniß gewonnen. Den Officieren war die Sache zwar sehr verleidet, allein sie schlugen dennoch ein drittes Rennen vor und brachten eine prachtvolle Kentucky-Stute von dem echten Lexingtoner Vollblut herbei, von welcher bekannt war, daß sie die besten von den anderen Pferden um mindestens vierzig Meter auf vierhundert überholte. Die Indianer nahmen die Wette an und verdoppelten nicht nur die Einsätze, sondern häuften noch alles darauf, was sie aufbringen konnten, und erschienen beinahe aberwitzig vor freudiger Aufregung über ihren vorhergehenden Erfolg. Die Reiter stiegen zu Pferde, das Signal ward gegeben; jetzt warf der Indianer seinen Knittel weg und stieß ein Geschrei aus, bei welchem der schafähnliche Pony die Ohren spitzte und dahinflog wie der Wind, so daß er beinahe zwei Fuß nahm, bis die Kentucky'sche Stute einen genommen. Die letzten fünfzig Armlängen der Bahn durchlief der Pony mit dem verkehrt auf dem Rosse sitzenden Reiter, welcher scheußliche Grimassen schnitt und den Reiter der Stute heranwinkte. Es verlautete später, das alte Schaf von einem Pony sei ein kunstgerecht zugerittenes und ordnungsmäßiges Rennpferd, welches unter allen südlichen Stämmen berühmt sei, und Mu-la-que-top sei so eben von einer Heimsuchung der Kickapus in der indianischen Reservation zurückgekehrt, denen er ohne Mühe sechshundert Pferde weggenommen hatte.

Wenn der Indianer mit Bogen und Pfeilen schießt, so hat er eine kurze Schlinge oder Rundschnur von roher Haut an den Sattelknopf befestigt, welche er über den Kopf herein und unter seinem Arm hindurchzieht, so oft er sich auf die Seite seines Pferdes zu werfen wünscht. Diese Schlinge und das Bein, welches sich an dem Ausschnitt der Pausche festhält, gibt ihm einen festen Halt und läßt ihm beide Arme frei. Er kann sich übrigens nur der rechten Seite des Pferdes bedienen. Beim Pistolenschießen bedarf er der Schlinge nicht, weil er zur Handhabung der Waffe nur eine Hand nöthig hat; er vermag sich daher beider Seiten des Pferdes zu bedienen und hält sich nur mit der linken Hand am Sattelknopf.

Im Vergleich mit dem weißen Jäger der Plains ist der Indianer ein schlechter Schütze, und kommt darin dem Unionssoldaten gleich; beide aus demselben Grunde, nämlich dem Mangel an Uebung. Die Regierung und der Indianer sind beide zu arm, um es erschwingen zu können, daß der Mann mehr als zehn Patronen im Monat zum Scheibenschießen verwende, und mit dieser Nation ist noch keiner ein tüchtiger Schütze geworden. Der Indianer ist in Wirklichkeit weit gefährlicher mit dem Bogen als mit der Pistole, allein die letztere liefert eine größere Tragweite, und der Indianer liebt eine nahe Kampfweise ebenso wenig wie andere Leute.

Trotz all' seiner Ausdauer und Kraft in Ertragung von Strapazen, trotz seines Lebens unter freiem Himmel und seiner fortwährenden und heftigen körperlichen

Bewegung ist der Indianer physisch doch kein sehr
kräftiger Mann. Er hat nicht den mindesten Begriff
vom Gebrauch seiner Fäuste, und der schlechteste hand=
werksmäßige Boxer vermöchte über die ganze rothe Race
den Sieg davon zu tragen. Die Knaben ringen zwar
sehr viel unter einander, allein ganz ohne Regel oder
Wissenschaft, nur als eine reine Balgerei. Ein mittel=
mäßig kräftiger Weißer wird entweder im Ringkampfe
oder in einem Wettlaufen auf kurze Entfernungen den
stärksten und rührigsten Indianer besiegen, und nur bei
einem meilenweiten Wettlauf wird die indianische Aus=
dauer den Sieg davontragen. Alle Indianer schwimmen
gleichsam instinctmäßig und legen großen Muth und
Geschicklichkeit an den Tag, wenn sie die Flüsse der
Plains passiren, welche wegen ihrer raschen Strömungen
gefährlich und wegen ihrer verrätherischen Stellen von
Triebsand unheimlich sind. Die Rothhäute der Prairien
kennen keine Art von Ballschlag, noch irgend etwas den
civilisirten Kinderspielen Aehnliches, außer dem schon
erwähnten Anschlagspiel. Die Weiber sitzen rittlings zu
Pferde, steigen von der rechten Seite auf, bedienen sich
desselben Sattels und sind in demselben beinahe ebenso
zu Hause wie die Männer. Es ist kaum möglich, an=
zugeben, worin die Belustigungen der indianischen Weiber
bestehen, aber es ist eine Thatsache, daß sie anscheinend
ganz zufrieden, heiter und glücklich sind. Wo Niemand
ein moralisches Unrecht begehen kann, da gibt es natür=
lich auch keine Veranlassung, über Andere zu lästern.
Herr Kettenblitz kann das Weib des Herrn Rabengesicht
an sein Herz drücken, ohne dadurch auch nur die leiseste
Bemerkung von männlicher oder weiblicher Seite hervor=

zurufen. Man hat mich versichert, daß das zarte Ge=
schlecht ein Weib sehr tadelt und verachtet, wenn das=
selbe nicht Alles für seinen Mann thut, was ihm nur
irgend möglich ist; aber ich habe niemals selber etwas
derartiges gesehen. Unter den verschiedenen Weibern
desselben Mannes mag das eine eine vorzügliche
Arbeiterin, ein anderes faul und unnütz sein, ein drittes
einen oder mehrere Schlitze in der Nase haben, aber
alle scheinen ganz vortrefflich mit einander und mit den
anderen Weibern der Bande auszukommen.

Officiere von meiner Bekanntschaft haben mir die
Weiberkämpfe geschildert, welche unter den Indianern
an der Küste des Stillen Oceans üblich sind und bei
welchen alle Squaws eines Stammes sich betheiligen
sollen, während die Männer dabei stehen und sich an
diesem Schauspiel belustigen. Ich selber habe aber niemals
von einem Kampfe zwischen zwei Squaws der Prairie=
Indianer gehört, noch gar einen solchen mit angesehen.
Die Indianer scheinen in der That sich ganz so freund=
lich und friedlich zusammenzuschaaren wie die Büffel;
jeder thut was ihm beliebt, ohne die Anderen zu be=
lästigen und ohne daß er von Anderen belästigt wird.
Zwei Stiere mögen um eine Kuh kämpfen oder eine
Kuh mag ihr natürliches Recht der Wahl ausüben, aber
die Angelegenheit besitzt nicht das kleinstmögliche Interesse
für die Nichtbetheiligten. Die kleinen Mädchen haben
eine große Freude an Puppen und am Spiel mit
Puppenhäusern und an Puppenwirthschaften, und die
Mütter geben sich große Mühe und zeigen viele Ge=
schicklichkeit und Geschmack in Anfertigung und Bekleiden
solcher Puppen.

12. Gesang und Tanz.

Das Singen der Indianer besteht in der eintönigen Wiederholung einiger Töne (denn Noten kann man sie kaum nennen, da sie keine Musik bilden), welche halb Kehl- halb Nasenlaute sind, untermischt mit einem gelegentlichen gellenden Schrei. Was auch immer die Gelegenheit und wie mannigfach und verschieden die Begleitung sein mag, der »Gesang« ist immer der gleiche. Der religiöse Gesang über einen Kranken ist genau derselbe wie der Gesang beim Scalptanz, ausgenommen, daß im ersten Falle die Ausrufungen aus dem unheimlichsten und kläglichsten Wehklagen bestehen, während sie beim Scalptanz an das gellende Geschrei erinnern, welches den ungestümen Angriff auf einen Feind begleitet, oder an das Mark und Bein durchdringende Kriegsgeschrei, welches einen Handstreich verkündet.

Der Tanz der Rothhäute besteht aus dem abwechselnden Aufheben oder Niedersetzen der Füße, begleitet von einer raschen ruckweisen Bewegung des Körpers. Er wird belebt und mannigfaltig gemacht durch Hüpfen oder Luftsprünge, allein man bemerkt keine Spur von Bemühung um eine anständige Positur oder um irgend eine regelrechte Stellung der Füße. Bei den feierlichen Tänzen, an denen die Männer allein theilnehmen, stellen die Tänzer sich mit dem Gesicht nach innen in einen Kreis und reichen sich sogar auf einige kurze Augenblicke die Hände. Allein jede Haltung oder Berührung, welche in Zwang ausartet, wird bald aufgegeben in der Aufregung, in welche sich die Tänzer selbst hineinarbeiten. Bei den gewöhnlichen, geselligen

Tänzen, wie sie beinahe allabendlich im Hauptlager vor=
kommen und woran alle Männer, Weiber und Kinder
nach Belieben theilnehmen können, nimmt man gar keine
Positur an und geht keinerlei Formen durch.

Der Indianer weiß nichts von Tenor, Alt oder Baß,
hat keine Idee von Walzer, Galopp, Schottisch oder selbst
vom amerikanischen Jig; er sucht sich auch keine Tänzerin
und keinen Mittänzer, sondern jeder und jede tanzt für
sich selbst zur Musik seines oder ihres eigenen Geheuls.
Wie derartiges Singen und Tanzen ihnen das Ver=
gnügen machen kann, welches sie unbezweifelbar darin
finden, ist eines der Probleme der Menschheit, allein
für alle Zwecke der Aufregung, ja in der That beinahe
der Steigerung bis zum Wahnwitz, genügen sie dem
Indianer vollkommen. Ich saß einmal an einem heißen
Tage im Schatten einer Hütte in einem Indianerlager,
wo Alles eintönig still war, als ein fettes, lustig aus=
sehendes altes Weib in einem Zitzrocke und mit einem
langen Stecken in der Hand aus der Thür einer be=
nachbarten Hütte trat und, ohne ein Wort der Vor=
bereitung oder Einladung gegen irgend Jemand, sogleich
einen regelrechten Gesang und Tanz anhub. Binnen
wenigen Augenblicken traten Weiber aus anderen Hütten
und stimmten sogleich in die Begleitung ein. Die
bummelnden Liebhaber und Gatten, welche müßig an
der Erde herum hockten oder lagen, erhoben erst die
Köpfe und schauten auf, aber bald stand der eine, dann bald
wieder ein anderer vom Boden auf oder sprang auf die
Füße und begann da, wo er gerade ging oder stand,
zu singen und zu tanzen, ohne sich den Anderen zu
nähern oder anzuschließen. Binnen zehn Minuten von

dem Zeitpunkte an, wo das alte Weib ihr erstes »Huuah«
ausgestoßen hatte, war das ganze Lager voll einzelner
Gestalten, welche den einen Fuß um den anderen auf=
hoben, ihre Körper hin und her wiegten und die Luft
mit einer babylonischen Verwirrung von »Huuahs« er=
füllten. — Es war ein Schauspiel, wie es lächerlicher
und bedeutungsloser für einen Unbetheiligten nicht ge=
dacht werden konnte.

Die feierlichen oder ceremoniellen Tänze der Indianer
sind schon so oft und so ausführlich geschildert worden,
daß ich die bereits vorhandene Kunde über diesen Gegen=
stand durch nichts als einen einzelnen Fall, nämlich
den Antheil, welchen Gefangene gezwungener Weise an
solchen Ceremonien nehmen müssen, vermehren kann.

Ich war einmal Zuschauer bei einem Scalptanze,
der bei einer besonderen und ausnahmsweisen Gelegen=
heit gehalten wurde, denn es waren nicht nur eine
namhafte Menge Scalpe, sondern auch zwei Gefangene
erbeutet worden, ein Weib von etwa vierzig und ein
Knabe von ungefähr zwölf Jahren, welche die Feier=
lichkeit verschönern oder erhöhen sollten. Die geschälten
Gerten, welche die ausgespannten Scalpe trugen, waren
in einem Kreise in den Boden gesteckt worden. Die
Krieger, welche am Kampfe theilgenommen und daher das
Recht erlangt hatten, am Tanze theilzunehmen, waren
in einem Kreise um diese Gerten herum versammelt.
Die Gefangenen wurden aus der Hütte, in welcher sie
eingesperrt waren, von den Kriegern, die sie erbeutet
hatten, herbeigeschleppt und gezwungen, sich in deren
Kreise aufzustellen, wo sie von Kriegern zu beiden Seiten
an den Händen festgehalten wurden. Auf ein gegebenes

Zeichen reichten sich die Krieger alle die Hände und begannen den eintönigen Gesang, begleitet von dem abwechselnden Aufheben der Füße, wie wir es vorhin beschrieben haben, wobei sie sich langsam im Kreise um die Scalpe bewegten. Das gefangene Weib söhnte sich mit der Lage aus und schien in Blicken und Handlungen ein ebenso angenehmes und aufregendes Interesse an dem Tanze zu nehmen als irgend einer der eigentlichen Tänzer. Aber nicht also der Knabe: mit zu Boden geschlagenen Augen, ohne eine freiwillige Bewegung des Fußes oder Körpers ward er im Kreise herumgeschleppt und machte nur so viele Schritte, als gerade nothwendig waren, um nicht zu Boden gerissen zu werden. Als der Tanz weiter fortfuhr, wurden alle Krieger aufgeregt, Aller Augen hefteten sich auf die Scalpe, als jeder Erbeuter eines solchen der Reihe nach aus dem Kreise heraus und zu seiner Gerte sprang, in überschwänglichen Ausdrücken seine eigenen Heldenthaten rühmte und die Erbeutung des Scalp noch einmal pantomimisch darstellte. Allein dieser ganze Lärm und Durcheinander und all' diese Aufregung vermochten auch nicht den mindesten Eindruck auf den gefangenen Knaben zu machen. Nicht ein einziges Mal in dem Tanz einer Stunde erhob er den Blick zu den Scalpen, auf welche doch die Augen und die Aufmerksamkeit seiner Besieger gerichtet waren. Nicht ein einziges Mal legte er auch nur das geringste Interesse für eine ihrer Handlungen an den Tag oder machte die leiseste Bewegung, wenn er nicht dazu gezwungen wurde. Ich mußte im Stillen die stolze Entschlossenheit bewundern, womit ein so junger Bursche allen Bemühungen eines Haufens Feinde widerstand.

ihn zu einem Anschein von Freude über die Scalpe von Leuten seines Stammes, möglicherweise von seinem eigenen Vater — zu zwingen.

13. Indianische Namen.

Die Indianer haben keine Familiennamen. Die Benennungen, unter denen sie bekannt sind, werden auf die allerzufälligste Weise erworben oder nach Belieben des einzelnen Inhabers oder seiner Gefährten verändert und gewechselt. Das männliche Kind wird mit irgend einem Verkleinerungswort benannt, worin sich der Stolz oder die Liebe des Vaters auf dasselbe ausdrückt. Dieser Name wird, wenn der Knabe heranwächst, möglicher- und sogar wahrscheinlicherweise von seinen Spielgenossen entweder aus Bewunderung oder aus Spott etwas ver-ändert. Bei seiner Aufnahme in den Kriegerstand nimmt der Junge dann abermals einen Namen an, welchen er sich gewöhnlich selber gewählt hat, obschon er ihm von seinen kriegerischen Kameraden verliehen werden mag. Von dieser Zeit an bis dahin, wo sein Ruf feststeht und gereift ist, kann er vielleicht seinen Namen nach jedem Gefecht oder Raubzuge verändern, und jeder Namenwechsel drückt dann gewöhnlich die vollste Werthung seiner eigenen Wichtigkeit und Heldenthaten bei einer derartigen Gelegenheit aus. Allein wie sehr derartige Namenwechsel auch seine Eigenliebe und Eitelkeit be-friedigen mögen, so werden sie doch nicht immer von seinen Gefährten oder vom Stamme im Allgemeinen ge-billigt. Selbst der anerkannteste Krieger vermag nicht immer jener Neigung, Andere zu necken, lächerlich zu

machen oder mit Spitznamen zu belegen, Einhalt zu
thun, welche alle Indianer in einem merkwürdigen
Grade besitzen; und wie sehr er auch darauf bestehen
mag, daß er sich selbst mit seinem gewählten Namen
oder Titel nenne oder daß Andere ihn persönlich mit
demselben anreden, so kann er doch unter einem anderen
Namen, welcher ihm von den Kriegern seines Stammes
gegeben wurde, bekannt sein oder angeredet werden.
Jeder persönliche Fehler oder Mangel, jede Mißbildung
an Körper oder Charakter wird unfehlbar aufgegriffen,
um dem Indianer einen passenden oder bezeichnenden
Namen zu geben. Mu-la-que-top nannte sich selbst ganz
anders, war aber unter jenem Titel bei seinen eigenen
und unter allen südlichen Stämmen bekannt. »Pulvergesicht« hatte ein Dutzend Namen in wohlbestandenen
Gefechten erworben und angenommen; und doch ist er unter
allen Stämmen der Prairien und bei den Weißen unter
jenem Titel bekannt, welchen er dadurch bekam, daß er sich
einmal in seinen jüngeren Jahren durch eine Pulver-
explosion das Gesicht schlimm verbrannte. Manche von den
indianischen Namen bezeichnen frühere Eigenthümlichkeiten,
andere drücken vollständige Geringschätzung aus; allein
es ist eine merkwürdige Thatsache, daß, wie schmachvoll
auch der gewöhnliche Name sein mag, unter welchem
ein Krieger bekannt ist, dieser beinahe unfehlbar in
seinen reiferen Jahren jenem Namen zustimmt und ihn
annimmt.

Die Namen, welche die Krieger sich selber geben,
beabsichtigen immer irgend eine besondere Handlung
oder Situation auszudrücken oder zu veranschaulichen,
und sind gewöhnlich von den bekannten Gewohnheiten

der Thiere entlehnt, mit denen sie vertraut sind. So nennt ein Krieger, welcher von seinen Feinden um= stellt, diese endlich abgeschlagen hat und entkommen ist, sich den »stehenbleibenden Stier«; ein Anderer zieht allein auf eine Expedition aus, von welcher er mit Er= zählungen von erfolgreichen Räubereien zurückkehrt, und nennt sich den »einsamen Wolf« u. dgl.

Die Mädchen erhalten gemeinhin ihre Namen von den Müttern und haben häufig phantasiereiche und ge= wählte Titel, welche auf irgend etwas hindeuten oder etwas bedeuten, was die Mutter eines dauernden An= denkens für würdig erachtet, wie die hebräischen Weiber des alten Testamentes ihre Kinder benamsten. Dieser Name kann dann gewöhnlich durch liebreiche Diminutiven beliebig verlängert oder in einen neckischen Spitznamen zusammengezogen werden, wird aber nicht gewechselt, wie die Namen der Knaben. Verheiratete Frauen nehmen nicht die Namen ihrer Gatten an, noch verändern sie ihre eigenen Titel in irgend einer Weise. Es gibt keine gleichbedeutenden Bezeichnungen für Frau oder Fräulein in den indianischen Sprachen, und in dem Namen, Titel oder der sonstigen Bezeichnung gibt es nichts, was darauf hinweist, ob eine Frau verheiratet oder ledig ist.

Wenn der männliche Indianer auf Reservationen lebt oder in verhältnißmäßig häufige Berührung mit Weißen kommt, so ist er sehr geneigt, sich irgend einen »weißen« Namen beizulegen; und auf einem Militär= posten in unmittelbarer Nachbarschaft von Indianern gibt es stets einen müßigen Haufen von rothhäutigen Bummlern mit Namen Frank, Bill, Jim u. s. w., welche den Müssiggang gewerbsmäßig treiben, von fortwährender und schamloser Bettelei leben und stets erbötig sind, ihre Weiber oder Töchter um einen Trunk Whisky zu prostituiren.

14. Krankheiten.

Die Indianer sind, wie die meisten Völker, welche im Freien und stets in frischer Luft leben, von Haus aus eine gesunde Race und — gleich allen gesunden Leuten — sehr ungeduldig gegen Krankheit. Eine Wunde ist greifbar und wird verstanden, und ein schwacher Begriff von Wundarzneikunde ist allgemein verbreitet und die Behandlung meist sehr erfolgreich, was wahr=scheinlich mit der allgemeinen guten Gesundheit des Subjectes und der reinen, trockenen Luft der Prairien zusammenhängt. Ein ganz Anderes ist die Krankheit. Von Fieber zu glühen oder von Rheumatismus gefoltert zu werden ohne äußere Wunde oder augenfällige Ursache, erscheint dem Indianer so wunderbar, daß er dies nur der unmittelbaren Einwirkung der »bösen Gottheit« zuschreiben kann. Die Indianer haben keine Idee von Diagnose, denn sie sind in geistiger Beziehung noch nicht einmal vorgerückt genug, um zu begreifen, daß es verschiedene Arten von gewöhnlicher Krankheit gibt. Krankheit ist Krankheit — das genügt ihnen. Wenn es aber für sie nur eine Krankheit gibt, so gibt es auch nur ein Heilmittel (das heißt: außer den Beschwörungen, dem Besingen und anderen religiösen Ceremonien) — nämlich das Schwitzbad. Dies ist ein kleines Gebäude in Gestalt eines Backofens, mit einer Oeffnung an einer Seite, aus rohen Feldsteinen aufgeschichtet und wo möglich

an einer Uferstelle, welche einen Fluß, See oder Wasser=
tümpfel überschaut, errichtet. In diesem wird ein Feuer
angezündet und, sobald ein genügender Wärmegrad
erzielt ist, wieder herausgerecht, worauf der bis auf die
Haut entkleidete Patient hineinkriecht und die Oeffnung
mit einer Wolldecke verhangen wird. Wenn er dann
halb gebacken ist und der Schweiß ihm aus allen Poren
strömt, wird er herausgenommen und in das daneben
befindliche Wasser gestürzt. In manchen Fällen ist diese
Behandlung sehr wirksam; in anderen gelangt der
Patient gleichzeitig in's Wasser und in die glücklichen
Jagdgründe, allein dieses Ergebniß verhindert durchaus
nicht, daß der nächste Patient derselben Behandlung
unterworfen wird.

Die Lebenszähigkeit eines Indianers ist höchst
merkwürdig: er verträgt soviel Blei als ein Büffel, und
um ihn im Feuer niederzustrecken, muß die Kugel ihn
in's Herz, Gehirn oder in das Rückgrat treffen. Ich
war einmal mit einer Truppenabtheilung ausgezogen,
welche in der Nähe einer großen Bande Comantschen
am Llano=Flusse in Texas lagerte. Ein Indianer stellte
sich verwundet in unserem Lager ein und der Wundarzt
ward gebeten nach ihm zu sehen. Nach der Rückkehr von
dieser Besichtigung erzählte mir der Wundarzt, dem
Indianer sei eine schwere Kugel von hinten gerade in
die Verbindung zwischen Pelvis (Becken) und Schenkel=
knochen eingedrungen und habe beide zerschmettert. Die
Wunde war schon acht Tage alt, der kalte Brand hatte
sich eingestellt und der Verwundete starb noch in derselben
Nacht. Wir erfuhren später, der Indianer sei in einem
Gefechte mit den Truppen beim Fort Inge verwundet

worden, aber im Sattel sitzen geblieben, seinen Verfolgern entkommen und über das Guadalupe-Gebirge hinweg allein eine Strecke von mehr als hundert englischen Meilen in Luftlinie geritten. Ein Weißer, der eine solche Wunde erhalten hätte, wäre alsbald vom Pferde gefallen und außer Stande gewesen sich zu rühren, geschweige denn noch einen solchen Ritt zu machen.

Im Fort Mason war ein nichtsnutziger alter Tonkaway-Indianer, ein Bettler und Schmarotzer bei der Garnison, welcher nur einen Fuß hatte. Oberst May, der damalige Commandant des Forts, erzählte mir, dieser Indianer sei allein auf einem Pürschgang gewesen und habe wenige Meilen von dem Posten einen Bienenbaum, d. h. ein Nest wilder Bienen in einem hohlen Baume, gefunden. Als er den Baum fällte, um den Honig zu holen, ward sein Fuß von dem stürzenden Baume erfaßt, zerschmettert und in einer solchen Weise festgehalten, daß ihn der Mann nicht losmachen konnte. Drei Tage lang blieb er in dieser Lage und hoffte, es werde ihn irgend jemand finden; dann aber machte er ein Feuer von soviel Laub und Zweigen, als er zusammen= raffen konnte, zog sein Messer, exstirpirte sich den Fuß am Knöchelgelenke und stillte die Blutung dadurch, daß er die Arterien mit glühenden Kohlen brannte. Als er frei war, machte er sich auf den Weg nach dem Fort, wo sein Stumpf durch den Chirurgen regelrecht ver= bunden wurde.

Ich habe selber gesehen, wie ein Indianer, welcher von zwei Kugeln, jede nur einen oder zwei Zoll vom Rückgrat entfernt, durchbohrt war, noch davonlief, und die anscheinende Wirkung dieser Verwundung darin bestand, daß sie seinen eiligen Lauf in einen würdevollen Gang verwandelte. Ich habe über diesen merkwürdigen Charakterzug so viele Anekdoten gehört, daß ich daraus ein eigenes Buch machen könnte. Der Indianer in seiner natürlichen Lage wird beinahe so wenig von Krankheit heimgesucht, als ein Thier in seinem wilden Zustande. Erkältungen und Fieber an einzelnen Oertlichkeiten oder Rheumatismen in anderen, und hie und da, aber sehr selten, ein Fall von Schwindsucht oder Auszehrung, bilden die einzigen Krankheiten, denen ihr Fleisch unter=worfen ist. Die Berührung mit der Civilisation hat den Rothhäuten erst verschiedene Geißeln in Gestalt von Masern, Keuchhusten, Scharlachfieber, Pocken und jenem fürchterlichsten der Schrecken, nämlich der Syphilis, gebracht, welche langsam aber sicher jenen ganzen Theil der Indianerrace hinrafft, welcher seine Raubzüge nach Mexico hinein veranstaltet.

Die gelegentliche Heimsuchung eines Stammes oder einer Bande durch die Cholera kann ebenso wenig befriedigend erklärt werden, wie eine Viehseuche, welche in einem regelmäßigen Verlauf, ohne Berührung oder erkennbare Ursache, vom Atlantischen bis zum Stillen Ocean hin über den ganzen Continent sich verbreitet und keine, wenn auch noch so isolirte Herde im Besitz von Weißen oder Indianern verschont. Die Indianer fangen allgemein an, stark an die »Medicinen des weißen Mannes« zu glauben und kommen oft aus weiter Ferne herzugereist, um den Rath oder die Heil=mittel des Chirurgen auf einem Posten in Anspruch zu nehmen.

15. Nahrung.

Die Nahrung der Indianer der Prairien besteht beinahe ganz aus Fleisch. Einige Stämme bauen etwas Mais und bisweilen auch einige Gemüse, Kürbisse, Melonen u. s. w. Alle sind große Freunde von Pflaumen, Weintrauben und sonstigem wilden Obst und Beeren, welche zur Reisezeit gesammelt und für den Winter=gebrauch gedörrt werden. Die Indianer auf den Reser=vationen werden durch das Indianer=Departement mit Mehl versehen, aber nicht in hinreichender Menge, damit dieselben davon ihr »tägliches Brod« haben könnten.

Jeder Vierfüßler und Vogel und sogar jedes Reptil muß der Reihe nach zur Stillung des Hungers oder der Gelüste des Indianers dienen, und die Eingeweide der Vögel und Säugethiere sind für ihn ein besonderer Leckerbissen. Kleinere Thiere werden roh und noch mit ihrer Lebenswärme verspeist. Sobald ein Hirsch oder eine Antilope erlegt ist, wird sie aufgebrochen und der glückliche Jäger verhilft sich zu dem, was nach seinem Geschmacke der größte Leckerbissen ist, und ruht nicht eher, als bis Eingeweide, Magen, Leber und häufig auch noch Herz und Lunge vor seinem unersättlichen Appetit verschwunden sind. Die Leber eines sehr feisten Büffels oder Elchhirsches wird häufig durch Ueberhitzung in einer langen Verfolgung granulirt und bröcklich, ist aber in diesem Zustande, mit dem Inhalte der Gallenblase besprengt, der köstlichste Leckerbissen, welcher den Gaumen eines Indianers kitzeln kann. Ein Pawnee=Indianer, welcher mir ganz besonders zugethan war, brachte mir einmal zum Geschenke mehrere Pfunde dieses Stoffes in ein Taschentuch eingebunden und war sehr unangenehm enttäuscht und gedemüthigt, daß ich es nicht sogleich verschlingen wollte. Auch die kleineren Eingeweide der größeren Thiere werden roh gegessen.

Ich war noch jung, ein Neuling auf den Plains und hatte Kopf und Herz voll Romantik und den erdichteten Geschichten Coopers und Anderer von »schönen Indianer-Mädchen«, als ich zu der Geleitsmannschaft des Generals S., des damaligen Gouverneurs des Indianer-Departements, auf einem langen Streif- oder Recognoscirungszuge durch Texas, gehörte. Eines Tages, als wir in der Gegend des späteren Forts Belknap lagerten, erhielten wir einen Besuch von einem damals hoch angesehenen Häuptling der nördlichen Comantschen, Pa-ha-yu-ka, welcher einige Krieger und seine aus mehreren Weibern und einer Tochter bestehende Familie mitbrachte. Die Tochter war ein Bild von Anmuth und Lieblichkeit und trotz ihrer vierzehn Jahre von der südlichen Sonne schon zu vollkommener Weiblichkeit herangereift. Sie war eher unter Mittelgröße, zart, schlank und geschmeidig von Gestalt, aber von vollkommener Symmetrie und Rundung, mit regelmäßigen Zügen, den schönsten Lippen und Zähnen, mit schwarzen Augen, die von Feuer und Muthwillen funkelten, das ganze Antlitz strahlend von guter Laune und bezaubernder Koketterie. Eine eng anliegende Tunica vom weichsten Hirschleder, mit Stachelschweinsborsten schön geschmückt, reichte ihr bis auf die Mitte zwischen Hüfte und Knie und hob ihre schönen gerundeten Formen wundervoll hervor. Am unteren Saume der Tunica war eine fortlaufende Franse von feinen Strängen aus Hirschhaut angenäht, und an jedem solchen Strange baumelte ein silbernes Glöckchen, nicht größer als das Schüsselchen einer Eichel. Ihre Beine steckten in künstlich ausgefransten Leggings oder Kamaschen und ihre winzigen Füßchen in den zierlichsten Mokassinen, welche in einem kunstreichen Muster mit Glasperlen be= näht waren. Ihr schönes schwarzes Haar fiel in langen, mit großen Silberschnallen geschmückten Zöpfen über den Rücken hinab, der Scheitel ihres Haares war sorgfältig mit Zinnober bemalt und eine lange goldene oder tom= backene Kette nachlässig um ihr Haar und ihren Hals geschlungen. Kein Wunder daher, wenn ich mich auf den ersten Blick buchstäblich kopfüber in die junge Schöne verliebte. Sie bemerkte meine Bewunderung und be= gegnete, mit der angeborenen Koketterie ihres Geschlechtes unter jedem Himmelsstrich und Volke, meinen begierigen Blicken mit tausenderlei gewinnenden Winken, Blicken und Lächeln. Wir konnten nicht mit einander sprechen, aber die Liebe hat ja ihre eigene Sprache. Ich fand alsbald jenes indianische Lagerfeuer, von welchem mich weder Dienstpflicht noch Hunger wegzureißen vermochten, und erst als die Indianer sich für die Nacht in ihre Hütten zurückzogen, gewann ich es über mich, in mein eigenes Zelt und auf meine Wolldecken zurückzukehren, um mich schlaflos auf denselben herumzuwerfen und von dieser Vision des Paradieses wach zu träumen. Am anderen Morgen war ich mit der Sonne wieder bei meiner bezaubernden Schönen. Der General schenkte den Indianern einen Ochsen. Kurze Zeit darauf trat ein Indianer heran und richtete einige Worte an die Schöne, welche nun von ihrem Sitze aufstand und mich mit einem Blicke einlud, sie zu begleiten. Wir giengen nur

einige Dutzend Schritte in eine kleine Lichtung und
sahen hier mehrere Indianer um den geschlachteten Ochsen
herumstehen, welcher auf den Rücken gelegt war und
die aufgeschnittene Bauchhöhle zeigte. Mein »schönes
Indianer-Mädchen« ließ sich von einem der Männer ein
Messer geben, tauchte ihre Hand und ihren schön gerundeten Arm in die Eingeweide des Ochsen, suchte und
fand den Dickdarm und schnitt ein acht bis zehn Fuß
langes Stück davon ab, das sie um ihren Arm wand.
Etwas beiseite tretend, entleerte sie dann mit einem
schüttelnden Rucke den Darm seines Inhaltes, steckte das
eine Ende desselben in ihren schönen Mund und ver-
schlang dann langsam und ohne bemerkliches Kauen die
ganze ekelhafte Masse, wobei sie mich mit dem Aus-
brucke eines unaussprechlichen Behagens und Glückes in
ihrem strahlenden Gesichte anschaute. Ich wußte nicht
wie mir geschah; aber ich kehrte traurig nach meinem
Zelte zurück, denn mein Ideal war zerschmettert, meine
Liebe entflohen, und ich brauche wohl kaum beizufügen,
daß dieser eine indianische Liebeshandel mich für das
ganze Leben befriedigt und gewitzigt hat.

Ist Wild im Ueberflusse da, so ist der Indianer in
seiner Nahrung sehr wählerisch und verspeist nur die
zarten und saftigen Theile. Leidet er aber Hunger, so
verzehrt er Alles — Schlangen, Eidechsen, Kröten und
bisweilen sogar Aasvögel. Hundefleisch gilt als besonderer
Leckerbissen und beinahe als heilige Speise und wird
daher nur für Feste oder außergewöhnliche Gelegenheiten aufgespart. Fettes Wolfsfleisch ist beinahe so gut
wie Hundefleisch und vertritt nicht selten dessen Stelle
im Topfe, wenn es an dem genannten Hausthiere fehlt.

Ein Stinkthier ist eine sehr große Delikatesse, welche namentlich bei Squaws in interessanten Umständen in hoher Werthung steht. Der Gestank dieses Thieres schützt es nicht vor dem Indianer, welcher es beim Schwanze faßt und so lange auf den Boden schlägt, bis es todt ist, ganz unbekümmert um den ausgespritzten stinkenden Saft, welcher einem anderen Menschen todesübel machen würde. Die Folge davon ist, daß ein Indianerlager durchaus kein wünschenswerther Landaufenthalt für einen mit empfindlichen Geruchsnerven begabten gebildeten Mann ist, denn der darin herrschende Gestank ist einfach abscheulich. Die rothhäutigen Bummler, welche sich schmarotzend auf einem Militärposten herumtreiben, verzehren gierig und meist ganz roh allen Abfall von der Schlächterei der Garnison. Blut, gleichviel ob warm oder geronnen, wird gierig verschlungen, und ich habe selbst gesehen, wie ein Indianer sein Messer durch das Euter einer eben erlegten Hirschkuh zog, seinen Mund an den Schnitt setzte und das warme Gemisch von Milch und Blut mit dem größten Behagen aussog. Nichts kann so schmutzig und ekelhaft sein, daß der alles verschlingende Appetit des Indianers es verschmähen würde. Nur einige wenige Säugethiere oder Vögel werden durch Aberglauben vor der Verfolgung des Indianers geschützt, obwohl auch dieser Wahn nicht stark genug ist, um sich auf ein förmliches Verbot auszudehnen. Der wilde Truthahn z. B., dieser Leckerbissen und Weihnachtsbraten der Weißen, ist verbotene Frucht für den Indianer, welcher denselben nur verzehrt, wenn er selber am Rande des Hungertodes ist, denn er wähnt, das Verspeisen des Truthahnes werde ihn feige machen, daß er vor seinen

Feinden davon laufe, wie der wilde Puter vor seinen
Verfolgern. Für seinen Wintervorrath von Nahrung
hängt der Indianer der Prairien vorwiegend vom Büffel
ab, dessen Fleisch in dünne Streifen geschnitten und an
der Sonne gedörrt wird, worauf man es zerstößt und
in kofferförmigen Behältern aus roher Büffelhaut, den
sogenannten parflêches, aufbewahrt. In diesem Zustande
bildet es das eigentliche Brod der Indianer, und man
sieht die Kinder gewöhnlich dieses gedörrte Büffelfleisch
in derselben Weise kauen, wie die Kinder ihrer angel-
sächsischen Nachbarn gierig ihren Zuckerzwieback verzehren oder an Kandiszuckerstengeln naschen.

16. Kleidung.

Es gibt keinen Indianerstamm mehr, welcher sich
heutzutage nicht mehr oder weniger civilisirter Kleidung
bedient, jedoch anscheinend mehr in Folge von an-
geborenem Nachahmungstrieb, als weil die Rothhäute
irgend einen Nutzen oder ein Behagen aus der Kleidung
selber ziehen. Die natürliche und gewöhnliche Sommer-
tracht des männlichen Indianers besteht in Lendenschürze und Mokassinen. Die Lendenschürze wird gebildet durch einen um die Hüften getragenen Strang oder
Gürtel, worauf das Ende eines sechs bis acht Fuß langen
und vier Zoll breiten sehr schmutzigen Tuches vorn unter
dem Gürtel hindurchgeschlungen, zwischen den Beinen
hindurchgezogen und hinten wieder über den Gürtel gebogen wird, so daß das vordere lose Ende einen Lappen
bildet, welcher beinahe zum Knie hinunterreicht, während
das hintere Ende drei oder vier Fuß lang wie ein Schwanz

herabhängt. Dies ist Alles, was vom indianischen Standpunkte aus die Bescheidenheit oder Schicklichkeit erheischt.
Im Winter liefert dem Indianer die unvermeidliche
buffalo robe oder Büffeldecke aus gegerbter Büffelkuh-
haut alle Wärme und Behaglichkeit, welche er wünscht.
Die Mädchen tragen die Lendenschürze so lange, bis sie
beinahe das Alter der Mannbarkeit erreichen, und vertauschen sie dann mit einer Jacke ohne Aermel, die bis
zur Kehle herauf dicht anschließt, und mit einem kurzen,
beinahe bis zum Knie reichenden Röckchen, beide aus
gegerbter Hirschhaut. Die alten Weiber und die säugenden
Mütter bedienen sich der Jacke nicht und lassen entweder
den Körper oberhalb der Hüften ganz nackt oder bedecken ihn mit einem losen Stück Zeug nach Art einer
Schärpe. Dies sind die ursprünglichen, von Alters her
überkommenen Moden, welche sich aber im unwider-
stehlichen Verlauf der Zeit und in der Berührung mit
den Weißen so verändert haben, daß sie nur noch unter
denjenigen Mitgliedern eines Stammes üblich sind,
denen ihre Armuth nicht erlaubt, sich die Ueppigkeiten
und den Luxus der Civilisation zu verschaffen, und beinahe alle Weiber tragen gegenwärtig selbstverfertigte
Röcke aus Zitz oder kostbarem Stoffe, je nachdem ihre
Gatten reich oder ihnen zugethan sind. Der Indianer
ist sogar in seiner natürlichsten und ärmsten Lage ein
großer Freund von Putz und Flitterstaat und hat immer
etwas Außergewöhnliches an Kleidern und Zieraten für
großartige Gelegenheiten: ein Paar Federn, die er in's
Haar bindet, etliche messingene Ringe für die Hand-
gelenke oder Fußknöchel und so fort bis zur künstlichsten
und mühevollsten Entfaltung von nutzlosem Putz, welchen

der Einzelne durch Reichthum oder Stellung nur irgend
zu erschwingen im Stande oder berechtigt ist. Allein der=
artige Putzartikel sind schon so oft geschildert und abgebildet
worden, daß ich es nicht für nöthig halte, auf eine
weitere Darstellung derselben einzugehen. Dem gemeinen
Krieger, wie groß auch sein Reichthum sein mag, ist es
nicht gestattet, sich mit gewissen Putzartikeln zu zeigen
oder seinen Schild mit gewissen Zieraten zu schmücken.
Ohrringe werden beinahe allgemein von den Männern,
selten von den Weibern getragen, und die Löcher zur
Einsetzung derselben werden nicht in das Läppchen,
sondern in den oberen Knorpel des Ohres gestochen. Ich
habe Indianer gesehen, welche drei bis vier sehr große
Messingringe in jedem Ohre trugen, jeden Ring noch
beschwert durch ein in Bleidraht gefaßtes Hängewerk von
Muscheln, Steinen, Thierzähnen, Knochenstückchen ꝛc., bis
jedes Ohrgehänge mindestens einen Fuß lang war und
das Ganze zusammen ein bis zwei Pfund wiegen mochte.
Die Ohren wurden dadurch natürlich ganz aus ihrer Form
gezerrt, auf das Zwei= bis Dreifache ihrer natürlichen
Größe verlängert und sehr zerrissen und zersetzt.

Bemalung bildet bei jedem Alter und Geschlechte
einen höchst unerläßlichen Artikel der Kleidung oder des
Schmuckes, und kein Indianer betrachtet sich — worin
auch immer sein Aufzug und seine Kleidung bestehen
mag, — für vollständig angekleidet und in ganzer Toilette,
so lange sein Gesicht nicht mit Bemalung beschmiert ist.
Im Gebrauche derselben verrathen sie übrigens nicht den
mindesten Geschmack oder Geschicklichkeit, jeder bemalt
oder beschmiert sich sein Gesicht ganz nach eigenem Be=
lieben und Gutdünken und bedient sich eines platten

flachen Steines statt der Palette und seiner Finger anstatt des Pinsels. Des Indianers Vorstellung von einer vollständigen Toilette besteht darin, daß er sich mit jedem Artifel von Putz und Flitterstaat behängt, den er besitzt, und das Ergebniß davon ist eines der ungereimtesten und lächerlichsten Ensembles, welche man sich nur denken kann. Ich wohnte einmal einer berathenden Versammlung von großer Wichtigkeit und ernster Bedeutung über die Frage der Eisenbahnen nach dem Stillen Ocean an, wo es sich um eine Entscheidung über Frieden oder Krieg handeln konnte. »Truthahnfuß«, ein Häuptling von ziemlichem Ansehen, trat in die Berathungshütte, dicht in eine Büffeldecke eingehüllt, Kopf und Gesicht mit einem grünen Schleier bedeckt, über dem er ganz auf der Schädelkrone und nach hinten gerückt, einen sehr hohen cylindrischen und schmalen Seidenhut, eine wahrhafte »Angströhre«, trug, die ihm mindestens um zwei Nummern zu klein war. Als er aufstand, um zu sprechen, behielt er Hut und Schleier auf, warf aber die Büffeldecke ab und enthüllte seine übrige Kleidung, welche einzig und allein in einem sehr knappen und kurzen Zitzhemd bestand. Die anderen Indianer schienen die Sache ganz in der Ordnung zu finden, aber auf die Weißen machte es einen solch' komischen Eindruck, daß ich zweifle, ob irgend einer von ihnen einen sehr lebhaften Eindruck von »Truthahnfuß'« Rede mitgenommen hat. Die Unionsregierung hat mehrere Sommer hindurch eine Anzahl Pawnees als Späher und Kundschafter angestellt. Als man Kleider an sie austheilte, schienen sie mit Allem sehr gut zurecht zu kommen, außer mit den Beinkleidern, und nach

einigen Tagen hatte beinahe jeder Indianer den ganzen
Sitz- und Vordertheil aus seinen Hosen herausgeschnitten
und nur die Beine derselben durch das Stück Tuch,
welches ganz über den Außentheil von Schenkel und
Hüfte verlief, am Hosenbund befestigt gelassen.

Für die Rothhaut gibt es keinen Begriff von Mode,
von Ungereimtheit, Untauglichkeit oder Unschicklichkeit.
Alles, was der Weiße nur immer trägt, das wird auch
der Indianer tragen, wenn er es erlangen kann, aus=
genommen Stiefeln. Er bemerkt die Ziffern auf der
Mütze eines Soldaten, hat aber keine Ahnung davon,
daß dieselben irgend etwas bedeuten, und hält sie daher
nur für einen Zierat, welcher den Weißen »hübsch«
machen soll. Wenn er sich daher einen Hut verschaffen
kann, so besteckt er denselben, falls er auch noch so ver=
wettert wäre, mit so viel zerbrochenen gekreuzten Säbeln,
verbogenen Hifthörnern oder Stücken von Metall=
buchstaben und Ziffern, als er nur auflesen kann.
Mancher rothhäutige Bursche, der kein Hemd hat, putzt
sich mit einer bunten Cravatte um den Hals heraus:
ein Anderer trägt eine bis zum Kinn zugeknöpfte Weste
und sonst nichts. Man kann keine lächerlicher, selt=
samer und buntscheckiger aufgeputzte, bald nur halb,
bald gar nicht oder übermäßig bekleidete Menge in der
Welt finden, als eine Bande von Prairie=Indianern,
welche sich für eine festliche Veranlassung »aufgedonnert«
hat. Ein Hemd reicht für mehrere Jahre, da man es
nur bei besonderen Gelegenheiten trägt; da es aber
niemals gewaschen wird, so kann man sich seine Be=
schaffenheit während der letzten Jahre seines Gebrauches
denken.

17. Beschäftigung.

Als ich zuerst nach den Prairien kam, waren nur erst sehr wenige Indianer im Besitze von Schießgewehren, welche überdem noch von der schlechtesten Art waren. Der Bogen war noch allgemein im Gebrauche, und selbst diejenigen Indianer, welche Flinten besaßen, hielten sich noch an Pfeil und Bogen, als die zuverlässigere Waffe beim Nahekampf und Handgemenge. Die ganze Zeit, welche ein Indianer neben der schwierigen Aufgabe, für den Unterhalt seiner Familie zu sorgen, erübrigen konnte, ward vollständig in Anspruch genommen von der Bemühung, sich mit Material für den Krieg oder die Erlegung von Wild zu versehen und einen Vorrath davon zu halten, also Bogen und Pfeile, Speere, Keulen u. s. w. zu verfertigen. Die Herstellung eines guten Bogens erfordert eine lange Zeit und große Mühe und Arbeit. Das geeignetste Holz dazu ist das der Osagen-Orange, Maclura aurantiaca, das bois d'arc der französischen Trapper, welches die Amerikaner der Prairien in »bow dark« verkehrt haben. Dieses Holz wächst auf einem verhältnißmäßig beschränkten Landstrich, und der Indianer mußte oft manche Tagreise weit wandern, um sich dasselbe zu verschaffen. Man wählt nur das beste Holz aus, welches ganz gerade und möglichst astfrei ist. Der Proceß des Auswitterns ist langwierig, sehr umständlich und erschöpfend. Der Stab wird zuerst etwas zugeschnitten, geschnitzelt und mit einem Messer oder Glasscherben geschabt, hierauf tüchtig mit Fett oder Hirn von Büffeln eingerieben und dann an eine warme Stelle beiseite gesetzt, um in einigen

Tagen oder Wochen wieder bearbeitet zu werden. Ein guter Bogen hält bei vorsichtigem Gebrauche viele Jahre aus, läuft aber Gefahr, jederzeit durch einen Unfall gebrochen zu werden, weshalb jeder Krieger mehrere Stäbe von Bogenholz in verschiedenen Stadien der Vollendung besitzt. Die Sehne am Bogen wird aus dicht zusammengedrehten Fasern von Thiersehnen hergestellt, welch' letztere ihrer ganzen Länge nach ausgeschnitten, dann jede in der Länge in Stränge getheilt und diese immer und immer wieder in haarfeine und möglichst lange Fasern gespalten werden. Bei den rohen Hilfsmitteln, welche den Indianern zu Gebote stehen, erheischt es keine geringe Geschicklichkeit, um diese Fasern so zusammen zu schlingen und zu drehen, daß sie einen vollkommen runden Strang genau von gleicher Dicke und Spannkraft von einem Ende bis zum anderen bilden.

Die Pfeile erfordern im Ganzen noch weit mehr Mühe als der Bogen. Man bedient sich zu ihrer Herstellung jeder harten, zähen und gerade gewachsenen Holzart und stellt sie durch Spalten der Klötze und Schaben der Spälter bis auf die geeignete Dicke, Zuspitzung und vollkommene Rundung her. Die Spitze ist entweder von Stein oder von Eisen — in den jüngsten Jahren beinahe ausschließlich von Eisen, denn Stein von der erforderlichen Härte ist selten und äußerst schwer zu bearbeiten, und zwanzig Steine und mehr werden verdorben und zerbrochen, bis eine einzige Pfeilspitze fertig wird. Der Indianer hat sogar heutzutage noch nicht die geringste praktische Kenntniß von der Bearbeitung des Eisens im heißen Zustande, obwohl beinahe jeder diese Bearbeitung in den Schmiedewerkstätten der

Militärposten schon angesehen hat. Der Begriff der Rothhaut von der Verfertigung irgend eines Gegenstandes aus Eisen besteht darin, daß man ein Stück Eisen von mehr als der erforderlichen Größe nehmen und ihm durch Reiben und Schleifen auf einem rauhen Stein seine geeignete Größe und Gestalt geben muß. Diese Arbeit ist dem Indianer aber in den letzten Jahren ebenfalls wesentlich erleichtert worden, seit das dünne flache Zug= oder Bandeisen für Faßreifen und zum Verschluß von Kisten u. s. w. in allgemeinere Anwendung gekommen ist und die Rothhaut den Gebrauch und Nutzen der Feile kennen gelernt hat. Allein sogar unter den günstigsten Umständen kann selbst der geschickteste indianische Arbeiter nicht hoffen, in einem harten Tagewerk mehr als einen einzigen Pfeil fertig zu bringen. Er wird daher in einem kurzen Gefechte oder in einer aufregenden Verfolgung von Wild so viele Pfeile verbrauchen, daß er mit dem Ersatz derselben sich wieder für einen ganzen Monat zu beschäftigen hat.

Die Nothwendigkeit, alle seine Schutz= und Trutzwaffen selbst verfertigen und für den eigenen Unterhalt und denjenigen seiner Familie durch Herbeischaffen von Nahrung sorgen zu müssen (was bei solch' rohen Waffen eine eben so schwierige Aufgabe als prekäre Sache ist), war unzweifelhaft die wahre Veranlassung, daß alle übrige Arbeit auf die Schultern des Weibes gelegt wurde. Die Sorge dafür, daß er beständig zu Krieg und Jagd gerüstet war, legte dem Manne schon an sich so viel Arbeit auf, als er kaum selber bewältigen konnte, und alles häusliche Detail sammt den zu seiner Ausführung erforderlichen Arbeiten fiel daher natürlich dem Weibe zu. Seit die Indianer vorzügliche Feuerwaffen besitzen, ist der Gebrauch des Bogens sehr in Abnahme gekommen. Da aber die Munition spärlich ist und oft ausgehen oder das Gewehr selbst schadhaft werden kann, und der Indianer selber es nicht zu repariren im Stande ist, so muß er sich dann wieder zum Gebrauche seines Bogens bequemen, bis er irgend einen Weißen finden kann, welcher ihm das Gewehr wieder herstellt. Viele Indianer sind auch zu arm, um sich eine Flinte zu kaufen, oder sind noch nicht so glücklich gewesen, einen Mann zu erschlagen, der ein Gewehr besaß; sie bedienen sich also des Bogens, wie es auch alle Knaben thun, und so bildet der Bogen — wie reich und wohlbewaffnet eine Bande auch sein mag — selbst heutzutage noch ein unerläßliches Stück der Ausrüstung jedes männlichen Indianers.

Die theilweise Einführung der Schießgewehre hat den Krieger eines großen Theiles seiner früheren Be= schäftigung enthoben, allein er hat keine Empfindung von Großmuth, noch einen anderen inneren Mahner, welche ihm sagen würden, daß er dafür das Weib von einem Theile seiner Arbeit entlasten müsse.

In seinem natürlichen Zustande ist der Indianer ein echter Sohn Ismael's: »seine Hand ist gegen jeden auf= gehoben«. Ob seine Neigung dadurch irgend eine Verände= rung erfahren hat, ist fraglich, aber die Einführung der weittragenden Hinterladerbüchse hat sicher eine Verände= rung in seiner Lebensweise und seinen Gewohnheiten zu Stande gebracht. Er liebt lange nicht mehr so sehr den Krieg, wie in der »guten alten Zeit«, wo das Wild um ein gut Theil gefährlicher war. Die von der Unions=

regierung befolgte Politik trägt jedoch unwillkürlich dazu bei, durch ermuthigende Ein- und Angriffe auf das Gebiet der Indianer einen kriegerischen Geist unter diesen rege zu erhalten. Die Indianer auf Reservationen sind halb dem Verhungern und dann wieder der freundlichen Aufmerksamkeit der Branntweinhändler preisgegeben, bis sie zu arm werden, um es länger ertragen zu können; dann schlagen sie los, schicken ihre Familien nach dem Llano Estacado oder irgend einem anderen beinahe unzugänglichen Zufluchtsorte und veranstalten Ueberfälle und Raubzüge nach den bloßgestellten Ansiedlungen auf der Grenze, erschlagen die Bewohner und schleppen alles Vieh mit sich fort, was ihnen in die Hände fällt. Wenn sie dann so viel gestohlen und geraubt haben, um ihr Leben von Neuem beginnen zu können, oder wenn sie von verfolgenden Truppen zu eng bedrängt werden, so schicken sie entweder einen Boten an ihren Agenten ab und suchen den Truppen auszuweichen, um heimlich in ihre Reservation zurückzukehren, oder erklären ihre Geneigtheit, wieder Frieden zu machen. Dieser Vorschlag wird nicht allein vom Indianer-Departement begierig angenommen, sondern der neugeschlossene Friedensvertrag wird noch durch zahlreiche und werthvolle Geschenke an die Indianer gefeiert und bekräftigt. Mir ist nur ein einziger Fall bekannt, wo von den Indianern verlangt wurde, daß sie das gestohlene Vieh herausgaben, und selbst bei dieser Gelegenheit ward nur ein Theil desselben wirklich zurückerstattet.

Vor einigen Jahren befanden sich mehrere weiße Frauen als Gefangene in den Händen der Indianer und mußten alle nur erdenkbaren Mühsale, Mißhandlungen und Gewaltthätigkeiten erleiden, die man nur unter diesen Begriffen zusammenfassen kann; allein das indianische Bureau, welches es seiner Convenienz und seinem Nutzen weit angemessener findet, Menschlichkeit im Osten zu predigen, als Recht im Westen zu schaffen, hat kaum einen Versuch zur Freilassung dieser Gefangenen gemacht. Erst nach beinahe übermenschlichen Anstrengungen von Seiten der Truppen wurden am 25. Februar 1875 zwei von den Mädchen wieder in Freiheit gesetzt. Als diese der Freiheit und Civilisation zurückgegeben wurden, war die eine erst siebzehn, die andere kaum eilf Jahre alt, und doch waren beide vom 11. September 1874 bis zum Februar 1875 »unbeschreiblichen Entwürdigungen und bestialischen Ver- gewaltigungen von Seiten beinahe aller männlichen. Indianer der Bande« unterworfen worden. Die In- dianer, welche die Eltern und Geschwister dieser Mädchen ermordeten und sie selber so viehisch mißhandelten, waren alle namentlich bekannt, allein anstatt daß man diese Elenden bestrafte, sind sie nun »gute Indianer, die auf einer Reservation leben, gefüttert, gehätschelt und beschenkt« werden. Der hier geschilderte Fall ist der schon in der Einleitung erwähnte der Misses Germaine.

Die Ehre einer einzigen echten weißen Frau ist mehr werth, als das ganze Indianer-Gesindel auf den Prairien, und dennoch wiederholen sich Raubzüge, Menschenraub, Morde und Plünderungen alljährlich und bleiben ungeahndet, einfach nur, »weil Geld dabei zu machen ist«.

Nach der beinahe vollständigen Verarmung des schon früher erwähnten Arrapaho-Stammes hatte ich eine Unterredung mit einem angesehenen Häuptling, welcher mich in der feierlichsten Weise und beinahe mit Thränen im Auge versicherte, daß seine Leute nicht das nächste Jahr erleben könnten, ohne auf Krieg auszuziehen. Sie wünschten in Frieden zu leben, aber seien zu arm dazu und verlassen sich auf den Ertrag eines sommerlichen Raubzuges und die Geschenke, welche sie für die Eingehung eines Friedensvertrages erhalten würden, weil das allein die Mittel seien, durch die sie wieder in einen Zustand behaglicher Unabhängigkeit kommen würden. Im October 1874 nahm ich eine kleine Gesellschaft Engländer mit mir von Sydney Barracks aus auf einen Jagdausflug auf der Union-Pacific-Eisenbahn. Am zweiten Tage stießen wir auf eine gemischte Bande von Sioux und Cheyennes von ungefähr 1500 Köpfen, welche damals zu einer Reservation gehörten und auf derselben hätten sein sollen. Die kleine Escorte von Soldaten, welche ich bei mir hatte, beunruhigte sie nicht wenig und in einer Zusammenkunft und Unterredung, welche ich später mit dem anwesenden bedeutendsten Häuptling »Zwei-Speer« hatte, theilte dieser mir mit, daß er und seine Leute durch wirklichen Hunger gezwungen worden seien, die Reservation zu verlassen. »Du darfst jede von den zweihundert Hütten in diesem Lager durchsuchen und wirst keinen Bissen Fleisch finden, außer von dem frischen Büffel, welchen wir gestern erlegt haben«, sagte er; »wir wissen, daß wir Unrecht thun, indem wir die Reservation verlassen, allein wir konnten unsere Weiber und Kinder nicht Hungers sterben sehen. Obwohl wir nur nach dem Republican-River gehen, um Büffel zu erlegen, wissen wir doch, daß uns Gefahr von den Ute-Indianern, von den weißen Büffeljägern und von den Soldaten droht; aber wir gehen dennoch, weil wir verhungern werden, wenn wir nicht bald Fleisch bekommen.« Bei einer natürlichen Vorliebe und Geneigtheit zum Kriege und solchen Antrieben, wie sie den Rothhäuten aufgedrungen werden, darf man füglich behaupten, die Hauptbeschäftigung des indianischen Kriegers sei der Krieg und die Vorbereitung auf denselben. Wenn auch nicht von gleicher Wichtigkeit als ein Antrieb zu Handarbeit und persönlicher Beschäftigung wie der Krieg, erfordert die Jagd ihrerseits sogar noch mehr Zeit und Mühe. Der Hunger kehrt beständig wieder bei dem Indianer ein, und seine Arbeit zur Versorgung seiner Familie mit Nahrung hört niemals auf.

Noch vor wenigen Jahren wimmelten die Plains von Büffeln, Elchen (Wapitis) und Antilopen; Weiße gingen ab und zu und erlegten so viel Wild, als ihnen zum Unterhalt nöthig war, oder gelegentlich auch noch mehr aus bloßer muthwilliger Mordlust. Dieses wenige Wild ward in den zahllosen Haufen und Herden nicht vermißt, und dem Indianer erwuchs keine ernste Concurrenz in der Jagd. Die Mühe der Ausrüstung zur Jagd war größer, aber die Jagd selbst verhältnißmäßig leicht. Dies Alles ist nun anders geworden: die zahllosen Millionen wilder Thiere, von denen der Indianer für seine Nahrung, Kleidung, Behaglichkeit und sogar für sein Leben abhängig war, sind nun verschwunden. Ihre Knochen bleichen auf den Prairien, die grausamen muthwilligen Opfer der allgemeinen Geldgier. Sie sind erschlagen worden um ihrer Häute willen!

Der Indianer ist der geduldigste Mensch. Wäre er ein so guter Schütze wie Waidmann, so würde es ihm nur da an Fleisch fehlen, wo er kein lebendes Thier mehr finden könnte. Mit einem Büschel Gras oder Gestrüpp als Kappe oder Larve auf dem Kopfe kann er stundenlang auf dem Bauche liegen, geräuschlos wie eine Schlange, und das Wild beobachten, das er zu erlegen wünscht — jetzt vollkommen regungslos, dann wieder einige Fuß breit vorwärts kriechend; auch die unbequemste erzwungenste Stellung, auch die sengendste Gluth der Sonne der Prairien scheint ihn nicht im Mindesten zu belästigen. Er kann den ganzen Tag an einem Wasserloch liegen und auf das Wild lauern, das an dasselbe zur Tränke kommt, obwohl in diesem Falle das Wasser so gelegen sein muß, daß die wilden Wiederkäuer von einer gewissen Richtung aus an dasselbe gelangen können, denn die Mehrzahl des jagdbaren Wildes pflegt wo möglich gegen den Wind zur Tränke zu gehen.

Der Indianer der Plains ist sehr empfindlich gegen Kälte; er jagt daher im Winter nur wenig und geht nur beim angenehmsten Wetter auf die Pürsch und kann nur auf eine kurze Entfernung von seinem Lager hinweg, denn zu dieser Jahreszeit geht er zu Fuß, da seine Pferde zu verkommen sind, um ihn zu tragen. Das gewöhnliche Waidwerk des Indianers ist ein launenhaftes und unbeständiges, je nachdem er sich zum Jagen aufgelegt oder durch den Mangel an Fleisch dazu gezwungen sieht.

Jedes Jahr dagegen finden die großen Herbstjagden statt, um möglichst viel Wild zu erlegen und einen bedeutenden Fleischvorrath für den Winter einzuthun und zu dörren. Diese Jagd gewährt dem Indianer

sein vollkommenstes Vergnügen und seine liebste Auf=
regung. Er trifft zu derselben schon im Voraus Vor=
bereitungen. Späher und Eilboten werden ausgeschickt,
um auf weite Entfernungen hin das Land abzusuchen
und die passendste Oertlichkeit für das Jagdlager aus=
zuwählen. Diese Oertlichkeit muß natürlich in der Nähe
von Wasser und Wald sein, denn man braucht Pfähle
zur Errichtung der Gerüste, auf welchen das Fleisch
getrocknet wird; es muß ferner auch ebener Rasen vor=
handen sein, um die Häute auszuspannen und zu trocknen;
vor Allem aber muß es so viel wie möglich im Mittel=
punkte einer wildreichen Gegend liegen. Ist der Ort
gewählt, so bricht die ganze Bande mit Männern,
Weibern und Kindern dorthin auf. Hütten werden
gebaut, Gerüste aufgerichtet und Alles für die künftige
Arbeit vorbereitet. Jetzt sind die »Hundesoldaten« die
Herren des Tages, und wehe dem Unglücklichen, der
auch die unbedeutendsten ihrer willkürlichen oder demo=
kratischen Bestimmungen ungehorsam zu mißachten wagt!
Wenn Alles fertig ist, so ziehen die besten Jäger Morgens
lange vor Tagesanbruch aus. Werden mehrere Büffel=
herden entdeckt, so wird diejenige zum Schlachten aus=
ersehen, deren Stellung so ist, daß die einleitenden Vor=
kehrungen und Manöver zum Umzingeln derselben und
das Geschrei und Schießen beim Anreiten am wenigsten
im Stande ist, die übrigen Herden zu beunruhigen.
Ein schmales Thal mit vielen Seitenschluchten ist zur
Wahl besonders günstig. Steht die Herde auf einem
Hügel oder in einer anderen der Jagd ungünstigen
Oertlichkeit, so mögen die Jäger warten, bis die Herde
zu Wasser geht, oder sie mögen dadurch, daß sie sich

in Zwischenräumen vorsichtig und aus ziemlicher Ferne zeigen, sie an den geeignetsten Ort treiben. Während dieser ganzen Zeit hält der gesammte männliche Theil der Bande, welcher in der bevorstehenden Niedermetzelung der Büffel mitzuwirken im Stande ist, zu Pferde auf einem Haufen in irgend einer benachbarten Schlucht, außerhalb des Gesichtskreises der Büffel, schweigend und vor mühsam beherrschter Aufregung zitternd. Ist die Herde in einer für die Jagd günstigen Stellung, so zählen die leitenden Jäger ihre Leute ab und schicken sie unter zeitweiligen Anführern nach den vorbezeichneten Oertlichkeiten. Alle diese kleinen Trupps halten sich sorg= fältig versteckt, reiten dann unter dem Winde das Thal hinab und breiten sich allmählich auf beiden Flanken des Windes aus, bis die Herde überall mit Ausnahme der Windseite umzingelt ist. Wenn der leitende Jäger dann sieht, daß jeder Mann an seiner richtigen Stelle und Alles bereit ist, so sucht er mit einer Abtheilung Reiter die Herde zu umflügeln und die offene Stelle zu schließen, gibt dann das Zeichen, und nun sprengt die ganze Schaar der Schützen mit einem gellenden Geschrei, das beinahe die Todten auferwecken könnte, voran und bringt dicht auf das Wild ein. Der Büffel nimmt verzweifelte Anläufe, welchen in jeder Richtung Geschrei und Schüsse und hin= und herschwärmende Reiter begegnen, so daß die Thiere gänzlich verschüchtert zuletzt beinahe stehen bleiben, um ihr Schicksal zu erwarten. Binnen weniger Minuten ist das Gemetzel im vollen Gange; einige wenige mögen den Cordon durchbrochen haben und entkommen sein, diese werden aber nicht verfolgt, wenn andere Herden in der Nähe sind.

Büffeljagd zu Pferd.

(Seite 209.)

Ich selber habe nie persönlich einem solchen Kesseltreiben (Einkreisung) und Gemetzel beigewohnt, sondern gebe die Schilderungen desselben auf die Autorität von weißen und indianischen Büffeljägern hin, welche manches derartige Treiben mitgemacht haben. Die Hundesoldaten hängen nämlich äußerst hartnäckig an ihren Gerechtsamen und widersetzen sich beharrlich der Theilnahme eines jeden, den sie nicht wegen Verletzung ihrer Verordnungen bestrafen können; und die Häuptlinge wagen daher ohne die Bewilligung jener, keinem Fremden oder Fernerstehenden die Erlaubniß zu ertheilen, die Bande auf einer surround (Kesseltreiben) zu begleiten. Die einzigen Weißen, welche jemals Augenzeugen dieser aufregendsten von allen Scenen des Indianerlebens gewesen sind, waren entweder solche, die durch Heirat mit Indianerinnen zu der Bande gehörten, oder Andere, welche man besonders begünstigte. Ein weißer, mir für ganz zuverlässig geltender Jäger erzählte mir, er habe einmal selber mit angesehen, wie beinahe dreihundert Büffel bei einer einzigen Einkreisung oder Kesseltreiben getödtet worden seien, wobei die ganze Affaire nach gegebenem Signale kaum zehn Minuten gedauert habe und nicht ein einziger Büffel entkommen sei.

Ist das Gemetzel vorüber, so kehren die »Hundesoldaten« in's Lager zurück, um sich dort zu brüsten, zu blähen, herumzustolziren und jeder mit seinen eigenen Heldenthaten zu bramarbasiren, während die Weiber alle Hände voll zu thun haben, um die erlegten Büffel abzuhäuten, zu zerwirken und beinahe jeden Theil des erlegten Wildes nach dem Lager zu schaffen. Sobald die erbeuteten Häute ausgespannt sind, das Fleisch in dünne Streifen zerschnitten und zum Dörren ausgelegt oder mit anderen Worten: sobald die Arbeit der Weiber besorgt ist, so wird ein gleiches Kesseltreiben oder Einkreisen mit demselben Erfolg gemacht und dies so lange fortgesetzt, bis man genug Fleisch und Häute bekommen hat oder bis die kalte Witterung die Indianer in ihr Winterlager zurücktreibt. Die Waffe, deren man sich bei diesem Anreiten vorwiegend bedient, ist die Drehpistole, der Revolver, obwohl wenige auch Büchsen, andere den Bogen gebrauchen. Als noch Bogen und Pfeile allein gebraucht wurden, kannte jeder Krieger seine Pfeile und hatte keine Schwierigkeit, die von ihm getödteten Büffel positiv zu erkennen. Diese waren ganz sein individuelles Eigenthum, ausgenommen daß er nun einen gewissen Theil derselben besteuert wurde zum Besten der Witwen oder der Familien, welche keinen Krieger als Versorger für sich hatten. Fanden sich Pfeile von verschiedenen Männern in demselben todten Büffel, so wurden die Eigenthumsansprüche je nach deren Lage entschieden. Wenn jeder Pfeil eine tödtliche Wunde verursachte, so wurde der Büffel getheilt oder nicht selten auch irgend einer Witwe mit einer Familie zugeschieden. Der oberste Jäger entschied alle derartigen Fragen, allein gegen seine Entscheidung konnte noch eine Berufung an das allgemeine Urtheil der Hundesoldaten eingelegt werden. Seit aber der allgemeine Gebrauch der Feuerwaffen die Identificirung des todten Büffels unmöglich gemacht hat, sind die Indianer in ihren Ansichten communistischer geworden, und die gesammte Masse von Fleisch und Häuten wird nach irgend einem Maßstabe der gleichen verhältnißmäßigen Vertheilung nach ihrer eigenen Erfindung ausgetheilt. Zwar sind nur die Faulen und die ungeschickten Schützen mit dieser Anordnung zufrieden, allein es ist die einzige friedliche Lösung des Problems, welche ihnen geblieben ist. Die Einkreisungen des Elchwildes oder der Wapitis wird nach den gleichen Grundsätzen bewerkstelligt. Die Ute-Indianer (ein Stamm des Gebirges und nicht der Plains) pflegen auch die Antilopenherden einzukreisen, und zwar angeblich mit Erfolg. Außer der Arbeit, welche Krieg und Jagd von ihm erheischen, findet der männliche Indianer noch Beschäftigung in einiger Aufsicht über seine Pferde, in der Verfertigung von Sätteln, Zügeln, Lariats u. dgl. m., deren er zu seiner eigenen Ausrüstung bedarf.

Das indianische Weib ist bei Tageslicht fast unaufhörlich beschäftigt, und zum Glück für sie gibt es wenig harziges Holz auf den Prairien und die eingeborenen Bewohner der letzteren haben bis jetzt noch keine künstliche Beleuchtung erfunden, welche hell genug wäre, um dabei arbeiten zu können. Hie und da erhalten die Indianerinnen einige Kerzen von einem Händler oder einem Militärposten; allein diese werden für festliche Gelegenheiten aufbewahrt und dienen mehr zur Verzierung als zum Gebrauche. Das Weib verfertigt die gesammte Kleidung für sich selbst, für den Mann und die Familie, gleichviel ob aus Hirschfell oder aus Tuch. Noch bis vor wenigen Jahren war die Nadel nur ein zugespitzter Knochensplitter, der Zwirn nur eine Faser von Thiersehne; gegenwärtig bedient sich die Squaw zum Nähen beinahe lauter civilisirter Vorrichtungen. Sie kocht die Speisen und schleppt alles Holz und Wasser herbei,

welche in der Hütte verbraucht werden. Das Wasser=
tragen ist allerdings keine harte Aufgabe, denn die
Indianer baden oder waschen Gesicht und Hände nur
bei seltenen Gelegenheiten und gehen dann an das
fließende Wasser. Sind die Hände blutig, fettig oder
sonst beschmutzt, so werden sie an den Leggings oder
einem anderen Theile der Kleidung abgewischt. Ich habe
niemals in einem indianischen Dorfe irgend ein Kleidungs=
stück waschen sehen. Wie schon erwähnt, fällt den Weibern
allein die Pflicht zu, die Haushaltungs=Gegenstände zu
packen, die Hütten abzubrechen und wieder aufzuschlagen,
sowie die Lastthiere auf= und abzuladen. Die härteste
Arbeit fällt dem Weibe aber zur Zeit der Herbstjagden
zu. Wenn die Büffel auf der Wanderung sind, kann
der Erfolg der Jagd von der Geschwindigkeit abhängen,
womit sie ihre Arbeit an einer Anzahl todter Büffel
verrichtet. Diese Thiere verderben nämlich sehr schnell,
wenn sie nicht ausgeweidet werden, und die Männer
wünschen daher an einem einzigen Tage gar nicht mehr
Büffel zu tödten, als die Squaws an diesem Tage
streifen und zerwirken können. Kaum sind die Büffel
todt, so machen sich die Squaws an die Arbeit.

Die Indianer der südlichen Prairien wenden dabei
das erlegte Thier auf seinen Rücken und beginnen das
Abstreifen wie wir, mit einem Schlitz am Bauche herab.
Die Indianer der nördlichen Prairien dagegen legen
das Thier auf seinen Bauch und machen den Anfangs=
einschnitt der Wirbelsäule entlang. In beiden Fällen
wird die Haut mit bewundernswerther Geschwindigkeit
abgezogen. Das Fleisch wird so dicht wie möglich an
den Knochen abgeschnitten, in die Haut eingeschlagen,

den Pferden aufgepackt und nach dem Lager geschafft. Die ihres Inhaltes entleerten Eingeweide oder Kalbaunen bilden während der Jagd die allgemeine Nahrung Aller, denn sie sind nicht nur die leckersten Bissen, sondern bedürfen auch keiner langen Zeit zur Zubereitung. Auf Kohlenfeuer geröstete Markknochen und Feistrippen bilden das köstlichste Abendbrod nach geschehenem Tagewerk, und werden sämmtlich von den Weibern nach dem Lager gebracht und zubereitet. Die Häute werden mit der Fleischseite nach oben auf einem Flecke ebenen Bodens ausgebreitet, kleine Schlitze in ihre Ränder geschnitten, dann die Felle stark gestreckt und mittelst hölzerner Pflöcke, welche durch die Schlitze gesteckt werden, am Boden befestigt. Das Fleisch wird in dünne Streifen geschnitten und zum Trocknen an Gerüsten und Stangen aufgehängt. Alle diese Arbeit wird in einer unglaublich kurzen Zeit gethan. Dann wird eine neue Einkreisung vorgenommen, und so geht es fort, bis der Winter= vorrath beschafft ist. Wenn die Jagd vorüber ist, oder in den Zwischenräumen derselben, falls das Wild selten ist, machen sich die Weiber daran, »die Ernte einzu= heimsen«. Alte Parflêches werden aufgebürstet und neue verfertigt. Das nun vollkommen lufttrockene Fleisch wird zwischen zwei Steinen zu Pulver zerstoßen und in Säcke aus Büffelhaut gepackt, geschmolzener Büffeltalg darüber gegossen und das Ganze warm erhalten, bis die Masse durchaus mit Fett gesättigt ist. Sobald sie kalt ist, werden die Parflêches geschlossen und dicht zugebunden, und der so zubereitete Inhalt bleibt dann mehrere Jahre hindurch in guter Beschaffenheit. Die nächste Arbeit ist nun das dressing, die Zurichtung der Häute, wobei kein Gerbstoff angewendet, daher auch kein Leder erzeugt wird. Die dicksten Häute werden zu Schilden, Parflèches. und so weiter ausgewählt. Das Haar wird entfernt durch Einweichen der Häute in Wasser, welches durch Einschüttung von Holzasche, Kalk oder irgend einem natürlichen Alkali in Lauge verwandelt ist. Die Haut wird dann in die gewünschte Gestalt zugeschnitten und noch im grünen Zustande über eine Form gespannt, deren Gestalt sie nach dem Trocknen behält, worauf sie beinahe eisenhart ist.

Die Zubereitung einer Büffeldecke ist ein weit schwierigerer Proceß. Das Fell in seiner natürlichen Beschaffenheit ist viel zu dick zum Gebrauche, ist un= geschlacht und ohne alle Geschmeidigkeit. Ihre Dicke muß daher mindestens um die Hälfte reducirt und das Fell zugleich weich gemacht werden. Ist das ausgespannte Fell durch die Einwirkung der Sonne trocken und hart geworden, so beginnt die Squaw es mit einem kleinen eisernen Werkzeug zu schaben, welches einigermaßen die Gestalt einer Zimmermanns=Breitaxt und einen mit roher Haut daran gebundenen Handgriff von ·Holz oder Wapitihorn hat, so daß es mit einer Hand gebraucht werden kann. Diese Werkzeuge sind Familien=Erbstücke und werden sehr geschätzt, namentlich diejenigen mit hirschhörnernen Handhaben. Mit diesem Instrument schabt die Squaw an der harten Haut und bringt mit jedem Zug einen kleinen Span herunter. Der Kunst= griff bei diesem Verfahren besteht darin, daß man die Streiche mit diesem Falz= oder Schabeisen so führt, daß man einen Theil der Haut ab=, aber diese nicht durch= schneidet und endlich eine vollkommen glatte und ebene

Indianer=Hütten. Zubereitung der Büffelhäute.

(Seite 211.)

Innenfläche und gleiche Dicke erzielt. Um das Fell weich und geschmeidig zu machen, wird das Schaben von Zeit zu Zeit eingestellt und die geschabte Oberfläche mit dem Fett und Hirn von Büffeln beschmiert und dieses mittelst eines glatten Steines grünblich hineingerieben. Es ist ein langes und langweiliges Verfahren, welches nur eine Indianerin durchführen würde. Büffelfelle zum Bedecken der Hütten werden von den Haaren befreit, dünner geschabt und geschmeidig gemacht. Felle von Hirschen, Antilopen und anderen Thieren werden von den Haaren befreit und dann sehr gut zur Kleidung zubereitet. Es gibt auf diese Art vier verschiedene Verfahren in der Zubereitung von Häuten, und jedes derselben ist dem Gebrauche ganz ausgezeichnet angepaßt, für welchen das zubereitete Fell bestimmt ist. Unter den sämmtlichen Stämmen der Plains findet sich nicht die mindeste Bekanntschaft mit Fallen und Fallenstellen. Ihre Erfindungsgabe scheint sogar vor der einfachsten Vorrichtung zum Fange von Haar- oder Federwild stehen geblieben zu sein. Ich habe wohl von Fällen gehört, wo diese Indianer die Fallen eines weißen Fallenstellers stahlen; allein sobald der Stümper seine Finger zwischen den Bogen der Falle zerquetscht, wird diese als »böse Medicin« weggeworfen. Die Indianer der Prairien scheinen das einzige Urvolk in der ganzen Welt zu sein, welches nicht irgend eine Fanggrube, Federfalle, Sprenkel oder sonstige einfache Fangvorrichtung hat. Ich leite diesen Mangel von dem reichen Ueberfluß an großem Wilde her, das auf den Plains immer zu haben war. Dem Indianer fehlte es niemals an Nahrung und Kleidung, so lange zahllose Heerden die Plains bedeckten. Er hatte keine

»Noth« und darum wurde seine »Erfindungsgabe« auch niemals in's Leben gerufen. Einige Fische werden mittelst Lanzen oder Pfeilen erlegt, allein bis vor einigen Jahren hatten die Indianer der Plains noch keine Kenntniß von der Angelfischerei mittelst Leine und Haken. Sie sind keine Fischesser und bedienen sich der Fische als Nahrungsmittel nur, wenn nichts Besseres zu haben ist.

18. Handel und Verkehr.

Der Handel oder Verkehrsfleiß der Indianer der Plains beschränkt sich auf einen kleinen Tauschhandel unter einander und auf den jährlichen Tauschverkehr mit den weißen Händlern, welche von dem indianischen Bureau die Erlaubniß erhalten haben, den Rothhäuten ihren Ueberfluß an Büffeldecken gegen Zucker, Kaffee, Thee, Kleidung, kleinen Schmuck, Tändeleien und werthlosen Flitter abzuhandeln. Bei geschickter Handhabung können die Weißen in diesem Handel ein großes Stück Geld verdienen, und ein Patent zu diesem Handel wird gierig nachgesucht.

Lange vor dem Zeitpunkte des »großen Handelsverkehrs« schickt jeder Händler eine Anzahl Boten oder Trommler nach den Lagern der verschiedenen Indianerbanden, um ausfindig zu machen, wie viel Büffeldecken wahrscheinlich von jeder in den Handel kommen, und sich unter Versprechung von Geschenken an die Häuptlinge und hervorragenden Männer um die Kundschaft der Banden zu bewerben. Der Tauschverkehr geschieht unter dem Schutze des indianischen Bureaus, und der Agent, welcher die Aufsicht darüber führt, handelt so ziemlich ganz

nach freiem Belieben. Er kann den Händlern die Erlaubniß, mit ihren Waaren nach den Winterlagern der
Indianer zu gehen, gewähren oder verweigern und somit
im letzteren Falle die Indianer zwingen, zu den Händlern
zu kommen. Sind verschiedene Händler vorhanden, so
ist es dem Agenten beinahe unmöglich, irgend einen
Schritt zu thun, ohne durch denselben für oder gegen
den Vortheil des einen oder des anderen der Händler zu
wirken. So unparteiisch und billig auch seine Handlungsweise sein mag, so wird sich sicher doch irgend jemand
dadurch verletzt fühlen und den Agenten eigennütziger
Motive oder des Einverständnisses mit seinen Neben-
buhlern beschuldigen. Wird die Erlaubniß ertheilt, nach
den Winterlagern zu gehen, so werden alle Händler zur
selben Zeit oder wenigstens nahezu gleichzeitig davon
benachrichtigt und jeder bricht mit seinen Wägen in der
größtmöglichen Geschwindigkeit auf, weil die Boten jedes
Einzelnen die Indianer vorbereitet haben, welche viel
zu pfiffig sind, um den Werth der Concurrenz nicht zu
begreifen, und die daher den Tauschverkehr nicht eher
beginnen wollen, als bis alle Händler angekommen sind.
Sind die Händler im Lager angekommen, so werden
ihre Zelte aufgeschlagen, die Waaren ausgepackt und
möglichst vortheilhaft ausgestellt. Die rothen Männer
spazieren ernsthaft von einem Zelt zum andern und
sprechen von Geschäften, während die Squaws sich
in jeden nur irgend erreichbaren Raum drängen, die
ausgestellten Waaren bewundern und mit all dem
gierigen Eifer für das Einkäufemachen, welchen das
schöne Geschlecht überall an den Tag legt, darüber
klatschen. Allein es müssen manche langen Reden gehalten,

viele wichtige Fragen erledigt werden, bevor der Tausch=
handel wirklich beginnt. Die Händler können einander
nicht dadurch den Rang ablaufen, daß sie unter dem
Preise verkaufen, denn die Indianer benachrichtigen
alsbald die übrigen Händler von einer Reduction der
Preise, die einer der Händler angeboten hat; diese sind
daher zuletzt gezwungen, zu einem scheinbar gemeinsamen
Vorgehen sich zu verbinden, obwohl jeder durch Ge=
schenke und persönlichen Einfluß bei den .Häuptlingen
sein eigenes Interesse bestmöglich zu wahren sucht. Endlich
werden Preise vereinbart. Der Pinten= oder Röselbecher
ist das gewöhnliche Maß für Zucker, Kaffee, Thee u. s. w.;
eine theilweise Strecke des ausgestreckten Armes (un=
gefähr anderthalb Yards), welche sowohl vom Händler
wie vom Indianer sehr genau gemessen wird, ist das
übliche Maß für Kleiderstoffe. Von dem Augenblicke an,
wo der Handel beginnt, wird er mit einer wahren Wuth
betrieben. Jeder rothhäutige Mann eilt nach dem Ver=
kaufszelt in Begleitung seiner mit Päcken und Bündeln
von Büffeldecken bepackten Squaws, und jeder verlangt
zuerst bedient zu werden. Das Zelt ist gedrängt voll;
der Händler und seine Gehilfen fliegen mit unaufhörlicher
Rührigkeit hin und her. Die Büffeldecken werden nicht
der Quantität nach verkauft, sondern jede wird einzeln
über den Zahltisch gelegt und der Preis dafür in
Empfang genommen, ehe eine andere hingereicht wird,
was natürlich die Arbeiten des Händlers sehr vermehrt.

Jeder Indianer handelt zuerst um den Winter=
bedarf am Nothwendigsten für sich und seine Familie
und dann erst um Artikel für seinen eigenen Gebrauch,
seine Gemächlichkeit oder Zierat; hierauf erst wählt er

Geschenke für sein Lieblingsweib oder für ein junges Mädchen, das er zu seinem Weibe machen möchte, oder möglicherweise auch für das Weib irgend eines andern Kriegers, für welches er eine Vorliebe gefaßt hat, aus. Ist dies Alles dann geschehen und sind noch einige Decken übrig geblieben, so gestattet er gnädigst seinen Weibern, über jene nach ihrem eigenen Belieben zu verfügen. Für diejenigen Artikel, welche die Indianer als Lebensbedürfnisse zu betrachten gelernt haben, wie Zucker, Kaffee, Mehl, Indianertuch, Wolldecken, Zitz, Glasperlen, Nadeln und Zwirn, Messer, Farben zur Bemalung 2c., wird von jedem Händler der zuvor vereinbarte Preis streng gefordert. Wenn ein Händler nicht zu besseren Bedingungen eingekauft hat als der andere, erringt keiner einen besonderen Vortheil in diesem regelrechten Handel, außer in der Zahl der gekauften Büffeldecken. Nur beim Verkauf der Schmucksachen, Spielereien, des Tandes und der Putz- und Luxusartikel für die Indianer, auf welche ein fester Preis nicht gesetzt werden kann, wird die wirkliche Concurrenz hervorgerufen und werden die großen Gewinne gemacht. Eine Neuheit übt auf einen Indianer einen großen Reiz aus, und dieser bezahlt einen für ihn neuen Artikel, welcher seine Einbildungskraft und seinen Geschmack kitzelt, mit dem Hundertfachen seines Werthes. Er hat keinen wirklichen Werthmaßstab, und der Preis, welchen er für einen Artikel, der nicht im Verkauf ist, bezahlt, regelt sich ganz nach der Größe seines Verlangens nach demselben. Der Händler begreift dies vollkommen und erhält häufig zwei oder drei Büffeldecken für ein Stückchen Flitterstaat oder Geschmeide, welches ihn wahrscheinlich nur fünfundzwanzig Cents kostet. Der Tauschhandel wird fortgesetzt, bis jede Familie ihren ganzen Bedarf eingekauft hat oder bis die Büffeldecken ausgehen. In einzelnen Fällen haben die Händler permanente Handelszelte in den Indianerlagern errichtet, welche den ganzen Winter hindurch offen bleiben wie ein gewöhnlicher Kramladen. Dies ist keine so gewinnreiche Einrichtung, als es erscheinen möchte, denn die Indianer sind nicht allein durchtriebene Diebe, sondern auch höchst unverschämte und zudringliche Bettler, und der Händler ist gezwungen, die ganze Zeit über etwas herzugeben, wenn er nicht Gefahr laufen will, die Gunst der Häuptlinge und der angesehenen Männer einzubüßen.

Der Preis einer Büffeldecke ist in den jüngsten Jahren sehr gestiegen. In den Jahren 1871 bis 1872 standen sie noch auf sieben bis neun Pintenbecher Zucker; eine rothe Mackinaw-Wolldecke war zwei und sogar drei Büffeldecken werth und ein Stab oder Maß Indianertuch oder fünf bis sechs Stücke Ziß waren das Aequivalent für eine Büffeldecke. Berechnet man auch alle Kosten der Anschaffung, des Transportes der Waaren, der Beschäftigung der Boten, Verkäufer u. s. w., so kommen die Büffeldecken die Händler in Wirklichkeit auf je $2\frac{1}{2}$ bis $3\frac{1}{2}$ Dollars im Indianerlager zu stehen, und zwar wenn nur die berechtigten Handelsgewinne genommen werden. Der Indianer kauft den Zucker dem Maße nach: der Händler bringt daher den leichtesten, staubigsten Zucker heraus, den er nur finden kann und wovon die Pinte kaum ein halbes Pfund wiegt. Der Indianer ist kein Kenner von Kaffee, Thee u. s. w.; daher führt man ihm den werthlosesten und geringsten Artikel hiervon zu, welcher nur auf dem östlichen Markt zu finden ist. Auf die Qualität des Indianertuches, der Wolldecken, Zitze und ähnlicher Artikel versteht sich dagegen der Indianer sehr gut; und im regelmäßigen Tauschhandel um seine gewohnten Lebensbedürfnisse ist er daher auch nicht leicht zu übervortheilen. Nur wenn er etwas Neues findet, welches seinem Geschmacke ganz besonders entspricht, kann man ihm die Taschen ausfegen. Ich habe schon erwähnt, daß der Indianer keinen Werthmaßstab hat; er vermag aber auch nicht zu begreifen, daß irgend ein anderer Mann einen solchen Werthmaßstab haben kann. Er wird einen Monat lang arbeiten, um einen Bogen und einen Köcher voll Pfeile herzustellen, und dann vermuthlich dieselben um einen Gegenstand hingeben, welcher einen Viertel-Dollar kostet. Er wird in vollem Ernste ein werthloses buglahmes Maulthier gegen ein Pferd von zweihundert Dollars Werth zum Tausch anbieten.

Vor vielen Jahren, als die Reibzündhölzer noch nicht so gemeinüblich waren wie jetzt, sah ein Lipan=Indianer, wie ein Officier eine Schachtel voll anscheinend kleiner Stäbchen aus der Tasche zog, eines derselben an einem Steine rieb und sich damit die Pfeife anzündete. Begierig forschte er diesem Geheimnisse nach und schaute mit Erstaunen zu, während mehrere Zündhölzchen zur Befriedigung seiner Neugier angezündet wurden. Er ging nach seinem nahen Lager und kehrte bald mit einem halben Dutzend wunderschön hergerichteter Wild= katzenfelle zurück, welche er um die wunderbare Schachtel in Tausch anbot. Das Tauschgeschäft ward gemacht und er ging seelenvergnügt hinweg. Einige Zeit darnach fand man ihn neben einem Steine sitzend, auf welchem er ernsthaft ein Zündhölzchen um das andere anrieb und jedes so lange in seinen Fingern hielt, bis es ganz herunterbrannte und er es wegwerfen mußte, worauf er seine verbrannten Finger besichtigte und untersuchte, als ob er noch im Zweifel sei, ob er es mit wirklichem Feuer zu thun habe. Dies trieb er so lange fort, bis alle Zündhölzer aufgebraucht waren.

Im Jahre 1867 kam ein Sioux-Indianer, welcher eine sehr schöne und mühsam bemalte Büffeldecke in seinem Besitz hatte, nach dem Fort Sedgwick, wo ihm die Officiere die Decke abkaufen wollten und verschiedene Waaren, wie Zucker, Kaffee, Mehl u. s. w., bis zum Werthe von nahezu zwanzig Dollars dafür anboten, welche der Sioux aber ausschlug. Einige Zeit nachher ging ein Sergeant an ihm vorüber mit einer Düte in der Hand, worin er zwei oder drei Pfund von jenem in Würfel zerschlagenen Hutzucker hatte, der damals aufkam. Er gab dem Indianer einen oder zwei von diesen Würfeln und ging vorüber. Einige Secunden später kam der Indianer ihm nachgelaufen, nahm die Büffeldecke von den Schultern und bot sie ihm gegen die Düte voll Zucker an. Der Tausch ward gemacht, und nun hockte sich der Indianer an den Boden nieder und verzehrte langsam und überlegt, mit allen Anzeichen der vollkommensten Genugthuung, den Zucker bis auf das letzte Stück.

Der Indianer wird gewöhnlich auch noch am Maße verkürzt. Da die verschiedenen Genußmittel, wie Zucker, Kaffee, Thee, Mehl u. A., und das Schießpulver nach dem Hohlmaße verkauft werden, so sorgt der

Händler dafür, daß die Pintenbecher keine Henkel oder Handgriffe haben, und der Händler greift dann beim Füllen des Bechers mit dem Daumen in denselben hinein und betrügt dadurch die arme Rothhaut auch noch um einige Lothe.

Die Gesetze der Vereinigten Staaten schreiben schwere Geldstrafen für diejenigen vor, welche berauschende Getränke an den Indianer verkaufen, oder solche ohne specielle Erlaubniß auch nur in das Indianerland mitnehmen. Indem aber die Regierung dem regelrechten Händler den Verkauf von Whisky an den Indianer verbietet, übt sie genau dieselbe erhabenste Weisheit aus, welche sie überall in der Behandlung der indianischen Angelegenheiten darlegt. Jene Bestimmung nimmt den Handel mit Branntwein (welcher so lange fortdauern wird, als nur noch ein Indianer übrig bleibt) aus den Händen verantwortlicher Männer, in denen derselbe gehütet und geregelt werden könnte, und legt ihn in diejenigen des geldgierigsten, gewissenlosesten, schuftigsten Gesindels in der Welt. — Dem Händler ist ebenfalls gewöhnlich verboten, Waffen und Munition an die Indianer zu verkaufen. Wir lassen es dahingestellt, ob es wahr ist oder nicht, aber es ist dahingekommen, daß die Leute auf der Grenze zu der Ansicht gelangt sind, dieser allereinträglichste Theil des Handels mit den Indianern sei das specielle Vorrecht des indianischen Bureau und seiner Lieblinge und Günstlinge geworden. Wer den Indianern die Waffen verkauft, das wird wahrscheinlich immer ein Geheimniß bleiben; allein soviel steht fest, daß man die Rothhäute immer mit dem allerneuesten und bewährtesten Modell von Hinterlader=

Büchsen, Pistolen u. s. w. bewaffnet findet, und daß sie, obwohl sie mit der Bereitung von Schießpulver und der Gewinnung von Blei ganz unbekannt sind, dennoch immer reichlich mit diesen unerläßlichen Bedürfnissen versehen werden. — Woher bekommt also der Indianer seine Waffen? Dies ist eine sehr ernste Frage für die Armee und die Ansiedler auf der Grenze, aber eine Frage, auf welche niemals eine Antwort erfolgt. Wer aber auch immer dafür verantwortlich ist, der ist auch verantwortlich für das Blut und Leben von manchem guten und tapfern Mann und für die Thränen und Leiden vieler Witwen und Waisen. Es wäre längst kein Zweifel und kein Geheimniß mehr, wenn nicht die ab=scheuliche Geldgier jedes Verbrechen und jede Schurkerei zudeckte.*)

Vor wenigen Jahren traf ich mit einem Manne zusammen, welcher für sehr wohlhabend galt und mir

---

*) Nachstehende Geschichte ist mir als wahr erzählt worden. Falls sie wahr ist, wird sie einiges Licht auf die Frage: Wer verkauft die Waffen? werfen; die Namen aller Betheiligten können geliefert werden: — Vor einigen Jahren commandirte ein höherer Officier der Armee der Vereinigten Staaten eine Truppen=abtheilung, welche gegen eine starke Streitmacht von unzufriedenen und im Verdacht eines beabsichtigten Losschlagens stehenden Indianern im Felde stand. Der Officier erfuhr durch seine Spione, daß ein mit Waffen und Munition beladener Wagenzug auf seinem Wege zu den für feindselig geltenden Indianern war. Er schickte sogleich ein Streifcorps ab, nahm den Wagenzug weg und berichtete seine That an die geeigneten Behörden in Washington. Der Indianer=Agent machte ebenfalls seinen Bericht, und die Folge davon war, daß der Officier einen ganz entschiedenen Verweis und den Befehl erhielt, den Zug wieder frei zu geben und sich nur um sein eigenes Geschäft zu bekümmern.

einmal in mittheilsamer Stimmung anvertraute, er habe
den ersten Grund zu seinem Vermögen dadurch gelegt,
daß er dazu ausersehen worden sei, eine Summe Geldes
an einen Indianerstamm auf der Grenze am Stillen
Ocean auszuzahlen. Nach seiner eigenen Schilderung
ging er zunächst nach San Francisco und begann damit,
die eine Hälfte des Geldes für eine äußerst sorgfältige
und umsichtige Auswahl der geeignetsten Waaren für
den indianischen Markt auszugeben. Die andere Hälfte
des Geldes (abzüglich einer für die Transportkosten
hinreichenden Summe) verausgabte er für den Ankauf
von Büchsen, Pistolen, Pulver, Blei, Zündhütchen,
Branntwein und Putzartikeln. Er kam zur günstigsten
Jahreszeit im Indianerlande an, schickte Boten aus,
berief den Stamm zusammen und öffnete nach einer
Anrede seine Geldkisten und vertheilte seine Geschenke.
Die Indianer waren mehr als vergnügt; sie hatten
niemals solche treffliche Artikel gesehen, noch war ihnen
jemals zuvor ein Zehnten von solchem Betrage gebracht
worden. Als alle in der bestmöglichen Stimmung waren,
öffnete er seine Kisten mit Waffen und sonstigen Waaren
und erklärte den Indianern, er sei zum Handel bereit.
Sie gingen mit Begierde darauf ein und gaben bis=
weilen Pelzwerk im Werthe von zwei= bis dreihundert
Dollars für eine Flinte, welche ihn nur zwanzig gekostet
hatte. »Ich machte ein sehr hübsches Geschäft«, fügte er
hinzu; »ich befriedigte das indianische Departement,
machte die Indianer vollkommen glücklich und schlug für
mich etwas mehr als das Doppelte der Summe Geldes
heraus, welche mir an erster Stelle übergeben worden
war«. — Ich gebe diese Geschichte, wie ich sie empfieng,

für das, was sie werth ist; sie ist ganz im Bereiche der
Wahrscheinlichkeit. Es ist übrigens wohl bekannt, daß
die Gründer von mehreren der colossalsten Vermögen
in den Vereinigten Staaten ihre Laufbahn als Händler
mit den Indianern oder als Agenten für dieselben
begonnen haben, und die größte Stadt des Mississippi=
Thales ist, wie man füglich sagen könnte, auf den
Tauschhandel mit den Indianern gegründet und gebaut
worden.

19. Körperliche und kriegerische Uebungen.

Bei gutem Wetter verbringt der Indianer einen
sehr bedeutenden Theil seiner Zeit mit körperlichen und
kriegerischen Uebungen, in welchen er eine große Ge=
wandtheit erreicht. Es scheint kein feststehendes System
der Taktik zu geben und jeder Häuptling seine Leute
nach seinen besonderen Ideen zu instruiren. Es gibt
keine Gemeinen, keine Rangstufen, keine Organisationen
oder Einheiten des Commandos, allein man hat Worte
oder Signale des Commandos, auf welche hin dieselben
Evolutionen wiederholt ausgeführt werden, anscheinend
mehr durch die bewundernswerthe Intuition des einzelnen
Indianers, als durch irgend eine Instruction, welche ihm
möglicherweise hätte ertheilt werden können. Die ganze
Bande macht in Masse und ohne Ordnung einen Angriff
auf eine angenommene feindliche Stellung, aber auf ein
Wort theilt sie sich oder zerstiebt wie Laub vor dem
Winde. Ein weiteres Signal, und ein Theil schwenkt
herum, sammelt sich und macht einen Flankenangriff,
um sich auf ein anderes Signal wieder zu zerstreuen.

Signale der Indianer durch Reflex.

Die Ebene wimmelt von herumkreisenden fliehenden Reitern, jetzt einzeln, flach auf dem Pferde liegend oder an dessen Seite hängend, als wollten sie den Schüssen des verfolgenden Feindes entgehen, dann wieder zusammen= gedrängt in eine lebende Masse, vor deren gellendem Kriegsgeschrei das Entsetzen hergeht.

Der merkwürdigste Theil des Exercitiums ist die vollkommene Herrschaft, welche der Häuptling nicht allein auf die Masse, sondern auch auf den einzelnen Mann auszuüben scheint, und zwar trotz Staubwolken und eines Lärmens, welches den Kanonendonner übertönen könnte. Dies geschieht durch Signale, die nach einem System von des Indianers eigener Erfindung ersonnen sind und in verschiedener Weise mitgetheilt werden. So auffallend und wunderbar diese Behauptung erscheinen mag, so geschieht das Signalisiren an einem hellen Tage und wenn die Sonne in der geeigneten Richtung steht, mittelst eines Stückes Spiegelglas, welches in der hohlen Hand gehalten wird. Der Reflex der Sonnenstrahlen, welcher auf die Reihen geworfen wird, theilt denselben in irgend einer geheimnißvollen Weise die Wünsche des Häuptlings mit. Als ich einmal auf einer kleinen Anhöhe stand, welche das Thal des südlichen Platte-Flusses überschaut, konnte ich mit meinen eigenen Augen zu meinen Füßen das Exerciren von etwa hundert Kriegern beobachten, welches ein Sioux=Häuptling leitete, der zu Pferde mir gegenüber auf einer Anhöhe und ungefähr 200 Meter von seinem Commando drunten in der Ebene hielt. Mehr als eine halbe Stunde lang befehligte er eine Uebung, welcher an Mannigfaltigkeit und Raschheit der Action keine civilisirte Cavallerie hätte gleichkommen können. Alles, was ich sehen konnte, war nur eine gelegentliche Armbewegung des Häuptlings, welcher mir nachher selber gestand, er habe sich eines Spiegels bedient. Das Signal=Exercitium ist eine starke und äußerst heilig gehaltene »Medicin«, deren Verrath un= nachsichtlich mit dem Tode geahndet werden würde. Selbst die Weißen, welche sich mit indianischen Squaws verheiraten und unter den Rothhäuten leben, werden nicht in das Geheimniß eingeweiht. Ich habe mehrere von diesen und viele Prairiejäger darüber befragt, allein sie vermochten mir niemals mehr zu sagen, als daß ein solches System in allgemeinem Gebrauche sei. In der Hoffnung, dem Ruhm unseres berühmten obersten Signal= Officiers Concurrenz zu machen, habe ich durch Ueber= redung und sogar durch Bestechungen auf die Indianer selbst einzuwirken versucht, aber niemals auch nur einen Wink erlangen können, welcher mir zum Ausgangspunkt für ein praktisches Signalisirsystem zu dienen vermocht hätte. Sie geben zu, daß man sich dazu eines Spiegels bediene, aber das ist auch Alles. Um Mittheilungen auf weite Entfernungen auf den Plains zu machen, haben sie eine ebenso merkwürdige Art des Telegraphirens. Indianische Späher und Streifschützen werden von der Regierung der Vereinigten Staaten häufig verwendet und ihre Dienste sind unschätzbar und für das Gelingen wichtiger Expeditionen beinahe unentbehrlich. Der An= führer oder Dolmetscher derselben wird bei dem Befehls= haber der Expedition zurückbehalten, während die Kund= schafter und Plänkler weit auf dem Vormarsch oder auf den Flanken verschwinden. Gelegentlich zeigt sich einer derselben, und der Dolmetscher wird sogleich sagen, was jener Späher mitzutheilen hat. Ich habe viele dieser Signale gelernt, die einfach genug sind: wenn einer z. B. rasch in einem Kreise herumreitet, so bedeutet dies: »Gefahr! rückt so rasch wie möglich zusammen!« u. dgl. m.

Das einzige wirklich Wunderbare bei diesem Telegraphiren ist die sehr bedeutende Entfernung, auf welche hin es von dem Indianer gelesen werden kann. Ich habe ein sehr scharfes und weitsichtiges Auge; allein wenn ich selbst mit dem besten Feldstecher kaum zu ermitteln vermochte, daß der entfernte Punkt ein Reiter war, so konnte der Indianer an meiner Seite mir erklären, was jener entfernte Punkt sagen sollte. Das Signalisiren und Telegraphiren der Indianer sind ohne Zweifel nur Modificationen und Erweiterungen der schon früher erwähnten Zeichensprache und beide das Erzeugniß einer Nothwendigkeit, welche aus der mit einem Leben voll eigenthümlicher Gefahr verbundenen fortwährenden Vorsicht und Wachsamkeit erwuchs.

Ich habe bereits des religiösen Glaubens oder Aberglaubens erwähnt, welcher jeden scalpirten Krieger zur Vernichtung verdammt, und Züge von Heldenmuth geschildert, welche die Indianer oft an den Tag legen, indem sie ihr eigenes Leben daran setzen, um den unscalpirten Leichnam eines Häuptlings oder Freundes zu retten. Dieser Glaube ist die erste Veranlassung zu einem Exercitium, welches den Indianern der Prairien eigen ist und darin besteht, daß sie sich gewöhnen, im schnellsten Rosseslaufe sich vom Pferde herunter zu beugen und Gegenstände vom Boden aufzuheben. Hierzu werden anfangs nur kleine und leichte Gegenstände gewählt, welche man dann allmählich mit schwereren und umfang-

reicheren vertauscht, bis einige wenige Individuen eine
solch' bewundernswerthe Fertigkeit darin erlangen, daß sie
im Stande sind, ohne Beihilfe und im vollsten Rosses=
laufe den Körper des schwersten Mannes vom Boden
aufzuheben und über ihr Pferd zu schwingen. Im All=
gemeinen geschieht dies jedoch durch zwei Indianer. Kopf
an Kopf sprengen sie von beiden Seiten an den am
Boden liegenden heran, jeder der beiden Reiter bückt
sich im selben Augenblick herab, erfaßt den passendsten
Körpertheil, und durch die vereinigte Kraft und Geschick=
lichkeit beider wird der Körper vom Boden aufgehoben
und quer vor einem der beiden Reiter auf das Pferd
geworfen, welcher denselben dann nach einem sichern
Orte bringt. Die Krieger wechseln bei diesen Uebungen
ab und übernehmen bald die Rolle der Auflesenden, bald
die der Aufgehobenen, denn es kann ja jederzeit bei einem
Kampfe einen das eine wie das andere Loos treffen,
auf welches sie sich mittelst dieser Uebung vorbereiten.
Spielt der Krieger bei dem Exercitium die Rolle eines
Verwundeten, so erleichtert er den Rettern die Arbeit
dadurch, daß er Arme und Beine ausstreckt. Spielt er
dagegen die Rolle eines Todten, so leistet er nicht nur
keine Hilfe, sondern derjenige, welcher die Rolle des
Todten spielt, nimmt abwechselnd jede Lage, selbst die
unnatürlichste oder unmöglichste, in welcher ein wirklich
todter Körper nur fallen kann, an. Dieses Exercitium
findet bei gutem Wetter in der emsigsten Weise und auf
jeder Art von Terrain und Boden statt, bis Reiter und
Pferde und die Darsteller von Todten und Verwundeten
in ihren betreffenden Rollen ganz eingeübt und ge=
wandt sind.

20. Kampfweise.

Aus den vorbeschriebenen taktischen Manövern kann man sich einen Begriff von den allgemeinen Charakterzügen der Kampfweise der Prairie-Indianer machen. Ich habe von der Tapferkeit derselben bereits gesprochen und erwähnt, daß kein Mensch tollkühner und entschlossener sich in Gefahr stürzen kann, wenn ihm der Lohn an Scalpen oder Pferden gewiß ist. Dagegen fehlen dem Indianer die höheren Eigenschaften des Muthes, die Seelenstärke, welche einen Menschen in den Stand setzt, um eines Principes oder einer Pflicht willen, ohne Hoffnung oder Aussicht auf Lohn, den Gefahren von Wunden und Tod zu trotzen. Er hat übrigens ausnahmsweise Anwandlungen von dieser höheren Art von Muth, wie z. B. wenn er sein Leben auf's Spiel setzt, um Todte oder Verwundete aus den Schaaren des Feindes herauszuholen, und man hat mir zwei Fälle erzählt, wo einige wenige Indianer sich einem sichern Tode weihten, um eine größere Anzahl vor Vernichtung zu bewahren. In der Regel verläßt sich der Indianer auf Ueberraschung und Verblüffung, auf die Wirkung eines plötzlichen und wüthenden Angriffes, der von einem höllischen Geschrei begleitet ist, um seinen Feind zu demoralisieren und zu seiner sicheren Beute zu machen. In diesem Stücke ist ihm niemand überlegen, noch ist er zu übertreffen in dem Muthe, mit welchem er eine erste erfolgreiche Anstrengung fortsetzt, noch in der unbarmherzigen Wucht und Entschlossenheit, womit er einen fliehenden Feind verfolgt. Die Kämpfe der Indianer unter einander sind beinahe unwandelbar Ueberrum=

pelungen; nur wenn zwei einander an Kopfzahl ziemlich gleiche feindliche Banden in den Prairien zusammenstoßen, erfolgt möglicherweise ein langer Kampf, in welchem auf eine außerordentlich große Entfernung gefochten wird und das Fechten vorwiegend darin besteht, daß beide Theile auf ihren Pferden herumsprengen, kurze Scheinangriffe machen, aus Leibeskräften wüthend schreien und hie und da einen Schuß abgeben. Gelegentlich sprengt dann ein junger Krieger, der auf Darlegung seiner Tapferkeit erpicht ist, durch seine Lage an der Seite seines Pferdes gut gedeckt, bis auf zweihundert oder dreihundert Schritte vom Feinde heran, schießt im vollen Rennen seine Flinte ab, schwenkt dann herum und reitet wieder zu seiner eigenen Abtheilung zurück. Ein junger Bursche von der Gegenpartei versucht dann sein Heil in ähnlicher Weise und mit demselben Erfolge, und dies geht so fort, bis die eine Partei Zeichen von Schwäche kundgibt, worauf dann die Scheinangriffe von der anderen Seite zu wirklichen werden, und die geschlagene Bande sich möglichst schnell aus dem Staube macht. Letzteres ist aber nicht so gewöhnlich, denn zumeist wird der Scheinkampf so lange fortgesetzt, bis die Pferde ermüdet sind, worauf jede Partei davon reitet und dasjenige durch überlegene List und Schlauheit zu erzielen sucht, was ihr im offenen Kampfe nicht gelungen ist.

Man hat mir von einem verzweifelten Treffen erzählt, welches vier Tage dauerte, worin die jungen Krieger auf beiden Seiten Wunder von Tapferkeit vollbrachten und worin doch nur ein einziger Mann getödtet wurde. Wenn die eine Partei der anderen an Kopfzahl sehr überlegen ist, so sprengt sie sogleich auf die andere ein und vertraut auf die Demoralisation der schwächeren Seite, welche dieselbe hindert großen Schaden anzurichten. Dann geht es allerdings Mann gegen Mann, Pferd gegen Pferd, und wenn dann das Terrain nicht theilweise ungünstig ist, so sprengt die geschlagene Partei aus einander und jeder Mann sucht sich auf seine eigene Faust zu retten, und so kommt der geschlagene Theil lange nicht mit solchem Verluste davon, wie man hätte erwarten sollen. Der erste Impuls des Indianers, sobald er in seinem Lager überfallen wird, ist der allen Thieren natürlichste, nämlich sich so rasch aus dem Staube zu machen, als ihn seine Füße nur tragen können. Dabei vergißt er aber seine Waffen nicht und verliert auch den Kopf nicht so sehr, daß er unterließe, die Richtung nach dem nächsten Dickicht einzuschlagen. So lange er unter dem Einflusse dieses Schreckens oder »Stampede« steht, wie man es auf den Prairien nennt, so ist er keineswegs zu fürchten und sein Schießen äußerst unsicher; — erst wenn er verwundet worden ist, erlangt er wieder seine Geistesgegenwart und wird wieder das wirklich gefährliche Thier, das er ist. Er ist alsdann zehnmal gefährlicher als im unverwundeten Zustande, denn in diesem wird er stets eine Möglichkeit, einen Feind zu tödten, der Möglichkeit des Entkommens opfern. In dem Augenblicke aber, wo er eine Wunde erhält, welche ihn kampfunfähig macht, wird er vollkommen sorglos und unbekümmert, scheint den ganzen Rest seiner Willens- und Thatkraft nur auf das einzige Ziel zu verwenden, so viele von seinen Feinden als nur immer möglich umzubringen, und er wehrt sich daher mit der Wildheit und dem Ingrimme eines Wolfes, aber mit kaltblütigem

Zielen und einer verzweifelten Hartnäckigkeit, so lange sein Auge noch einen Feind unterscheiden oder sein Finger einen Drücker abziehen kann.

Mancher Weiße ist schon in die glücklichen Jagd=gründe geschickt worden, weil er sorglos und unbedacht zu einem Indianer hingegangen ist, den er für todt gehalten hat. Ein hochgestellter amerikanischer Officier hatte lebenslang an den Folgen einer Wunde zu leiden, welche er unter solchen Umständen erhalten hatte. Ein überrumpelter und entmuthigter Indianer wollte sein Leben durch Flucht retten und dachte nicht daran, von seinen Waffen Gebrauch zu machen; er wurde verfolgt, niedergeschossen und stürzte zu Boden, und der Officier hielt sein Pferd an und war im Begriffe umzuwenden und zu seinem Commando zurückzureiten, als er unter dem Schulterblatte von einem Pfeile getroffen wurde, den der Indianer noch mit seinem letzten Athemzuge abgeschossen hatte.

Ich habe schon früher des hergebrachten tödtlichen Hasses gedacht, welcher zwischen den Pawnees und den Sioux besteht. Vor etwa fünfunddreißig Jahren hatten die Pawnees noch den ganzen ungeheuren Landstrich vom Arkansas=Flusse bis zu den Schwarzen Bergen inne und betrachteten ihn als ihr Eigenthum. Die Sioux von Iowa, Minnesota und Wisconsin, von der vor=dringenden Fluth der Civilisation zurückgedrängt, zwängten sich zwischen die Pawnees im Süden und die Crows im Norden, und damit hub ein unaufhörlicher und höchst erbitterter Krieg der Sioux mit den beiden genannten Stämmen an, welcher noch bis auf den heutigen Tag fortdauert. Die Sioux breiteten sich allmählich über die

Häuptling der Pawnees.

(Seite 234.)

weiten Ebenen von Dakotah und Nebraska aus. Die
Pawnees, unzweifelhaft die kühnsten unter allen kriegerischen
Indianern, vertheidigten lange Zeit mit Verzweiflung und
Erfolg die Grenze am Platte-Flusse und deckten dadurch ihre
erkorene Heimat, die ausgedehnte Büffelregion an den Flüssen
Republican und Smoky River. Eines Herbstes, vor etwa
zwanzig Jahren, war der ganze Pawnee-Stamm am südlichen Ufer des Platte, nahe bei der Mündung des Plum-
Creek gelagert. Mehrere Hundert der besten Pawnee-Krieger,
welche nur verhältnißmäßig wenige von den kräftigsten
und am schnellsten arbeitenden Squaws bei sich hatten,
zogen nach dem Republican River hinüber wegen der
Herbstjagd. Sobald die Sioux dies erfuhren, boten sie
alle ihre waffenfähige Mannschaft auf, zogen in heimlichen
Märschen heran und überrumpelten durch einen plötzlichen Ueberfall das verhältnißmäßig wehrlose Hauptlager der Pawnees, wo sie die sämmtlichen Einwohner,
Männer, Weiber und Kinder, erbarmungslos nieder-
machten und die Pferde und sonstige Beute nach ihren
festen Plätzen jenseit des Nordarmes des Platte schleppten.
Die Pawnees erholten sich niemals wieder von diesem
Schlage und zogen bald darauf nach einer Reservation,
welche ihnen die Regierung anwies.

Im August 1873 führten die Sioux einen anderen
verhängnißvollen Streich gegen ihre verhaßten Feinde.
Die Pawnees waren unter der Aufsicht ihres Agenten
auf der Jagd an den Gewässern des Republican. Die
Männer waren am Morgen des 4. August dahin und
dorthin ausgeritten, um nach Büffeln zu sehen, und
hatten nur einige Männer nebst den Weibern und
Kindern zurückgelassen, um die Lastthiere zu packen.

Kaum waren jene in sicherer Entfernung, so wurden die unglücklichen Weiber von einer starken Uebermacht von Sioux überfallen und schonungslos niedergemacht; dreizehn Männer und fünfzig Weiber und Kinder wurden er= schlagen und sämmtlich scalpirt und die Leichen der Weiber sogar noch nach dem Tode geschändet und auf das Scheußlichste verstümmelt; sogar Säuglinge wurden scalpirt und mit Pfeilen an den Boden gespießt. Der Haß zwischen diesen Stämmen ist so bitter, daß man nur mit großer Mühe eine Collision vermeiden kann, so oft sie sich begegnen, gleichviel unter welchen Umständen.

Als im Jahre 1868 die Sioux=Bande unter dem »gefleckten Schwanz« an der Nord=Platte=Station lagerte, erkundete sie auf irgend eine Weise, daß eine Gesell= schaft von etwa fünfzig Pawnees, die damals im Dienste der Regierung der Vereinigten Staaten standen, auf den Eisenbahnwägen westwärts befördert werden sollten. Die Sioux griffen sogleich zu den Waffen, und man mußte ein starkes Commando Soldaten als Wache längs der Bahn aufstellen, um den Frieden zu erhalten.

Die Sioux sind die niederträchtigsten, verrätheri= schesten, treulosesten und feigsten unter allen Indianern der Prairien und am hartnäckigsten in ihren Angriffen auf die Weißen, obwohl sie von dem indianischen Bureau sehr gehätschelt werden. Die Behandlung, welche die Pawnees von Seiten der anderen Indianer erfahren, macht sie zu den zuverlässigsten Freunden der Weißen, und bei jedem Zusammenstoß mit den Stämmen der Plains, besonders aber mit den Sioux, kann sich die Regierung stets auf die Dienste von zwei= bis drei= hundert ihrer Krieger als wirksamer Verbündeten,

die namentlich als Späher unübertroffen sind, ver=
lassen.

Die Cheyennes und Utes hassen einander mit
gleicher Erbitterung und fürchten einander noch viel
mehr. Die ersteren sind ein Stamm der Prairien, die
Utes ein Gebirgsstamm. Jene können nichts leisten außer
zu Pferde; diese haben zwar auch Pferde und wissen
sie zu schätzen, sind aber wesentlich ein Stamm von Fuß=
gängern. Ein einzelner Indianer von beiden Stämmen
glaubt sich auf seinem eigenen Grund und Boden
mindestens dreien von seinen Gegnern gewachsen. Die Utes
steigen nur mit Furcht und Zittern in die Plains herab.
Die Cheyennes wagen sich überhaupt kaum in irgend eine
Gegend, welche so uneben und coupirt ist, daß sie dadurch
verhindert werden, ihren Vortheil als Reiter auszu=
nützen. Obgleich· sie beständig mit einander im Kriege
leben, werden aber doch nur wenige von ihnen getödtet,
weil keiner sich weit in das feindliche Gebiet hinein
wagen will. Im Herbst 1870 zog der »kleine Washington«
mit seiner Bande von mehreren hundert Utes nach dem
Arkansas, gerade unterhalb der Mündung des Sand=
Creek, um dort der Herbstjagd auf Büffel obzuliegen.
Die Büffel waren sehr selten und erst wenige Ein=
kreisungen gelungen, als eines Tages etliche Utes,
welche zu Fuß nach dem »Two=Butter=Creek« gegangen
waren, drei berittene Cheyennes entdeckten. Die Utes
merkten sich die Richtung, nach welcher diese ritten,
eilten ihnen voran, lauerten ihnen auf und schossen sie
alle drei nieder, waren aber so sehr in Angst, von
anderen Cheyennes ertappt zu werden, daß sie nicht
einmal Halt machten, um die Scalpe der Erschlagenen

mitzunehmen oder deren Pferde einzufangen, sondern
nach ihrem Lager zurückeilten und dieses alarmirten; das
ganze Lager war im Nu in Aufregung und in un=
glaublich kurzer Zeit auf dem Marsche und that seiner
Flucht nicht eher Einhalt, als bis Alle sicher in
den beinahe unzugänglichen Cañons des Rule=Creek
waren. Einem der Cheyennes glückte es, trotz seiner
tödtlichen Verwundung, nach seinem Lager zurück zu gelangen, von wo sogleich eine starke Abtheilung zur Ver=
folgung der Utes ausgesandt wurde; allein sobald die
Fährte der Flüchtlinge in die Cañons einbog, kehrten
die Prairie=Indianer um, denn keiner wollte sich in eine
Oertlichkeit hineinwagen, wo er unter solch’ ungünstigen
Umständen kämpfen mußte. Alle Stämme der Prairien
theilen mit den Cheyennes deren Verachtung der Gebirgs=
Indianer in den Plains, aber auch deren Furcht vor
ihnen in den Bergen. — Die schon früher erwähnte ge=
mischte Bande unter »Zwei=Lanze« mußte ziemlich weit
an den Oberlauf des Republican hinaufgehen, um Büffel
in hinreichender Anzahl zu finden, und kam dadurch
ganz an die Grenze des Ute=Landes. Da sie — wie der
genannte Häuptling mir selber erzählt hat — in Sorge
waren, daß dies der Fall sein würde, so waren sie sehr
auf ihrer Hut; aber die Utes entdeckten sie bald, und
nur einige wenige Krieger von ihnen schlichen sich bei
Nacht in die Nähe des Lagers, machten bei Tages=
anbruch die Pferde der Bande scheu und gelangten mit
zweihundert Pferden wohlbehalten in ihre sicheren Berge,
obwohl sie von einer überlegenen Anzahl ergrimmter
Sioux verfolgt wurden. Im Jahre 1867 waren beinahe
alle Stämme der Plains auf dem Kriegspfad und machten

einen letzten verzweifelten Versuch, sich den großen Ver=
breitungsbezirk oder Standort der Büffel zwischen dem
Platte und dem Arkansas zu erhalten. Eine Abtheilung
von fünfzig Pawnees im Dienste der Vereinigten Staaten
und unter dem Befehle eines weißen Officiers, des
Majors North, war am Platte gegenüber von Plum=
Creek stationirt. Eine Bande Cheyennes, deren Stärke
sich nach späterer Ermittelung auf hundertvierundfünfzig
Köpfe belief, kam nordwärts gezogen, um einen Zug
auf der Union=Pacific=Eisenbahn abzufangen, und war
ihres Erfolges vermeintlich schon so sicher, daß sie
Squaws und Packmaulthiere bei sich hatte, um die Beute
wegzuschleppen. Die Cheyennes berührten den Platte
bei Plum=Creek, und sobald dies bekannt wurde, erhielten
die Pawnees den Befehl, über den Strom zu setzen,
mit den Cheyennes anzubinden und sie in Schach zu
halten, bis weitere Streitkräfte gegen dieselben aufgeboten
werden könnten.

Als der Befehlshaber der Pawnees fand, daß seine
Abtheilung an Kopfzahl dem Feinde so sehr nachstand, nahm
er seine Zuflucht zur Kriegslist; er ließ nämlich seine Leute
sich bis auf die indianische Gefechtstracht entkleiden, jeden
seiner Pawnees seinen Uniformhut aufsetzen, den Uniform=
überrock um die Schultern hängen und nur den obersten
Knopf zuknöpfen und rückte dann zum Angriffe vor.
Die Cheyennes hatten eine bewundernswerthe günstige
Stellung. Das Bett des Plum=Creek ist sehr tief, meist
trocken, etwas über sechzig Fuß breit, mit hohen und bei=
nahe senkrechten Ufern. Ueber die Fahrstraße führte eine
Brücke hin. Die Verschanzung der Cheyennes war gerade
gegenüber aufgeworfen und wandte ihre Front dem

öftlichen Ende der Brücke in einer Entfernung von etwa hundert Schritten zu. Der rechte Flügel, welcher umgangen werden konnte, ward durch acht oder zehn Indianer gedeckt, welche abgesessen und in dem mit Schießscharten versehenen Stalle des Stationsgebäudes von Plum=Creek aufgestellt waren. Der Anführer der Cheyennes=Bande hielt ohne Zweifel die heranziehende Streitmacht für reguläre Cavallerie der Vereinigten Staaten, und sein Plan war, dieselbe theilweise über die Brücke kommen zu lassen und dann durch einen ungestümen Angriff mit dem gewöhnlichen Kriegs= geschrei die stätigen und nicht gut zugerittenen Cavallerie= pferde scheu und unlenksam zu machen und so die ganze Abtheilung in der schwierigsten und gefährlichsten Lage in Verwirrung zu bringen. Die Pawnees rückten auf der Flanke von linker Hand her vor; sobald aber die ersten Glieder die Brücke passirt hatten, wendeten sie sich halb links und schafften dadurch den Nachkommenden Raum, um in Linie aufzurücken. Als ungefähr die Hälfte der Compagnie über die Brücke gerückt war, griffen die Cheyennes mit wüthendem Kriegsgeschrei an; als sie aber bis auf fünfzig Schritte herangekommen waren, warfen die Pawnees ihre Hüte und Röcke ab und sprengten mit einem echt indianischen Kriegsgeschrei auf den Feind ein. Die Cheyennes waren so vollständig verblüfft und eingeschüchtert, daß sie ihre Pferde herum= warfen und in größter Bestürzung und Verwirrung flohen. Die Pawnees erbeuteten sechzehn Scalpe, zwei Gefangene und eine Anzahl Pferde und Maulthiere, ohne daß ein einziger Mann oder Gaul von ihnen auch nur einen Hautriß davon getragen hätte. So wenig

gefährlich ist ein überrumpelter und zum Weichen ge-
brachter Indianer.

Im Kampfe mit den Weißen versucht der Indianer,
wenn irgend möglich, eine Ueberrumpelung; kann diese
jedoch nicht ausgeführt werden, so befolgt der Indianer
eine andere, möglichst genau den Umständen des Falles
angepaßte Taktik. Eine geordnete Schlacht oder ein
Gefecht auf einigermaßen gleiche Bedingungen hinsichtlich
der Kopfzahl ist unmöglich, erstens weil das amerikanische
Heer so klein und über das unabsehbare Land so weit
zerstreut ist, daß es überall mit einer numerischen Uebermacht sich begegnet, und zweitens weil die Indianer sich nicht
mit einem Troß von Wägen, Saumthieren und anderen
Hemmnissen belasten, daher stets einem solchen Gefechte ausweichen können und niemals dazu gebracht werden könnten
einen solchen Kampf anzunehmen, wenn sie nicht den
Soldaten mindestens fünfmal an Kopfzahl überlegen wären.

Wenn ihre große numerische Ueberlegenheit die
Indianer so kühn macht, daß sie sich zu einem solchen
Gefechte entschließen, und wenn eine beträchtliche Anzahl
von ihnen engagirt ist, so werden die verschiedenen
Banden oder Haufen, je unter ihrem Häuptling, in einen
Schlachthaufen, nicht in eine Linie (denn die Banden
bilden keine Linien) zusammengezogen, welcher aber nichts-
destoweniger die Schlachtordnung bildet. Diese Schlachtordnung kann gleichzeitig oder in einzelnen Banden
angreifen. Die Indianer halten niemals einen Angriff
aus und begegnen nur selten einem solchen. Sobald sie
angegriffen werden, zerstiebt derjenige Theil des Schlacht-
haufens, welcher unmittelbar in der Front des angreifenden Feindes ist, und theilt sich in einzelne

Reiter, während die Banden auf beiden Seiten herein=
schwenken, um den Gegner in der Flanke oder im Rücken
des Angriffes anzugreifen oder zu belästigen. Die zer=
stobenen Indianer reiten im Kreise herum, formiren
sich wieder in der Flanke, um anzugreifen, wenn dies
praktikabel ist, oder zerstieben wieder, wenn sie ange=
griffen werden. Sollte der angreifende Theil, von Auf=
regung hingerissen, sich theilen und die einzelnen Flie=
henden verfolgen, so ist seine Niederlage und Vernichtung
beinahe sicher. Die treffliche Reitkunst des Indianers
und seine Einübung auf diese Art von Taktik leihen ihm
einen ungeheuren Vorsprung. Er vermeidet mittelst rascher
Wendungen der kleinen rührigen Pferde die directe Ver=
folgung des schwerfälligeren Gegners, umkreist ihn nach
Art der Raubvögel, sammelt sich wieder, fällt ihm in
die Flanke und in den Rücken, überwältigt und zer=
streut ihn und wiederholt diesen Proceß dann an einem
andern. Bei kleinen Gefechten herrscht dieselbe Taktik
vor. Ich kenne ein Beispiel, wo eine kleine Abtheilung
Militär einen beinahe fünfmal stärkeren Feind angriff,
schlug, zersprengte und mehr als zwei englische Meilen
weit vor sich her jagte: als aber die Truppen bei der
Verfolgung sich ebenfalls zerstreuten, machten die Indianer
Kehrt gegen sie, verwundeten den befehligenden Officier
und tödteten und verwundeten mehr als die Hälfte der
Truppe, so daß die anderen sich nur durch die Schnel=
ligkeit ihrer Pferde retten konnten. Es existirt nur ein
einziges wohlverbürgtes Beispiel von einem ehrlichen
Gefecht, worin Indianer es mit einer ziemlich gleich
starken Abtheilung von Truppen aufnahmen. Ein
Lieutenant vom alten 1. Dragoner=Regiment mit sechzehn

Belauerung einer Wagenkarawane durch Indianer.

(Seite 243.)

Mann begegnete einer Bande von ungefähr zwanzig feindlichen Apachen. Beide Gegner näherten sich einander in Linie, und auf einer Distanz von ungefähr hundert Schritten sprengte jede Partei zum Angriff an. Beide Linien ritten durch einander hindurch, schwenkten dann herum und machten einen zweiten und sogar einen dritten Angriff, wobei kein Mann auf beiden Seiten auch nur einen Schritt breit wich. Beim dritten Angriff ward der indianische Anführer durch den Kopf geschossen und seine Leute flohen nun geschlagen vom Kampfplatz.

Der Indianer und der alte Jäger oder Fallensteller der Plains kommen nur selten miteinander in Collision, denn der letztere ist ein zu kaltblütiger und gefährlicher Kunde, als daß man ihn ohne gehörige sorgfältige Vorbereitung angreifen könnte; überdies ist er zu arm, um den beinahe sicheren Verlust zu rechtfertigen, welcher dabei für den angreifenden Gegner entsteht. Die Indianer begnügen sich daher damit, sein Lager zu überwachen und ihm sein sauer verdientes Pelzwerk, seine Wolldecken und Kessel zu stehlen, sobald er dieselben unvertheidigt zurückläßt.

Des Indianers größtes Vergnügen ist besonders der Angriff auf eine Wagenkarawane, wobei vergleichs= weise wenig Gefahr und ein reicher Lohn an Pferden und Beute zu erwarten ist. Tagelang belauert er den langsam vorrückenden Wagenzug, bis er genau die Zahl und den Charakter der bewaffneten Männer kennt, welche denselben vertheidigen. Wenn deren Kopfzahl oder Sorglosigkeit einen directen Angriff rechtfertigt, so wählt der Indianer irgend eine Oertlichkeit aus, wo der Boden das Zusammenfahren der Wagen zu einer Wagenburg nicht gestattet, legt sich dort in den Hinterhalt und bricht

16*

zur geeigneten Zeit mit fürchterlichem Geschrei daraus hervor, daß die Gespanne scheu werden, ausreißen, die Wagen umwerfen und die größte Verwirrung verursachen. In solchen Augenblicken bedarf es kaltblütiger Köpfe und fester Hände, und wenn es den Weißen daran fehlt, ist ihr Schicksal bald entschieden. Ist aber zu viel Wagniß mit einem directen Angriff verbunden, so geht des Indianers nächstes Bestreben dahin, sich in den Besitz der Pferde und Maulthiere zu setzen. Er folgt deßhalb der Karawane tage= oder sogar wochenlang ungesehen und ohne daß man seine Nähe ahnt, bis die weißen Wächter in eine falsche Sicherheit verfallen und etwas fahrlässig werden und ihre Thiere unbewacht oder nur mit einer schwachen Bedeckung sich weiter vom Lager entfernen lassen. Wie ein Blitzstrahl aus klarem Himmel fällt dann der Indianer unter gellendem Kriegsgeschrei in die Herde, macht sie scheu, treibt sie in die Flucht, und im Nu sind Pferde und Diebe verschwunden.

Wer nicht mit indianischer Kriegführung vertraut ist, wird natürlich Felsen, Schluchten, Dickicht u. s. w. für den sichersten Ort zur Deckung einer von einem überlegenen Feinde angegriffenen Abtheilung halten. Es könnte aber kein verhängnißvollerer Mißgriff begangen werden, wenn das Dickicht nicht sehr groß ist, denn an Diebssinn, List und Geduld ist der Indianer dem weißen Manne weit überlegen. Wie sorgfältig sich der Flüchtling auch verstecken mag, die Indianer werden immer irgend ein Mittel finden, um ihm auf den Leib zu rücken, ohne sich selber blos zu stellen. Des Flüchtlings einzige Aussicht auf Erfolg ist die Dunkelheit, wo der Aberglaube den Indianer furchtsam macht, und unter dem günstigen

Nächtlicher Angriff der Indianer.

(Seite 245.)

Deckmantel derselben muß der Verfolgte so viele Meilen Weges wie möglich zwischen sich und seinen indianischen Verfolger legen. Eine Abtheilung von Eisenbahnfeld=messern, welche am Lodge=Creek beschäftigt war, wurde eines Tages plötzlich durch eine überlegene Abtheilung feindlicher Indianer angegriffen und einer oder zwei getödtet, worauf die Ueberlebenden eine Zuflucht in einem wirren Salbei=Dickicht von drei bis vier Fuß Höhe und etwa hundertfünfzig Yards im Durchmesser suchten. Das Dickicht wurde zwar in einer Entfernung von ungefähr zweihundert Schritten durch eine Ufer=böschung beherrscht, war aber sonst günstig gelegen, denn der Boden war rundum eben und kahl und bot keinerlei Deckung. Die Weißen waren auf der der Uferböschung zunächst liegenden Seite in die Dickung eingedrungen und wünschten sich Glück zu ihrer guten Stellung, als ein Pferd, welches zwei indianische Krieger trug, im vollsten Laufe über die freie Ebene gegen die entgegengesetzte Seite des Dickichts hersprengte. Als das Pferd den Rand des letzteren erreichte, sprang der hinterste Reiter herab, warf sich auf den Boden und kroch in die Dickung hinein. Ein zweiter und ein dritter Indianer ward in der gleichen Weise abgesetzt; die Weißen schossen zwar nach dem davonsprengenden Reiter, trafen ihn aber nicht, sei es wegen der Schnelligkeit des Pferdes oder der großen Entfernung, sei es, daß sie sich für ein sicheres Zielen nicht genug bloszustellen wagten. Einige Indianer hatten die Uferböschung erstiegen und be=lästigten die Weißen von dort her mit einem heftigen Feuern, während diejenigen Indianer, welche von den Pferden gesprungen waren, nun durch die Dickung

heranfrochen und die armen Weißen von drei Seiten
her umringten. Sie selbst setzten kaum ein Aestchen in
Bewegung: wenn aber die Weißen sich nur im Busche
rührten, so ward dies sogleich mit einem Schuß be=
antwortet, und das Hervorstrecken eines Büchsenlaufes
oder das Preisgeben des kleinsten Theiles ihrer Person
machte sie sogleich zum Zielpunkt für eine ganze Salve.
Nach Einbruch der Nacht schlichen drei Männer, wovon
einer verwundet, aus dem Dickicht heraus und machten
sich auf den Weg nach dem nächsten Posten, die einzigen
Ueberlebenden von einer Gesellschaft von acht oder zehn
Personen. Ein anderer verhängnißvoller Mißgriff ist es,
davonzulaufen. Es ist eine eigenthümliche, aber wohl
erhärtete Thatsache, daß schon der einfache Act des
Ausreißens vor einem Feinde wesentlich dazu beiträgt,
den Davoneilenden zu demoralisiren, und daß selbst der
tapferste Mann unter solchen Umständen Gefahr läuft,
sich selber scheu zu machen oder seinen Kopf gerade zu
der Zeit zu verlieren, wo er seiner ganzen Kaltblütigkeit
und klaren Urtheilskraft am meisten bedürfte. Wenn er
über Kopf und Hals und ohne Ueberlegung davon
sprengt, so wird er entweder sein Pferd zu Schanden
reiten, indem er mit ihm in irgend eine Schlucht oder
ein Loch stürzt, oder es so vollständig ermüden, daß
er leicht eingeholt werden kann. Die Furcht hat den
Reiter hilflos gemacht, und er wird entweder ohne
Mühe getödtet oder lebendig gefangen genommen, damit
die Weiber sich an seinen Folterqualen ergötzen können.
Mir ist ein Beispiel vorgekommen, wo ein tüchtiger
Prairiemann, ein Civilist, welcher an mehreren Gefechten
theilgenommen hatte, ein vorzüglicher Reiter und Schütze,

schen gemacht, in tolle Flucht gejagt und endlich ein=
geholt wurde, worauf er mit der Pistole in der Hand
ruhig stehen blieb, mehrmals auf sich schießen und sich
endlich tödten ließ, ohne auch nur den mindesten Versuch
zu seiner Vertheidigung zu machen. Ein anderer Civilist,
welcher im Fort Dodge als Viehhirt verwendet wurde,
war eines Tages vollständig bewaffnet draußen und
hütete seine Herde, als eine kleine Bande Indianer auf
ihn einsprengte. Einer davon galoppirte direct auf den
Hirten zu, welcher sein Pferd herumwarf und schnur=
stracks nach dem Fort ritt, aber eingeholt und etwa
zweihundert Schritte von seinem Quartiere erschlagen
wurde, ohne daß er selber einen Schuß abgefeuert hätte.

Die sicherste Stellung für eine kleine Abtheilung
ist auf einer vollkommen freien Ebene ohne Bewaldung,
Felsen, Löcher oder sonstige Deckung für einen Feind,
und die zugleich breit genug ist, damit die Abtheilung
von allen Seiten her schußfrei und namentlich außer
der Schußweite von irgend einer Schlucht her sei. Wenn
eine solche Oertlichkeit nicht zu erlangen ist, so muß
man eben eine andere aufsuchen, welche derselben an
Vortheil am nächsten kommt.

Ein tüchtiger und mit den Prairien vertrauter
Mann sieht sich, wenn er auf unbekanntem Terrain mit
einer kleinen Gesellschaft reist, immer nach derartigen
günstigen Oertlichkeiten um, und macht sich, sobald er
von den Indianern auf schlechtem Terrain angegriffen
wird, ohne Zeitverlust auf den Rückweg nach dem zuletzt
bemerkten günstigen Ort, behält dabei sein Pferd fest
in der Hand, reitet in einem schlanken ausgiebigen Trab,
sprengt aber ja nicht im Galopp davon. Diese Taktik

wurde stets von den alten Jägern und Fallenstellern der Plains und von allen mit den Prairien Vertrauten, Jung und Alt, welche die Indianer kannten, befolgt, und die Indianer haben dieselbe nachgerade so gut kennen gelernt, daß, wenn sie sehen, wie zwei oder drei Männer eine solche Aufstellung nehmen, absteigen, ihren Pferden die Beine koppeln und sich mit der Büchse in der Hand am Boden niederkauern, sie umkehren und eine solche Gesellschaft als »böse Medicin« unangefochten lassen. Es gibt natürlich auch Ausnahmen, z. B. wenn die Indianer sehr feindselig sind oder wenn die kleine Gesellschaft ausnahmsweise viele oder gute Pferde hat; allein dies sind dann nur immer Ausnahmen und zwar sehr seltene. Der Indianer will ebenso wenig getödtet oder verwundet werden, als der Weiße, und erwägt daher vollständig den Preis für sämmtliche Wagnisse. Er weiß, wie hartnäckig er selber ficht, wenn er in die Enge getrieben wird, und seine Erfahrung lehrt ihn, daß der Weiße sich ebenso verzweifelt und sogar noch auf gefährlichere Weise wehren, und daß ein Angriff auf eine Reisegesellschaft unter solchen Umständen wahrscheinlich mehr Menschenleben kosten wird, als die Scalpe und Pferde derselben werth sind. Ueberdem fehlt es ihm, wie ich schon früher bemerkt habe, an Disciplin und an jenem Muthe, welcher aus der Disciplin entspringt. Er urtheilt wie ein Milizmann angesichts des Feindes, wenn er mit Tausenden von Anderen in einer Schlachtlinie steht und eine feindliche Schlachtlinie von Tausenden zum Angriff heranrücken sieht und nun bei dem Gedanken: O Himmel, was kann ich gegen eine Masse ausrichten? ganz die anderen Tausende in seiner eigenen Schlachtordnung vergißt, und unaufhaltsam Fersengeld gibt, nicht aus Mangel an Muth, sondern aus Mangel an Disciplin. Der weiße Soldat, der in den Kampf zieht, weiß zwar, daß viele werden getödtet und verwundet werden, aber er erwartet immer, daß er selber Glück haben und davonkommen werde. Die Stimmung des Indianers ist das schnurgerade Gegentheil: Jeder glaubt der Eine oder Derjenige zu sein, welcher getroffen werden wird, und jeder Einzelne unter einem Haufen von dreißig oder vierzig angreifenden Indianern wird sich auf die Seite seines Pferdes werfen und hinter demselben decken, sobald ihm nur eine einzige Büchse entgegen ge= halten wird.

Für den weißen Vertheidiger ist eine Stellung wie die vorhin angegebene ausgezeichnet, denn sie bietet nicht nur keine Deckung für den Angriff, sondern stärkt und festigt auch seine eigenen Nerven. Es ist keine Mög= lichkeit vorhanden, daß er selber den Kopf verliert und eine tolle ängstliche Flucht versucht; und ein Mann ist niemals so kaltblütig und wehrt sich niemals so ver= zweifelt, als wenn er sich entschlossen hat, sein Leben theuer zu verkaufen und auf einem Fleck zu leben oder zu sterben. Manches Menschenleben, welches außerdem geopfert worden wäre, ist schon durch dieses einfache Verfahren gerettet worden. Zuweilen erreichen die An= gegriffenen oder Vertheidiger noch eine der Suhlen oder Kothlachen, worin die Büffel sich zu suhlen oder zu wälzen pflegen, und dies ist ein besonderer Glücksfall. Der Boden ist vielfach unterbrochen und aufgewühlt von solchen Einsenkungen, in welchem Falle sie auch zum Angriffe benützt werden können. Wenn man noch irgend

Zeit hat, sollte der Boden mit Messern aufgegraben und eine Schützengrube angelegt werden. Schon die kleinste Grube ist von ungeheurem Vortheile. Ich kenne ein Beispiel von einer erfolgreichen Vertheidigung gegen wiederholte und verzweifelte Angriffe eines weit überlegenen Feindes, wo die Brustwehr nur aus drei in einem Dreiecke auf den Boden geworfenen lebenden Pferden bestand, denen man die Füße zusammen gebunden hatte.

Ein frecher Verbrecher von dem Grenzgesindel, welcher in Hays City einen kaltblütigen Mord begangen hatte, wurde von einer Abtheilung Weißer verfolgt und beinahe eingeholt. Er hielt auf einer flachen Prairie an, stieg vom Pferde, zog seine Pistole, erschoß sein Pferd, und nahm dann hinter dessen Cadaver eine gedeckte Stellung ein, in welcher er drei oder vier von seinen Angreifern verwundete, sich mit Erfolg bis zum Einbruche der Nacht vertheidigte und dann entwischte. Im Jahre 1867 war ich mit einer Gesellschaft Officiere auf der Elch-(Wapiti-) Jagd am Wolfsflusse. Wir hatten ein Geleite von zwölf bis fünfzehn Infanteristen und sechs Pawnees mit uns, errichteten unser Lager in einer günstigen Oertlichkeit, und jeder Officier nahm einen oder mehrere Pawnees mit und gieng nach Belieben auf die Pürsch. Eines Tages war ich mit einem einzigen Pawnee auf die Jagd geritten und wir mochten eine Strecke von zwölf oder fünfzehn englischen Meilen zurückgelegt haben, als wir von einer Bande von vierzig bis fünfzig feindlichen Sioux bemerkt und alsbald verfolgt wurden. Ich hatte ungefähr vier Meilen rückwärts eine prächtige Vertheidigungsstelle wahrgenommen, und zwar eine der günstigsten, die ich jemals gesehen habe. Wir setzten

alsbald unsere Pferde auf halbe Geschwindigkeit, bogen
in die Barrancas der »bösen Gelände« ein und erreichten
in einer halben Stunde den gesuchten Ort, wo wir ab=
stiegen und sogleich unsere Vorkehrungen für die Ver=
theidigung trafen. Der Pawnee weigerte sich entschieden,
zu Fuß zu fechten, und als ich kampffertig war, fand
ich ihn ebenfalls bereit — nicht einen Lappen Kleidung
auf seinem Leibe und nur den Zügel auf seinem Pferde.
Aus irgend einem Behältnisse in seinen Kleidern hatte
er eine Partie rother, blauer und weißer Bänder her=
vorgeholt und sich selber in's Haar, seinem Pferde aber
in die Mähne und in den Schweif gebunden, so daß sie
auf Armeslänge hinter ihm her flatterten, so oft er sich
bewegte. So saß er, vollkommen nackt, mit ungewohnter
Grazie und Geschmeidigkeit auf seinem ungesattelten
Pferde, mit kühnem, entschlossenem Gesichte und feuer=
sprühenden Blicken, in der einen Hand seine Spencer=
büchse, in der anderen die Zügel und einen Revolver,
und er schien als ein gar nicht zu verachtender Ver=
bündeter in einem Kampfe auf Leben und Tod. Ich
hatte kaum Zeit gehabt, seinen Aufputz zu bewundern,
als die ganze Ebene vor uns von brüllenden Wilden
zu wimmeln schien, welche direct gegen uns heransprengten.
Als diese bis auf etwa zweihundertfünfzig Schritte heran=
gekommen waren, zog ich meine Büchse an die Wange;
allein ehe ich noch zielen konnte, warf sich die ganze
Bande auf die Seiten ihrer Pferde, schwenkte in Kreisen
herum wie ein Flug Amseln und sprengte nach dem
Saume der Ebene, etwa sechshundert Schritte weit zurück.
Hier machten die Sioux Halt, berathschlagten sich unter
einander und schickten einige Reiter nach den Flanken

aus, um den ganzen Boden und alle Zugänge zu unter=
suchen. Da sie aber keine andere Angriffslinie fanden,
als diejenige in unserer Front, so versuchten sie abermals
einen Angriff, machten sich aber beim bloßen Anschlage
unserer Büchsen wieder auf den Rückzug. Dies wieder=
holte sich noch einige Male mit gleichem Erfolge, worauf
sie sich endlich außerhalb Sehweite zurückzogen. Ich
wollte nun aufbrechen, allein der Pawnee sagte: »Nicht
doch, sie werden wiederkommen«. Sie waren ungefähr
eine Stunde abwesend, während deren sie meines Er=
achtens nur ihre Pferde ausruhen ließen. Es war sehr
heiß, und da die ganze Geschichte mir sehr langweilig
und eintönig wurde, so war ich im Begriffe einzunicken,
wo nicht einzuschlafen, als der Pawnee mir zurief, sie
kämen soeben. Ich schnellte empor, fand daß sie schon
auf Schußweite heran waren und brachte sogleich meine
Büchse in Anschlag, worauf sie alle sich auf ihre Pferde
niederduckten, dieselben herumwarfen und wieder davon=
jagten wie zuvor, ganz außer Sicht. Während aller
dieser Angriffe hatte der Pawnee die größte Kampfbegierde
an den Tag gelegt und ich selber keine geringe Mühe
gehabt, ihn an meiner Seite zurückzuhalten, so oft der
Feind nach einem Ansprengen sich wieder zur Flucht
wandte. Kriegsgeschrei auf Kriegsgeschrei beantwortend
überhäufte er die Sioux mit allen Schimpfworten, auf
welche er nur auf Englisch, Spanisch, Sioux oder Pawnee
sich entsinnen konnte. Als sie zum letzten Male herum=
schwenkten und davonritten, wandte er sich mit dem
tiefsten Ekel und der unbeschreiblichsten Verachtung an
mich und sagte mit Nachdruck: »Verdammte Memme
Sioux! jetzt er gehen.« So sattelten wir denn nach einer

mehrstündigen Belagerung unsere Pferde wieder und kehrten unbelästigt nach dem Lager zurück, wurden aber noch den ganzen Tag verfolgt, und von dieser Zeit an war es um alle Freude oder Behaglichkeit auf unserer Jagd geschehen, denn das rothhäutige Gesindel ritt uns bei Tage voraus und verscheuchte das Wild, versuchte uns jede Nacht auszubrennen und auszuräuchern, machte uns fortwährend seine unliebsame Nachbarschaft fühlbar und gab uns doch niemals die Chance, selbst nur einen weiten Schuß auf sie zu thun. — Im Jahre 1868 ritt ich mit einer Cavallerie-Ordonnanz quer durch's Land und soeben eine kleine Anhöhe hinan, als ich mich auf kaum hundert Schritte zwei Indianern gegenüber sah, welche die vor mir liegende Schlucht hinanritten, und soeben die Oertlichkeit passirt hatten, auf welcher ich mich befand. Zum Glücke war es ein trüber, regnerischer und un= angenehmer Tag: sie hatten ihre Wolldecken über die Köpfe heraufgezogen, und so hörten und sahen sie uns nicht. Ich wartete, bis sie mir aus dem Gesichte waren, und rückte noch eine kleine Strecke weiter vor, worauf ich immer wieder andere sah, und endlich erkennen mußte, daß ich in der That auf drei Seiten von Indianern umgeben war, deren Zahl ich nicht abzuschätzen vermochte. Mehrere hielten an und betrachteten uns, giengen dann aber weiter und hielten uns offenbar für Leute von ihrer eigenen Bande; erst als wir einen tüchtigen Vorsprung nach einem hohen und ebenen Tafellande, welches ich kannte, etwa zwei Meilen vor uns, gewonnen hatten, entdeckten sie, daß wir Weiße seien, schlugen Lärm und setzten uns nach. Da meine Ordonnanz ein Maulthier ritt, und der Boden sehr uneben und schwierig war, so hatten sie bei diesem Wettrennen einen großen Vortheil vor uns, und als wir eine günstige Oertlichkeit auf der Ebene erreichten, hatte ich nur noch Zeit, meinem Pferde den Gurt zu lockern und den Kopf dicht zu seinen Vorderfüßen herunter zu binden, als die ganze Bande unter wüthendem Kriegsgeschrei am Saume der Hochebene erschien. Sobald die Indianer jedoch meine Stellung und Haltung sahen, machten sie Halt, beriethen sich, ritten aus einander, hielten sich aber sorgfältig außer dem Bereiche eines sicheren Büchsenschusses, und umritten mich in weitem Kreise, um irgend eine Schlucht, Bodensenkung oder sonstige Deckung für eine sichere Annäherung aufzusuchen. Da sie eine solche nicht fanden, kehrten sie zu ihrer ersten Stellung zurück und hielten abermals eine Berathung, worauf sie dann in der Richtung davonritten, aus welcher sie gekommen waren, und ich nichts mehr von ihnen sah. Die ganze Affaire, Verfolgung und Belagerung, dauerte nicht über eine halbe Stunde.

Im Jahre 1871 vertauschte ich meine Station im Fort Lyon mit derjenigen im Fort Larned am Arkansas und nahm daher meine Diener und meine sämmtlichen Habseligkeiten und Haushaltung mit mir. Ich hatte mehrere Wagen und eine reichliche Infanterie-Escorte. Etwa dreißig Meilen von Fort Dodge kreuzte die Fahrstraße einen Theil der hohen Prairie, welche unter dem Namen des »Neun-Meilen-Rückens« bekannt ist. Dieses Hochland wird von mehreren breiten Einsenkungen durchschnitten, und gegen den Fluß hin durch zahllose kleine Schluchten unterbrochen, welche ein ausgezeichnetes Terrain für die Antilopenjagd sind, und in diese Schluchten und Engthäler bog ich bald mit meinem farbigen Diener ein, um auf Wild zu pürschen. Es war ein rauher nebeliger Morgen und ich mochte etwa zwei Stunden lang gejagt haben, als der Nebel etwas verzog, und ich in einer Entfernung von etwa zweihundert Schritten zwei berittene Männer entdeckte, welche ich für Soldaten aus Fort Dodge hielt, weil sie Ueberröcke trugen. Sobald sie jedoch meiner ansichtig wurden, ritt einer von ihnen die Signale »Gefahr« und »Aufrücken«, und ich begann an meine Escorte zu denken. Als ich mich umschaute, entdeckte ich zu meinem großen Verdrusse den Feder= wagen, worin meine farbige Köchin war, etwa sechs= hundert Schritte von mir entfernt und gerade den Indianern gegenüber, während die anderen Wägen und die Escorte nirgends zu sehen waren. Um der Lage die bestmögliche Wendung zu geben, galoppirte ich zu dem Federwagen zurück, ließ ihn weit in die Ebene hinausfahren, die Wagscheiter aushaken und die Maul= thiere fest koppeln. Der Fuhrmann holte seine Büchse hervor und Alles war in befriedigender Ordnung bis auf die Anwesenheit der Köchin. Ich fürchtete nicht allein, sie könnte getroffen werden, sondern mußte auch, daß die Indianer viel gefährlicher sein würden, wenn sie möglicherweise ein Frauenzimmer erbeuten konnten. Ich hieß sie daher auf dem Boden des Wagens sich niederlegen, packte Kisten mit Küchengeschirr und anderen Dingen, Wolldecken, Kissen, Sitze und alle möglichen Artikel, welche nur eine Kugel aufhalten konnten, um sie herum und gab ihr den gemessenen Befehl, sich, was auch immer stattfinden möge, vollkommen ruhig und versteckt zu halten. Dann nahm ich mit meinen beiden Leuten meine Aufstellung einige Schritte von der einen Seite des Wagens, damit derselbe nicht von Schüssen getroffen werde. Während dieser ganzen Zeit hatten die Indianer sich gesammelt, und bald nachdem ich mit meinen Vorbereitungen fertig war, rückte eine Reihe von ungefähr dreißig langsam gegen mich heran und schlug auf etwa achthundert Schritte einen scharfen kurzen Galopp an. In der Erwartung, es werde im Nu zum Angriff kommen, ging ich zu dem Wagen, um mich zu überzeugen, daß die Maulthiere gut angebunden seien, als ich zu meiner großen Entrüstung die Köchin Julia mit einem Revolver in der Hand den Kopf vorn zum Wagen herausstecken sah. »Geh' zurück!« befahl ich zornig; »willst du denn erschossen werden?« — »Ach, Herr Oberst, lassen Sie mich doch gewähren«, erwiderte sie; »ich werde keine andere Chance mehr haben, ein Gefecht mit Indianern zu sehen.« Die Ernsthaftigtigkeit dieser unter den gegebenen Umständen höchst unerwarteten Antwort brachte uns Alle zum Lachen, und John, der Gatte Julia's, welcher noch einen Augenblick zuvor aus Angst beinahe weiß gewesen war, gewann im Nu seinen guten Humor und seine natürliche schwarze Farbe wieder. Da jeder Augenblick des Aufschubs für uns höchst wichtig war, so wartete ich kaum so lange, bis die Indianer nur noch vierhundert Schritte von uns entfernt waren, trat vor, gab das indianische Zeichen zum Haltmachen und entfaltete ein weißes Taschentuch. Zu meiner großen Genugthuung hielten die Rothhäute, und alsbald kam einer von ihnen herangeritten mit einem an einen Speer gebundenen Fetzen, welcher ehedem ein weißes Flanellhemd gewesen war. Wir begegneten uns auf halbem Wege, ich sehr freundlich, er sehr barsch

— ich zum Plaudern aufgelegt, er sehr wortkarg und mürrisch. Ich fragte nach dem Namen seines Stammes, und statt aller Antwort verlangte er etwas zu essen. Ich fragte, woher sie kämen; er antwortete: »Pulver, Blei, Zucker.« Wir konnten uns gegenseitig nicht gut verständlich machen, was mir sehr angenehm war, da es die Unterredung in die Länge zog. Er bedurfte alles Mögliche, und verlangte es nicht wie ein Bettler, sondern forderte es wie einer, der ein Recht ·darauf hat. Ich muß zugestehen, daß ich mich bei dieser Gelegenheit einer guten Portion Doppelzüngigkeit schuldig machte und ihm, um nur Zeit zu gewinnen, Dinge versprach, welche zu halten und zu gewähren durchaus nicht in meiner Absicht lag.

Die Indianer hatten die Wägen nicht gesehen, welche gerade durch eine der langen Bodensenkungen unter dem Niveau der Ebene hinfuhren, auf welchem wir waren. Sie glaubten, unser sicher zu sein, zogen es aber vor, unser Eigenthum wo möglich ohne Gefecht zu bekommen, zumal da wir eine gute Stellung inne hatten. Während wir in unserer Unterhaltung fort=fuhren, hörte ich höchst willkommene Laute, schaute in dieser Richtung hinaus und sah die Wägen im vollen Trab der Maulthiere heranfahren, während eine Reihe der »blauen Jungen« mit den Büchsen in der Hand, in Plänklerkette und im Laufschritt zu dem Federwagen heraneilte. Ich zeigte sie dem Indianer und hieß ihn sich packen, und er ließ sich dies nicht zweimal sagen, sondern sprengte zu seiner Bande zurück, welche in der größten Unruhe und Verwirrung war. Ich aber ging zu den Wagen zurück, ließ die Wagscheite wieder ein=

hängen und aufbrechen, während die Indianer eine Berathung hielten. Als ich wieder auf der Straße war, kehrte der Häuptling mit der Flanellhemd-Flagge zu mir zurück und war sehr ergrimmt; er warf mir vor, ich hätte sie getäuscht; sie hätten uns umbringen und uns Alles wegnehmen können, ehe die Soldaten herangekommen wären; sie hätten uns nicht getödtet, weil ich versprochen habe, ihnen alles dasjenige zu geben, was sie brauchten, und ich müsse ihnen nun das Versprochene geben. Er wolle mit seinen jungen Leuten kommen und heute Nacht in unserem Lager schlafen, damit ich ihnen zu essen und Pulver und Blei und andere Dinge geben könne, welche ich ihnen versprochen habe. Ich erwiderte ihm, er und seine Bande seien Räuber und Mörder, er solle sich packen, und wenn er oder einer von seinen Leuten in die Nähe meines Weges oder meines Lagers käme, so würde ich ihn niederschießen. Er verließ mich und ritt langsam zu seiner Bande zurück mit dem häßlichsten und enttäuschtesten Gesichtsausdruck, welchen ich je bei einem Indianer sah. Wir zogen unseres Weges fürbaß und verließen die Bande, die in einem Kreise auf dem Boden kauerte und sich offenbar in keiner freundlichen Stimmung über den Schimpf berieth, welcher ihnen angethan worden war.

Ein allgemeiner Mißgriff, worein man leicht verfällt, wenn man mit der neueren verbesserten Hinterladerbüchse bewaffnet ist, ist der, zu bald zu schießen. In der »guten alten Zeit« der Vorderladergewehre lief derjenige, welcher einen Schuß ohne sichere Tödtung seines Gegners abfeuerte, Gefahr, selber ins Gras beißen zu müssen. Der

Indianer hat einen gewaltigen Respect vor einer ge=
ladenen, aber gar keinen vor einer ungeladenen Büchse.
Er kennt den Werth starker Nerven und weiß voll=
kommen den gefährlichen Charakter des Mannes zu
schätzen, der sich des Feuerns enthalten kann, bis er
einen sicheren Schuß hat. Er ist besonders empfänglich
für die sogenannte »moralische Wirkung«. Harmlos an
seinen Ohren vorüber pfeifende Kugeln dienen nur dazu,
ihn noch mehr zu ermuthigen, während der Sturz eines
einzigen getroffenen Mannes oder Pferdes zuweilen eine
sehr entschlossene Bande dazu bringen kann, Kehrt zu
machen.

Man erzählt sich eine hübsche Geschichte von Jack
Hays, einem Kapitän der früheren Grenzwache der Repu=
blik Texas, der sogenannten »Texas-Ränbschers« (rangers).
Er hatte einmal mit seiner Compagnie eine Bande Comant=
schen angegriffen und in die Flucht geschlagen, als sein
sehr schönes und feuriges Pferd in der Aufregung un=
lenksam wurde, mit ihm durchging und ihn mitten unter
die fliehenden Feinde hineintrug, welche nun von allen
Seiten her auf ihn eindrangen. Ohne einen Schuß ab=
zufeuern, ritt er mehrere Meilen weit mit ihnen und
hielt sich die allzu zudringlichen Angreifer dadurch vom
Leibe, daß er einfach seine Pistole auf sie anschlug, bis
er endlich wieder sein Pferd in seine Gewalt bekam und
unversehrt sich aus der gefährlichen Nachbarschaft hin=
wegmachte.

Ein sehr merkwürdiger und noch unerklärter Brauch
unter den Stämmen der nördlichen Plains ist der unter
dem Namen des »Coupgebens« bekannte. Wie dieser
Brauch entstand, ist nicht bekannt; allein der Ausdruck

selber zeigt an, daß er wenigstens von den alten französischen Trappern oder Fallenstellern, den Vorläufern
der Hudsonsbay-Compagnie, herrührt. Wenn ein Feind
in einem Gefechte niedergeschlagen worden ist, gehört
der Scalp demjenigen, welcher zuerst den Körper mit
einem Tomahawk oder Messer bezeichnet. Dies ist der
Coup. Wenn ein indianischer Krieger in einem Handgemenge oder laufenden Gefechte einen Feind tödtet,
muß er, um seine eigene Anerkennung und seinen Lohn
sich zu sichern, sogleich auf den daliegenden Körper zu-
eilen und seinen Coup oder Streich thun, ohne Rücksicht
auf andere Feinde, welche in der Nähe sein mögen.
Dies macht natürlich den Indianer weniger furchtbar.
Befindet sich der Feind in voller Flucht, so würde ein
tapferer und gewandter Krieger, welcher die Verfolgung
beharrlich fortsetzen und seiner Liste Opfer um Opfer
hinzufügen wollte, bei seiner Rückkehr zuletzt die Scalpe
aller von ihm getödteten Feinde an den Gürteln von
Nachzüglern in der Verfolgung hängen und jedem derselben alle die Ehren zuerkannt sehen, welche demjenigen
gebühren, der seinen Mann getödtet hat. Während er,
der alles Wagniß auf sich genommen und die meisten
Feinde erschlagen hat, und der in seiner blutigen Mord-
gier selbst über das letzte seiner Opfer hinausgeritten
sein mag, gar keinen Beweis für seine Tapferkeit auf-
zuweisen hat und daher ohne Ehre und Anerkennung
ausgeht, ernten die Feigen, welche sich weit zurückhalten,
allen Ruhm und Beifall. Die Folge davon ist, daß,
wenn ein Feind fällt, derjenige, welcher ihn erschlagen
hat, selbst im wildesten Rennen anhält, und wiewohl
noch andere Opfer zur Hand sind, behufs der geeigneten

Anerkennung seiner That sogleich jeden Gedanken an
weitere Tödtung aufgeben, seinen Coup austheilen und den
Scalp nehmen muß. Es liegt klar am Tage, daß dieser
Brauch ganz den Flüchtlingen zu Gute kommt und einiger-
maßen erklärt, warum so wenig Indianer in ihren
Kämpfen erschlagen werden.

Wenn eine Bande von einem erfolgreichen Unternehmen heimkehrt und Scalpe mitbringt, so feiern die
Krieger, welche diese erbeutet haben, eine Ceremonie, an
welcher niemand sonst theilnehmen kann. Ich habe derselben
einmal aus der Entfernung zugesehen, allein Alles, was
zu sehen war, erstreckte sich auf eine Anzahl Indianer,
welche auf ihren Hacken in einem Kreise am Boden kauer-
ten. Während der Ceremonie werden die Scalpe beschnitten,
zugerichtet, von allen Fleischtheilen befreit und die Haut
mittelst irgend eines Processes theilweise gegerbt. Jeder
Scalp wird dann mittelst Riemen innerhalb eines kleinen
hölzernen Reifes ausgespannt und das Haar gekämmt
und eingefettet. Jeder Krieger befestigt dann die erbeuteten
Scalpe, gleichviel ob er nur einen oder deren mehrere
hat, in ihren Reifen an eine acht bis zehn Fuß lange
geschälte Weidengerte. Alle ziehen dann, die Gerte mit
den Scalpen in der Hand, ernsthaft nach dem Lager
zurück und pflanzen die Gerten im Mittelpunkt des Lagers
in einem Kreise auf. Diese Ceremonie heißt »das Zählen
der Coups« und ist das Vorspiel des Scalptanzes.

Die philanthropische Welt hat eine Menge unnöthiger
Sympathien an die Tödtung von Squaws im Kampfe
durch die Weißen verschwendet. In einzelnen Fällen,
wie z. B. dem Gemetzel von Sand-Creek, sind allerdings Weiber und Kinder in einer barbarischen,

der Indianer selbst würdigen entsetzlichen Weise nieder=
gemacht worden; allein in der Regel wird kein Weib
im Kampfe anders getroffen als durch Zufall oder wenn
es selber kämpft wie ein Mann. Bei der Ueberrumpe=
lung und dem Ueberfalle eines Lagers, wenn Alles voll
Aufregung ist und die Kugeln hinter jedem fliehenden
Feinde herpfeifen, ist zu erwarten, daß auch Weiber
und Kinder getödtet und verwundet werden. In solchen
Fällen beeilen sich die jungen Squaws selber ihr Ge=
schlecht kundzugeben, strecken die Hände empor und
rufen: »Squaw! Squaw!« und ich habe nie gesehen,
gehört oder erfahren, daß selbst in der Aufregung und
dem Blutdurste, welchen der Kampf hervorruft, ein
Weib unter solchen Umständen von irgend einem
Soldaten des regulären Dienstes getödtet worden wäre.

Die Kleidung und die Art, wie die Weiber zu Pferde
sitzen, sind jedoch derjenigen der Männer so ähnlich,
daß in Kämpfen und Verfolgungen zu Pferde bisweilen
Squaws getödtet werden. Viele Weiber, aber namentlich
alte und solche in mittleren Jahren, handhaben die
Waffen mit großer Leichtigkeit und Geschicklichkeit und
sind im Gefechte ebenso gefährlich als ihre Gatten und
Söhne. Schon mancher Mann hat seine Todeswunde
von der Hand einer kämpfenden Squaw erhalten, und
wenn sich ein Mann zur Zielscheibe für fliegende Kugeln
oder Pfeile gemacht sieht, so verdient er meines Er=
achtens Alles, was ihm begegnet, wenn er sich durch
eine sentimentale Bedenklichkeit abhalten läßt, der
Schädigung und ihrer Ursache ein Ende zu machen,
gleichviel ob es Mann oder Weib ist. — Wer in den
Jahren 1845 — 1850 die Stadt San Antonio in Texas

besuchte, der muß den lustigen ›Tom Howard‹ kennen gelernt und lieb gewonnen haben, dessen runde Person und joviales Gesicht nicht entfernt den tollkühnen und verwegenen Kämpfer ahnen ließen, welcher er war. Tom war ein ›alter Texaner‹, dessen Glaube in dem unversöhnlichen Haß und dessen Pflicht in der Ausrottung der greasers*) und Indianer zu allen Zeiten und unter allen Umständen bestand. Eines Tages ritt er aus der Stadt hinaus mit einem Freunde, da stießen sie auf zwei Indianer und griffen ungesäumt dieselben an. Der eine Indianer war bald niedergeschossen; der andere aber floh in vollem Rosseslauf und schoß einen Pfeil um den anderen auf die beiden Verfolger ab, bis ihn ein Schuß von einem derselben vom Pferde warf. Der Indianer sprang aber im Nu wieder auf und schoß dem Pferde von Toms Freunde einen Pfeil in den Kopf, daß dieses todt zusammenstürzte, im Sturz auf das eine Bein des Reiters fiel und diesen an den Boden heftete. Ein anderer Pfeil ward gerade auf Toms Magen abgeschossen und warf ihn vom Pferde. Da der Indianer nun alle seine Pfeile verschossen hatte, so drang derselbe auf Tom ein und packte dessen Büchse, aber just in diesem Augenblicke richtete der Freund sich auf dem Ellbogen auf und schoß seine Pistole mit solch genauem Ziele auf den Indianer ab, daß dieser todt niederstürzte. Erst nach einiger Zeit und mit großer Mühe gelang es den beiden Weißen, wieder auf die Füße zu kommen; als sie sich aufgerafft und den Pfeil

---

*) Mit dem verächtlichen Ausdrucke greasers, Schmutzfinken, bezeichnen die Amerikaner die unterste Volksschicht der Mexicaner.

aus Toms Leibe gezogen hatten und nun hingingen, um ihren todten Indianer zu untersuchen, fanden sie zu ihrem Erstaunen und ihrer Demüthigung, daß es ein — Weib war. Der Mann war beinahe ohne Mühe und Widerstand niedergemacht worden, das Weib aber nahe daran gewesen, mit ihren beiden weißen Feinden fertig zu werden. Toms Bruder pflegte diese Geschichte mit großer Heiterkeit zu erzählen und mit dem Beisatze, daß der Pfeil zwar acht Zoll tief in Tom eingedrungen, aber nicht durch das Fett durchgegangen sei.

21. Gefangene.

Die Indianer der Plains nehmen selten Männer gefangen, wenn sie dadurch nicht irgend einen Zweck erreichen oder eine besondere Feindseligkeit befriedigen wollen. Unter gewöhnlichen Umständen begnügen sie sich damit, dem Dasein eines männlichen Gefangenen in der passendsten Weise, welche sich mit einem geeigneten Grade von Qualen und Leiden verträgt, ein Ende zu machen. Die Tödtung eines Gefangenen durch den Scheiterhaufen oder die Feuerfolter ist nun sehr ungewöhnlich, und ich habe seit der Zeit, wo ich nach den Prairien kam, nur einige wenige Fälle davon in Erfahrung gebracht.

Im Jahr 1855 wurde eine kleine Abtheilung des 8. Infanterie-Regiments der Vereinigten Staaten, welche aus Fort Davis in Texas ausgeschickt worden war, um Bauholz zur Erbauung des Postens aufzusuchen, von einer starken Bande Apatschen umzingelt und alle niedergemacht bis auf einen kleinen Trommler, einen Knaben von zwölf oder dreizehn Jahren. Dieser wurde gefangen genommen, nach dem Indianerlager geschleppt, und da er ziemlich fließend Spanisch sprach, endlich von den Apatschen, welche ihn gefangen genommen hatten, ausgefragt, wobei ein wenige Jahre früher gefangen genommener mexicanischer Knabe als Dolmetscher diente, welcher mir später die nachstehenden Einzelnheiten erzählte. Aus den Antworten des kleinen Trommlers entnahmen die Indianer, daß ihr Plan, den Posten anzugreifen, sicher zu ihrem Nachtheil ausfallen würde, und darüber ärgerlich, überantworteten sie den Knaben den Squaws. Diese Teufelinnen in Menschengestalt entkleideten ihn, banden ihn an einen Baum und folterten und mißhandelten ihn einige Stunden lang auf jede Art, welche ihr Scharfsinn ihnen nur eingeben konnte, ohne sein Leben zu gefährden. Als sie davon ermüdet und übersättigt waren, verschafften sie sich einige »fette« (nämlich harzreiche) Fichtenknorren, spalteten diese in sehr dünne Splitter und Späne und steckten sie ihm in die Haut, daß der unglückliche Knabe vollkommen damit gespickt war und aussah wie ein Stachelschwein. Diese Späne zündeten die Squaws dann an und tanzten und jauchzten vor Vergnügen, als der arme Knabe vor Schmerzen schrie und jammerte. Als das Feuer ausgebrannt war, ließen sie ihn an den Baum gebunden der Kälte jener hohen Region ausgesetzt. Am andern Morgen wurde der kleine Trommler halb= todt auf ein Pferd gebunden und mit der Bande fort= geschleppt; allein ehe diese noch zehn Meilen zurückgelegt hatte, fand sich, daß er todt war, worauf man ihn scalpirte und seine Leiche in eine Felskluft warf, wo sie hernach von den zur Verfolgung ausgesandten Truppen gefunden wurde.

Im Jahr 1868 machte eine Indianerbande einen Angriff auf eine Station der Kansas-Pacific-Eisenbahn. Ein Mann, welcher zufällig im Freien war, wurde gefangen genommen; zwei oder drei andere vertheidigten sich mit Erfolg in ihrer Stellung, zur großen Erbitterung der Rothhäute, welche mehrere Leute verloren und endlich sich zurückzogen. Just mit Einbruch der Nacht führten sie ihren Gefangenen auf eine Stelle, gerade in voller Sicht, aber außer dem Schußbereich der Station, entledigten ihn seiner Kleidung, legten ihn auf den Rücken an den Boden nieder, befestigten ihn in dieser Lage, bauten ein Feuer auf seiner nackten Brust auf, setzten sich um dasselbe herum und wärmten sich mit anscheinend großer Genugthuung. Das Schmerzgeschrei und Stöhnen des unglücklichen Opfers konnte von seinen Freunden ganz deutlich gehört, aber kein Schritt zu seiner Rettung gethan werden, und erst spät in der Nacht bewies das Aufhören seines Geschreies, daß es mit seinem Leben zu Ende sei. Am anderen Morgen wurde der geschwärzte und halbverbrannte Leichnam des Unglücklichen noch an den Boden befestigt gefunden, scalpirt und, da er ein ungewöhnlich haariger Mann war, beinahe geschunden und das Fleisch von den Knochen herunter gehackt.

Ich habe schon früher ganz beiläufig erwähnt, daß die Indianer eine Vorliebe für Kinder haben. Auf ihren Raubzügen gegen einander und gegen die Weißen werden diejenigen Kinder, welche groß genug sind, um sich selber einigermaßen fortzuhelfen, und noch nicht so alt, daß sie voraussichtlich eine starke Anhänglichkeit oder ein gutes Gedächtniß haben, zu dem Stamme mitgeschleppt und in denselben aufgenommen und adoptirt.

Diese Pflegekinder werden von den Indianern wie ihre eigenen behandelt, wachsen heran, werden Krieger oder als mannbare Mädchen an Liebhaber verkauft, genau so wie die übrigen Kinder der Familien, von denen sie adoptirt wurden. — Entweder müssen sich der Charakter und die Gewohnheiten der Indianer wesentlich verändert oder es müssen Cooper und einige andere Romanschreiber die Indianer gar nicht gekannt haben, wenn sie ihre Heldinnen als Gefangene in die Hände jener Wilden versetzten. Ich glaube mit der größten Zuversicht ver= sichern zu können, daß es in dem ganzen weiten Bereich der Vereinigten Staaten keinen einzigen wilden Indianer= stamm gibt, welcher nicht die Person einer weiblichen Gefangenen als das unveräußerliche, ihm von Natur aus zukommende rechtliche Eigenthum dessen betrachtet, welcher sie gefangen genommen hat, und ich vermesse mich ferner zu behaupten, daß im Verlaufe der jüngsten dreißig Jahre kein Frauenzimmer in die Hände irgend welcher Indianer der Plains gefallen ist, welches nicht so bald als möglich darnach das Opfer der Wollust und brutalen Gier eines jeden der Krieger wurde, welche bei ihrer Erbeutung anwesend waren. Der regelrechte Brauch ist folgender: Wenn ein Frauenzimmer von einer Bande gefangen genommen wird, so gehört es gleicherweise allen und jeden, so lange die Bande noch draußen ist. Nach der Rückkehr der Bande in das heimische Lager kann sie noch für einige Tage der Befriedigung der brutalen Gelüste eines jeden Mannes im Stamme, welcher sie will, überlassen werden, worauf sie das ausschließliche Eigenthum dessen wird, der sie erbeutet hat, und forthin als sein Weib geschützt wird.

Der ganze Umfang der grausenhaften Lage jener unglückseligen Frauen, welche in die Hände jener scheußlichen wilden Teufel fallen, ist gar nicht in Worte zu fassen. Sind der Gatte oder ihre sonstigen männlichen Beschützer niedergemacht oder versprengt, so wird das arme Weib im Triumph bis zu dem Orte geschleppt, wo die Indianer ihr nächstes Nachtlager aufschlagen. Hier wird sie, wenn sie keinen Widerstand leistet, auf eine Büffeldecke gelegt und von allen Kriegern der Reihe nach geschändet, während die anderen singend, jauchzend und schreiend um sie herumtanzen. Leistet sie Widerstand, so werden ihr alle Kleider vom Leibe gerissen, vier Pfosten in den Boden getrieben und ihr die möglichst weit ausgestreckten Arme und Beine mit Riemen fest daran gebunden. Hier wird sie dann, unter dem Tanzen und Singen der heulenden Bande um sie herum, einer Schändung und einer Beschimpfung nach der anderen und jeder nur denkbaren Mißhandlung und Unwürdigkeit unterworfen, bis nicht selten der Tod sie ihrer Leiden und Qualen enthebt. Die indianische Squaw kennt diese unausweichliche Folge der Gefangennehmung, leistet keinen Widerstand und kommt vergleichsweise leicht davon. Das weiße Weib leistet naturgemäß und instinctmäßig Widerstand, wird »angepfählt« und der vollen Wuth der Leidenschaften preisgegeben, welche auf das Vielfache gesteigert werden durch die Thatsache, daß sie eine Weiße und eine Neuheit ist. Weder die Bewußtlosigkeit noch sogar der Tod des Opfers thut dieser scheußlichen Orgie Einhalt, und erst wenn die Wuth und Gier ihrer Leidenschaften bis zur Sättigung befriedigt worden ist, lassen diese viehischen Rothhäute die Arme los, wenn sie noch am Leben ist, oder scalpiren und verstümmeln noch ihre Leiche. Wenn sie am Leben bleibt, muß sie in jedem Nachtlager dieselbe furchtbare Probe über sich ergehen lassen, bis die Bande nach ihrem heimischen Lager zurückkehrt. Falls die Indianer nicht Lust haben sollten, sich mit einer Gefangenen zu bebürden, so binden sie eine solche, nachdem sie ihre Lust an ihr gebüßt haben, wohl auch an einen Baum und lassen sie zurück, wovon mir zwei Beispiele bekannt geworden sind, oder sie bringen sie mit kaltem Blute um, wie zahllose derartige Fälle beweisen. Die Frau eines Sergeanten vom früheren 2. Dragoner-Regiment war durch eine Bande von sieben Mann gefangen genommen. Sie kleideten sie bis auf die Haut aus, banden sie an Pflöcke und schändeten sie bis zur Uebersättigung; hierauf banden sie sie an einen Baum, peitschten sie mit Gerten, bis sie am ganzen Leibe mit blutigen Schwielen bedeckt war und verließen sie. — Eine Wäscherin vom 3. Infanterie-Regiment verirrte sich zu weit vom Lager am Pecos-Flusse, ward von Indianern aufgegriffen und von einem derselben auf das Pferd gehoben, der nun mit ihr davonsprengte. Ihr Geschrei lenkte die Aufmerksamkeit auf sie, zwei oder drei Leute warfen sich zu Pferde und verfolgten den Räuber hartnäckig. Als dieser die Unmöglichkeit erkannte, mit seiner Beute zu entkommen, zog der Indianer sein Messer, erstach die arme Frau und warf ihren leblosen Körper auf die Erde.

Ein sehr hübsches, intelligentes und anziehendes Mädchen wurde im Jahre 1867 von Indianern wenige Meilen von Fort Dodge gefangen genommen. Ein Mann von der Gesellschaft entkam und eilte nach jenem Posten. Eine

Abtheilung Cavallerie wurde sogleich ausgesandt und holte die Indianer noch zeitig genug ein, um das arme Mädchen zu befreien und sein Leben zu retten, allein nicht eher als bis das unglückliche Wesen von jedem der etwa dreißig Indianer genothzüchtigt worden war. In diesem Falle hatte die hübsche Erscheinung des Mädchens dieses ohne Zweifel vor einem grausameren Schicksal bewahrt, denn die Indianer waren von ihren Reizen zu sehr aufgeregt, um abzuwarten, bis sie sie nach einem sicherern Orte gebracht haben würden.

Die Indianer machen am liebsten weibliche Gefangene, besonders weiße Frauenzimmer, weil für eine solche von mäßig gutem Aussehen so viel Pferde erlöst werden, daß man dafür drei oder vier Indianerinnen kaufen könnte. Außerdem sind weiße gefangene Frauen äußerst werthvoll, sobald ein Stamm des Kriegspfades überdrüssig und entschlossen ist, der Regierung der Vereinigten Staaten seine Geneigtheit zum Friedenmachen zu erkennen zu geben. Die Indianer machen sich dann ein großes Verdienst daraus, daß sie solche Gefangenen zurückgeben, und verlangen unwandelbar einen hohen Preis dafür, während die Regierung (welche so sehr auf den Frieden erpicht ist, als ein Schulknabe nach einer empfangenen Tracht Schläge) — weit entfernt, die Schufte für ihre begangenen Greuel zu bestrafen — sie noch hätschelt und für das Zurückbringen der Gefangenen belobt und den geforderten Preis dafür bezahlt.

Ich war einmal dabei anwesend, als drei weiße Frauenzimmer — die eine davon eine hübsche, lebhafte und intelligente junge Dame — nach mehrmonatlicher Gefangenschaft unter den Wilden zurückgegeben wurden.

Sie waren am kleinen Blue-River (blauen Flusse) ge=
fangen genommen und nach dem Hauptlager des Stammes
geschleppt worden. Diese junge Dame schilderte der Gattin
eines intimen Freundes von mir (von welchem ich es
erfahren habe) die Reihe von Greueln und Unwürdig=
keiten, welche sie hatte erdulden müssen und für welche
das Lebensblut der sämmtlichen Männer des Stammes
noch keine angemessene Bestrafung sein würde. Und
dennoch, obwohl die Indianer bekannt waren, welche die
männlichen Begleiter dieser drei Frauenzimmer getödtet
und diese selber weggeschleppt und geschändet hatten,
scheint es doch Niemandem von den maßgebenden Behörden
eingefallen zu sein, daß jenen Scheusalen eine Strafe
gebührte.

Sa=na=co, ein Comantschen=Häuptling, hatte ein
weißes Weib, eine geborene Deutsche, welche an Intel=
ligenz die Weiber ihrer Classe weit überragte. Eines
Tages, als Sa=na=co mit seiner Familie und Bande
in dem Fort Chadbourne in Texas zum Besuch war,
fragte ein Officier jene Frau, ob sie nicht wieder zu
den Weißen zurückkehren möchte. — »Nein«, erwiderte
sie; »mein Gatte, meine Kinder und nahen Anverwandten
sind bei dem Ueberfall der Indianer in Neu=Braunfels
umgebracht worden. Ich habe keine Freunde mehr unter
den Weißen, habe nun lange unter den Indianern
gelebt und leide jetzt nicht mehr. Sa=na=co behandelt
mich gut, und wenn mein Leben auch ein hartes ist,
so ist es doch nicht schlimmer, als wenn ich mir meinen
Lebensunterhalt unter den Weißen durch Arbeit ver=
dienen müßte. Ich werde den Rest meines Lebens vollends
unter den Indianern verbringen«. Ich vermöchte noch

eine Menge wohlverbürgter Beispiele von ebenso haar=
sträubenden Greueln und noch weit entsetzlicheren, als
die vorbeschriebenen sind, anzuführen. Ich habe jedoch
deren genug zur Erläuterung angegeben und bin nun
froh, diesen scheußlichen ekelerregenden Gegenstand zu
verlassen. Ich würde unendlich lieber jede Erwähnung
jener fürchterlichen Greuel unterdrücken, aber ich führe
dieselben nur im Interesse der Wahrheit an, denn ohne
irgend welche Bezugnahme auf dieselben ist es beinahe
unmöglich, den Indianer so zu schildern wie er wirklich
ist, und ebenso unmöglich, die Antipathie zu erklären,
welche zwischen den auf der Grenze lebenden Weißen und
dem rothen Mann der Plains besteht.

22. Das Scalpiren.

Wenn Indianer Scalplocken tragen, so besteht der
Proceß des Scalpirens darin, daß man von dem Kopfe
des Opfers ein rundes Stück wegschneidet, dessen Mittel=
punkt der Wirbel bildet. Kein Indianerstamm der Plains
trägt aber Scalplocken, sondern das Haar ist von der
Stirn bis zum Nacken in der Mitte gescheitelt und alles
Haar auf jeder Seite in einen langen Zopf hinter jedem
Ohr geflochten. Der Proceß des Scalpirens ist daher
hier ein anderer: eine Handvoll Haare wird erfaßt, die
Haut, woran diese Haare haften, emporgehoben und mit
dem Messer unten durchgefahren. Da die langen Seiten=
zöpfe einen geeigneten Haltpunkt für die Hand darbieten,
so wird der Scalp gewöhnlich von der einen Seite des
Kopfes abgezogen und nicht selten zwei oder sogar noch
mehr Scalpe von demselben Kopfe genommen. Wenn der

Indianer Zeit genug hat, so wird sogar der ganze Theil der mit Haaren bedeckten Kopfhaut sorgfältig in einem Stück entfernt und in manchen Fällen sogar noch die Ohren daran gelassen. Es scheint überhaupt ein besonderer Werth oder Kraft der mit Haar bedeckten Haut beigemessen zu werden. Kein Indianer hat Haar in seinem Gesicht oder an seiner Person, und er scalpirt daher bei anderen Indianern nur die Köpfe. Der vollbärtige Weiße übt auf den Scalpirer besondere Anziehungskraft, und daher wird jeder Theil der Haut, auf welchem Haar wächst, und sogar die kleine Stelle unter den Armen, als Scalp abgetrennt. Ich sah einmal in einem Indianerlager einen Scalp, welcher beinahe aus der ganzen Haut von Kopf, Gesicht, Brust und Bauch an einem Stücke bestand; diese Haut war sorgfältig gegerbt und stand in besonderem Werth und Ansehen als »große Medicin«.

Das Scalpiren ist nicht verhängnißvoll. Ich habe mehrere Personen gekannt, welche scalpirt worden und doch noch am Leben und bei guter Gesundheit waren. Im Jahre 1867 riß eine Bande Indianer die Schienen auf der Union-Pacific-Eisenbahn auf und versperrte die Bahn mit Hindernissen. Nach Einbruch der Nacht lief ein Frachtzug in diese Falle und war im Nu zertrümmert. Der Locomotivführer und Heizer kamen um, der Zugmeister und die Bremser sprangen herunter und fanden sich von den schreienden Wilden umzingelt. Sie entsprangen in die Dunkelheit hinein und entkamen alle mit Ausnahme eines Bremsers, welcher verfolgt und von einer Kugel getroffen wurde und niederstürzte. Der verfolgende Indianer stieg ab, setzte sich rittlings auf den Körper, scalpirte den Kopf und zog dem Bremser

alle Kleider bis auf Hemd und Schuhe aus. Am anderen
Morgen in aller Frühe wurde ein herannahender anderer
Zug durch Haltsignale eines häßlich aussehenden Burschen
zum Stehen gebracht, welcher, wie sich herausstellte, jener
Bremser war, der, obwohl durch den Leib geschossen
und scalpirt, doch noch ein Stück weit auf der Bahn sich
fortgeschleppt hatte, um den Zug zu warnen, von dem
er wußte, daß er zu einer bestimmten Zeit dorthin
kommen würde. Der arme Bursche ward vom Zuge aufgenommen, und dieser fuhr vorwärts bis zu dem zer-
schmetterten Zuge, welchen die Indianer geplündert und
dann verlassen hatten. Während man die Wagentrümmer
besichtigte, fand man einen Scalp und nahm ihn mit
in die Wägen, wo er von dem scalpirten Mann sogleich
als sein eigener erkannt wurde. Man legte ihn ins
Wasser, und als der Verwundete in Omaha ankam,
machten die Wundärzte einen Versuch, ob der Scalp
wieder auf dem Schädel anwachse, aber es war vergebens.
Ich sah den Mann einige Monate später vollkommen
wiederhergestellt, aber mit einem furchtbar aussehenden
Kopfe, und er erzählte mir, die Kugel habe ihn zwar
niedergeworfen, aber nicht bewußtlos gemacht, und seine
größte Prüfung in jener entsetzlichen Nacht sei die Nothwendigkeit gewesen, sich todt zu stellen und nicht einmal
laut aufzuschreien, als der Indianer ihm mit einem sehr
stumpfen Messer seine Schädelbedeckung langsam her-
untersägte.

23. Dieberei.

In der Werthung des Indianers steht der geschickte
Dieb sehr nahe, wo nicht ganz auf gleichem Fuße mit

dem verwegenen Kämpfer. Der Eine lenkt die theilweise mit Furcht verquickte Bewunderung seiner Genossen auf sich, während die Bewunderung für den Anderen nur durch Neid auf seine Geschicklichkeit und seinen Reichthum modificirt wird. »Geld regiert die Welt« unter Rothhäuten wie unter Weißen; und der Mann, welcher eine große Herde von Pferden und Maulthieren (den Reichthum des Indianers) besitzt, ist ein höchst achtbarer und geachteter Mann, gleichviel wie er sie immer erworben hat. Wo Alle solche ausgezeichnete Diebe sind, da ist es schwer zu entscheiden, welchem von den Stämmen der Plains die Palme im Stehlen gebührt. Die Indianer selbst reichen diese den Comantschen, deren Bezeichnung in der Zeichensprache der Prairien eine wellenförmige, sich schlängelnde Vorwärtsbewegung des Zeigefingers ist, welche das Kriechen einer Schlange versinnlichen und das stille Anschleichen jenes Stammes bedeuten soll. Allerdings sind die Comantschen unübertrefflich und unübertroffen im Herankriechen an ein Lager, im Abschneiden von Pferdekoppeln und Lariats und im lautlosen und unentdeckten Davonführen von Thieren. Allein was keckes Zugreifen, Plötzlichkeit und Kühnheit beim Stehlen anlangt, so stehen meines Bedünkens die Cheyennes in der ersten Reihe, obwohl es ihnen die Kiowas beinahe gleichthun.

Ich kenne einen Fall, wo ein Comantsche sich in ein Bivouac einschlich, in welchem ein Dutzend Männer schliefen und jeder sein Pferd mit dem Lariat sich an das Handgelenk gebunden hatte, und wo der Dieb einen Campierstrick sechs Fuß von der Person des Schläfers abschnitt und mit dem Pferde durchging, ohne daß auch nur eine Seele erwachte. Der Zaun des Corrals oder Viehhofes zu Fort Inge in Texas bestand aus aufrechten Baumstämmen, welche zwei Fuß tief im Boden steckten und deren obere Enden gleich und eben abgesägt und mit einem Balken als Oberschwelle über= legt waren, und wornach durch diese Oberschwelle hin= durch ein zolldicker hölzerner Pflock oder Zapfen in jeden Zaunpfahl reichte und diesen an seiner Stelle erhielt. Der Stall innerhalb des Corrals war auf die= selbe Weise erbaut, nur sorgfältiger und aus schwererem Material. Zwei Schildwachen machten in der Nacht die Runde um diesen Stall und eine Stallwache schlief innerhalb desselben. Eines Morgens nach einer dunklen und stürmischen Nacht entdeckte man, daß mehrere Pfähle aus dem Zaun und von dem Stalle dadurch entfernt worden waren, daß man mit einem Messer die Zapfen in dem oberen Ende abgesägt und die Erde von dem unteren Ende weggegraben, und zwei Pferde gestohlen waren. Obwohl die Arbeit mehrere Stunden in Anspruch genommen haben und die Schildwachen während der Ausführung derselben abgelöst worden sein mußten, hatte doch keine der letzteren auf ihrem Posten etwas Ver= dächtiges gesehen oder gehört. In Folge der Thatsache, daß die beiden besten Pferde aus beinahe den einander entgegengesetzten Enden des Stalles gestohlen worden waren und nichts in der Lage des Zaunes oder des Pferdestandes auf Begünstigung hindeutete, war der commandirende Officier zu der Annahme geneigt, daß die Diebe Weiße gewesen seien, welche die Ställe zuvor besucht hätten, und daß eine oder mehrere Schildwachen damit im Einverständniß gewesen sein müßten. Ein

Lieutenant mit einem halben Dutzend Soldaten und einem guten Führer wurden bald auf die Fährte der Diebe gesetzt und überraschten nach einem scharfen Ritt von sechzig englischen Meilen am anderen Morgen bei Tagesanbruch zwei Indianer, schossen beide nieder und befreiten die Pferde. Niemand anderes als Comantschen konnten jemals diese Zaunpfähle unter der Nase der Schildwachen herausgenommen oder im Finstern die beiden besten aus sechzig bis siebenzig Pferden heraus= gewählt haben. — Der Corralzaun zu Fort Lincoln war aus dornigem Chapparal=Gebüsch hergestellt, welches man zwischen zu zwei und zwei gesetzten aufrechten Pfosten dicht eingepreßt hatte. Er war unpassierbar für einen weißen Mann oder ein Pferd, und doch verging im ersten Sommer nach der Anlage des Postens nicht eine Woche, ohne daß Indianer jenen Zaun passierten und Pferde von der Campierleine abschnitten. Glücklicherweise vermochten sie die Pferde nicht über den Zaun zu bringen, nachdem sie sich derselben bemächtigt hatten; und nach= dem einige von den Dieben durch die Schildwachen ver= wundet worden waren und sie niemals ein Pferd hatten stehlen können, gaben sie den Versuch auf.

Vor einer Reihe von Jahren ward ich während meines Aufenthaltes in Washington von einem Manne ersucht, ihm eine Officiersstelle im regulären Heere ver= schaffen zu helfen. Er gründete seine Ansprüche auf Dienste, welche er während des mexicanischen Krieges geleistet hatte, und über welche er mir Folgendes er= zählte: »Ich warb eine Compagnie Reiterei an, welche mit Doniphan den Einfall in Mexico mitmachen sollte. Als dieser aufbrach, war meine Compagnie noch nicht vollzählig und wir konnten erst etwa einen Monat nach ihm ausmarschiren. Ich brach von Leavenworth mit einer prächtigen Compagnie auf, welche trefflich beritten und mit Allem wohl versehen war, und wir hatten einen herrlichen Marsch bis in die Nähe von Pawnee Rock am Arkansasflusse. Hier bezog ich eines Abends früher als sonst das Nachtlager; die Pferde und Maulthiere wurden wie gewöhnlich freigelassen und waideten dicht dabei im Thalgrunde ohne Bewachung, im Lager jedoch war eine Schildwache aufgestellt worden. Es war ein heißer Tag und ich und die meisten meiner Leute waren eingeschlafen, als die Schildwache uns zurief, es sei eine Herde wilder Pferde in Sicht. Ich sprang auf und sah eine Herde von vierzig oder fünfzig Pferden rasch gegen meine Pferde heransprengen. Ich wußte, daß hier die Gefahr eines Stampede vorhanden sei, allein ehe ich noch schlüssig werden konnte, was zu thun sei, drangen die wilden Pferde unter die meinigen ein und alle gingen miteinander davon. Als sie ungefähr fünf= oder sechshundert Schritte entfernt waren, sah ich zu meinem Erstaunen auf dem Rücken von jedem der vermeintlichen wilden Pferde einen Indianer sich aufrichten. Sie ließen mir keinen einzigen Huf mehr, und es blieb mir nichts übrig als umzukehren. Ich ließ Wagen und Vorräthe stehen, belud meine Leute nur mit den zu unserem Schutze nothwendigen Mengen von Proviant und Muni= tion und brach nach den Niederlassungen auf. Es war ein fürchterlicher Marsch, und wir erlagen beinahe den Strapazen, dem Hunger und Durst, und ich denke, meine damals ausgestandenen Drangsale berechtigen mich zu einer Officiersstelle.« Ich half ihm, so gut ich konnte, durch den Rath, seine Geschichte nicht weiter zu erzählen; da es ihm aber nicht gelang ein Officierspatent zu erhalten, so hat er meines Erachtens wahrscheinlich meinen Rath nicht befolgt.

Beinahe sämmtliche Pferde von vier Compagnien des alten Scharfschützen=Regiments gingen einmal in der Nähe von Fort Davis in Texas verloren durch eine glänzende Ueberrumpelung, welche nicht mehr als ein halbes Dutzend Apatsche=Indianer angesichts einer starken Wache machten. — Die Maulthiere einer Wagenkarawane, welche die Bagage und Vorräthe mehrerer Compagnien vom 6. Infanterie=Regiment zu transportiren hatten, wurden im Jahre 1871 am Bärenfluß in Kansas von zwei Indianern scheu gemacht und trotz Hunderten von Schüssen davon geführt. Derartige Beispiele, obwohl nicht in einem so großen Maßstabe, kommen jeden Sommer vor und könnten nöthigenfalls zu Hunderten aufgezählt werden.

Abwechselnd hehlings schleichend und kühn, und zuweilen beides zugleich, ist der Indianer jederzeit und unter allen Umständen ein höchst gefährlicher Dieb, und es ist nicht zuviel behauptet, wenn ich sage: kein Pferd oder Maulthier auf den Plains ist jemals ganz sicher vor seiner Geschicklichkeit und Raublust.

24. Auf der Fährte.

Bevor ich auf diesen Gegenstand näher eingehe, muß ich zuerst einen kleinen Tribut der Hochachtung und Liebe einem Manne zollen, welcher zwar aller Kenntnisse des civilisirten Lebens baar und dem die Buch=

staben des Alphabetes ebenso unverständlich waren wie egyptische Hieroglyphen, welcher aber in Allem, was zu seiner Lebensweise und zu seinem eigenen Wirkungskreise gehörte, voll Weisheit und Kenntniß war, — einem Manne, der, obwohl zum Diebe erzogen, doch ehrlich und zuverlässig war, der seine Kindheit, Jugend und frühes Mannesalter inmitten der Verbrechen, der Greuel und Liederlichkeiten eines Indianerlagers verbracht hatte und dennoch ein treuer verläßlicher Freund, ein wohl= wollender und liebevoller Gatte und Vater war. Er war ein geduldiger, geschickter und erfolgreicher Jäger, und nicht allein der beste Fährtensucher und Kenner, den ich jemals gesehen habe, sondern den auch der Delawaren= Häuptling John Connor (unbedingt der competenteste Richter über diese Gegend auf den Plains) als den allerbesten Fährtenfinder unter Indianern oder Mexicanern auf dem ganzen Continent anerkannt hat. Ich habe unter seiner Führung manchen langen Marsch und manche rasche Verfolgung ausgeführt und verdanke ihm meinen ersten Unterricht in dem, was für einen Besucher der Prairien an praktischen Kenntnissen unerläßlich ist, und in der Jagd auf großes Wild. Pedro Espinosa war etwa um das Jahr 1810 von mexicanischen Eltern in einem Rancho oder Weiler an den Ufern des Rio Grande, nicht weit von der Stadt Laredo, geboren. Als er neun Jahre alt war, wurde jener Rancho von Comantschen überfallen und dessen sämmtliche Einwohner unter dem gewöhnlichen Geleite von Greueln und Ent= setzen ermordet, mit Ausnahme einiger wenigen Kinder von beiderlei Geschlecht, welche in die Gefangenschaft geschleppt wurden. Als man zu dem Stamme stieß,

wurden die Kinder in denselben aufgenommen und gut
behandelt, aber streng bewacht. Unter diesen Kindern
war auch Espinosa. Die Comantschen waren zu jener
Zeit der zahlreichste und mächtigste Stamm der süd=
lichen Prairien und befanden sich in einem chronischen
Kriegszustande mit der ganzen Welt. Als Espinosa un=
gefähr dreizehn Jahre alt war, durfte er eine Bande
auf einem Raubzuge gegen die Tonkaways begleiten,
wobei er sich so auszeichnete, daß er mit vierzehn Jahren
schon ein Krieger und später ein sehr angesehener wurde.
Obwohl anscheinend durch und durch ein Indianer, mit
allen ihren Interessen identificirt, mit den anderen
kämpfend, stehlend und Unthaten begehend, an allen
ihren Ceremonien theilnehmend, mit einer Indianerin
verheiratet und Vater einer Familie, hatte er doch niemals
sein Heimatland und Volk vergessen, noch die Schändung
und Ermordung seiner Mutter verziehen. Er haßte die
Indianer und deren Gebahren mit dem bittersten un=
versöhnlichsten Haß, und sein Haß sehnte sich nach der
Rückkehr in sein eigenes Vaterland. Ob er nun, trotz
seiner sorgfältigsten Verheimlichung, irgend etwas von
diesem Gefühle merken ließ, oder ob die Indianer ihm
aus ihrer natürlichen List und ihrem argwöhnischen
Wesen mißtrauten, bleibe dahin gestellt, — genug, es
ward ihm niemals Gelegenheit geboten, seine Wünsche
zu verwirklichen. Wiewohl alljährlich ein Dutzend Raub=
züge nach Mexico veranstaltet wurden, durfte er doch
niemals an einer Expedition theilnehmen, welche nach
dem Rio Grande ging. Als er achtundzwanzig Jahre
alt geworden und neunzehn Jahre unter den Comantschen
gewesen war, ging er mit einer Bande in die Guadalupe=

Gebirge, um dort auf den schwarzen Bären zu jagen. Eines Nachts, als die anderen Indianer im Schlafe lagen, schlich er sich unter die waidenden Pferde, wählte die zwei besten (ohne Rücksicht auf das Eigenthumsrecht) aus, ritt davon und hatte bis zum Morgen eine Strecke von dreißig Meilen zwischen sich und seine früheren Ge= fährten gelegt. Nach einer langen Reise erreichte er wohlbehalten Laredo, wo er, da die Erinnerungen an seine Jugendzeit ihm noch vollkommen gegenwärtig waren, sich bald seinen Verwandten zu erkennen gab. Im Ver= laufe der Zeit heiratete er und ließ sich nieder, und als ich ihn kennen lernte, war er ein nützliches, durchaus geachtetes Mitglied der Gemeinde, unter welcher er lebte.

Im Jahre 1849 begann ich mein Leben auf den Prairien zu Fort Lincoln in Texas, nicht auf den Plains selber, sondern auf einer militärischen Linie, welche eingerichtet worden war, um die südlichen Niederlassungen in Texas vor den Einfällen der Indianerstämme der Prairien zu schützen. Fort Lincoln deckte den Paß von Bandera und einige andere viel benützte Pässe, war ein ungemein wichtiger Posten und es war daher äußerst nothwendig, einen vollkommen zuverlässigen und com= petenten Mann, welcher in alle Kriegslisten und Schliche der Indianer eingeweiht war, zum Führer und Fährten= sucher für die dort stationirten Truppen auszuwählen. Die Wahl fiel auf Espinosa, und er hat viele Jahre hindurch der Regierung treu und gut gedient und zuletzt sogar sein Leben aus Anhänglichkeit an dieselbe hin= gegeben.

Einige Zeit nach der Beendigung des Rebellions= krieges berichtete mir ein Freund in Texas in einem

Briefe über die letzte Scene im Leben von Pedro Espinosa. Im Jahre 1861, als der Verräther Twiggs die Auslieferung aller Truppen und alles Kriegsmaterials in Texas an die Rebellen geplant und durchgeführt hatte, wurde Espinosa dazu ausersehen, Depeschen von Unionsfreunden in San Antonio dem Oberst Reeve zu überbringen, welcher damals unterwegs nach der Küste war, um ihn von der Lage der Dinge zu benachrichtigen und zu verwarnen, daß er umkehren und sein Commando über Santa Fé nach den Oststaaten zurückführen solle. Während er diesen Auftrag ausführte, ward Espinosa von einigen der Banden von Aufständischen gefangen genommen, welche ausgeschickt worden waren, um Reeve abzuschneiden; man fand die Depeschen bei Espinosa, und nachdem die Burschen, welche ihn gefangen genommen, seine Depeschen gelesen hatten, zogen sie ihre Pistolen und schossen ihn todt.

Eine Fährte, »trail«, ist eine Reihenfolge von Merkmalen, welche irgend ein nach einem bestimmten Ziele sich hinbewegendes Wesen auf dem Boden oder im Grase zurückgelassen hat, — z. B. eine Fährte von Truppen, von Indianern, von einem Rudel Hirsche, eine Wagenfährte. Eine Spur oder Merkmal, »sign«, ist ein mehr oder minder positiver Beweis, daß irgend etwas auf jenem Boden vorhanden gewesen ist. Eine »Fährte« wird durch »Spuren« gebildet, aber eine Spur ist noch keineswegs eine Fährte. Sich äsendes Rothwild macht eine »Spur«, aber es kann unmöglich sein, ihm auf der »Fährte« zu folgen. Es mag ein Ueberfluß von Spuren in einem verlassenen Indianer-lager oder um dasselbe herum vorhanden sein, und dennoch kann es das schärfste Auge und die genaueste Nachforschung erheischen, um die Fährte zu entdecken, auf welcher die Indianer ihr Lager verlassen haben. Die Sicherheit einer Bande oder Jagdgesellschaft kann von dem richtigen Lesen der »Spur« abhängen, der Erfolg einer Verfolgung ist aber innig mit der größeren oder geringeren Geschicklichkeit des Verfolgers zusammenhängend, die »Fährte« auszumachen und ihr zu folgen.

Die schwache Seite des Indianers ist seine Fährte. Könnte er dieser sich entledigen, wäre er unüberwindlich. Zum Glück für seine Feinde kennt er diese schwache Seite, und das Bewußtsein derselben macht ihn handlich. Wenn eine Indianerbande auf einem Raubzuge auf eine frische Fährte von Truppen stößt, so macht sie Halt, untersucht dieselbe, zaudert und verfolgt sie viele Meilen weit. Erst wenn sie zu dem Schlusse gelangt ist, daß kein ernster Grund zur Befürchtung vorhanden ist, wird sie sich wieder auf den Weg nach ihrem ursprünglichen Bestimmungsorte machen. Sollte sie jedoch innerhalb weniger Meilen auf eine andere frische Fährte stoßen, so wird die Bande höchst wahrscheinlich umkehren, und ich bezweifle, ob eine Bande auf den sämmtlichen Prairien so kühn wäre, drei Fährten von Truppen zwischen sich und ihren Rückzugspunkt zu legen. Nicht als ob der Indianer fürchtet, auf seiner Rückkehr abgeschnitten zu werden, sondern die häufigen Fährten zeigen ihm die jüngste Anwesenheit und Rührigkeit der Truppen. Er selbst hinterläßt eine Fährte, welche eine jener Truppenabtheilungen in irgend einem Augenblick auffinden und verfolgen kann. In seiner Fronte ist er so kühn wie eine Falke, nach seinem Rücken hin so scheu und zaghaft wie ein Hase. Wenn er auf einen Raubzug ausgeht oder von demselben zurückkehrt, so legt er keinen Werth auf einen Vortrab oder eine Vorhut; allein jedesmal, wenn er an das Vorhandensein einer Gefahr glaubt, müssen einer oder zwei der zuverlässigsten Krieger als Nachhut auf der Fährte drei oder vier Meilen hinter dem Hauptcorps folgen. Ueberrumpelung ist für ihn Vernichtung, und Ueberrumpelung kommt höchst wahrscheinlich aus seinem Rücken her und zwar mittelst seiner Fährte. Wenn eine Indianerbande eine Fahr- oder Wagenstraße kreuzt, welche möglicherweise von Truppen benützt wird, so breitet sie sich auf einer Strecke von einer Meile aus und jeder Reiter kreuzt einzeln den Weg, ja gar nicht selten steigt jeder, nachdem er den Weg gekreuzt hat, vom Pferde und verwischt sorgfältig die Spuren von den Hufen seines Pferdes und von seinen eigenen Füßen innerhalb und außerhalb des Weges.

»Trailing«, die Kunst des Fährten-Suchens und Findens, ist die Kunst, aus Spuren Fährten zu entwickeln. Die Erfordernisse eines guten Fährtensuchers sind ein scharfes Auge, eine vollkommene Kenntniß des Aussehens und Charakters der »Spur«, welche irgend ein auf der Fährte verfolgtes Geschöpf hinterläßt, und wenn es gilt, Indianern auf der Fährte zu folgen, eine gründliche Kenntniß des Landes und der Gewohnheiten der Indianer. Das Fährtensuchen ist dem Indianer zur zweiten Natur geworden, obwohl Individuen und Stämme in ihren Befähigungen zum Fährtenfinden in einem höchst merkwürdigen Grade von einander verschieden sind. Auf den Plains, wo großes Wild reichlich vorhanden ist oder war, werden diejenigen

Stämme stets am erfahrensten und geschicktesten im Fährtensuchen werden, welche für ihren täglichen Lebensunterhalt
auf kleines Wild angewiesen sind, und unter diesen sind
die Comantschen die überlegensten, vielleicht mit Ausnahme
des kleinen Ueberrestes der Delawaren.

Der Indianer wird von Kindesbeinen an gelehrt,
jedes Merkmal am Boden zu lesen, jede Spur »anzu-
sprechen«, d. h. zu sagen, wer sie gemacht hat, wie alt sie ist,
und überhaupt auf Alles Acht zu haben, was für ihn von
Interesse oder Wichtigkeit ist. Hiezu kommen noch bei
ihm eine vollkommene Kenntniß der Gewohnheiten und
Lebensweise des Wildes oder der sonstigen Thiere jeder
Art und ein Paar Augen, welche durch beständige
Uebung außerordentlich geschärft sind. Diese setzen den
Indianer in den Stand, vertrauensvoll eine Fährte
einzuschlagen und einzuhalten, wo ein Weißer, sogar mit
scharfem Auge und einiger Praxis, wenn überhaupt
etwas, nur ein gelegentliches unbedeutendes Merkmal
sehen würde. Die Vollkommenheit, zu welcher er es
bringt, ist daher beinahe wunderbar.

Eine Kenntniß des Landes und der indianischen
Art zu reisen erleichtert sehr wesentlich die Verfolgung
eines Wilden. Wenn der Indianer Verfolgung voraus-
setzt, so nimmt er seine Zuflucht zu allen möglichen
Listen, bleibt, wo nur immer thunlich, auf felsigem
steinigem Boden, ersteigt einen hohen Hügel, nur um
wieder auf derselben Seite herunter zu gehen; wenn er
an ein Bachbett kommt, so wird er meilenweit in demselben fortreiten, hie und da heraus und wieder hinein
gehen, auf seiner Fährte umkehren und alles und jedes
thun, was die Verfolgung verzögern oder vereiteln kann.

Wie ich im Späteren weitläufiger darlegen werde, reisen die Indianer nach »Landmarken«. Ein guter Fährten= sucher, hauptsächlich in unebenem Gelände, wird daher aus dem allgemeinen Aussehen des Landes bestimmen, nach welchen besonderen hervorragenden oder augen= fälligen Landmarken der Indianer reist. Sobald daher der Verfolgte seine Zuflucht zu Listen und Wider= sprüngen nimmt, so verschwendet der erfahrene Verfolger keine Zeit damit, ihm mühsam auf der Fährte durch alle seine Windungen zu folgen, sondern geht sogleich auf jenen Punkt zu, wo seine Kenntniß von den Ge= wohnheiten des Indianers ihm sagt, daß derselbe eine gewisse Anhöhe passieren oder ein gewisses Thal verlassen werde. Hier sieht er sich nach der Fährte um und bringt dann, wenn er sie gefunden hat, noch zuversichtlicher als zuvor weiter vorwärts. Der Verfolgte mag mehrere Stunden damit vergeuden, mit seiner Fährte einen weiten Umweg zu machen, welche der verschmitzte Verfolger in eben so vielen Minuten überspringt. Der harte Boden der hohen Prairie, welcher immer mehr oder weniger von Büffelspuren wimmelt, ist für den Verfolgten ganz besonders günstig, und die Leichtigkeit, womit man zu Pferde überall und in jeder Richtung reisen kann, macht die Verfolgung der Indianer der Plains auf der Fährte zu einem langsamen und schwierigen Verfahren, dessen Erfolg immer mehr oder weniger zweifelhaft ist. Außer= dem sind die von der Regierung angestellten Fährten= sucher gewöhnlich weiße Bewohner der Prairien, welche den Vergleich mit Espinosa im Fährtenfinden eben so wenig aushalten könnten, als ein Junges von einer Bulldogge denjenigen mit einem englischen Stöberhund.

Einige von Espinosa's Leistungen werden besser als alle Beschreibung zeigen, zu welcher Geschicklichkeit ein Fährtensucher es bringen mag. Ich wurde einmal auf die Verfolgung einer Bande mörderischer Comantschen ausgesandt, welche durch eine Compagnie der sogenannten Texas-Rangers (eine Art Miliz im Dienste der Vereinigten Staaten, welche aber mit den Rangers oder Streifschützen der Republik Texas nur den Namen gemein hatten) zersprengt worden waren und ihre Fährte verlassen hatten. Am achten Tage, nachdem die Indianer vorübergekommen waren, nahm Espinosa die Fährte eines einzelnen beschlagenen Pferdes auf; weder zur Rechten noch zur Linken blickend und scheinbar sonst nichts sehend und bemerkend, ritt er schweigend und geduldig weiter und mühte sich ab, wobei aber kein aufspringendes Thier und kein auffliegender Vogel und kein noch so unbedeutendes Merkmal am Boden oder im Grase seinem wunderbar scharfen Auge entging. Als wir schon ziemlich weit in die rauhen felsigen Guadalupe-Gebirge hineingekommen waren, machte er Halt, stieg ab, las am Fuße eines Baumes die vier Hufeisen eines Indianerpferdes auf und überreichte sie mir mit einem grimmigen Lächeln und der belehrenden Bemerkung, der Indianer wolle nun seine Fährte verbergen. Sechs Tage lang reisten wir über die rauhesten Berge hin, und kein einziger Mann im ganzen Commando war im Stande, oft stundenlang auch nur eine einzige Spur oder ein Merkmal zu entdecken, nach welchem Espinosa sich richten mochte. Die Eintönigkeit und anscheinende Zwecklosigkeit dieses Marsches waren für mich eine ungemein peinliche Geduldsprobe, und ich richtete mehrmals ungeduldig und mürrisch an Espinosa die Bitte, mir doch das zu zeigen, was er verfolge, — »Poco tiempo« (noch kurze Zeit) war dann seine einzige Antwort; aber in längeren oder kürzeren Zwischenräumen vermochte er mir dann (mit einem kaum bemerklichen Augenblinzeln) die deutlich aus= geprägten Hufspuren des Pferdes in dem weichen Ufer= boden irgend eines Gebirgsbaches zu zeigen oder meine Aufmerksamkeit sonst zu fesseln, indem er mit seinem langen Peitschenstiele auf die Allen unverkennbarste »Spur« in den Ercrementen des Pferdes hinwies. Dieser merkwürdige Mann vermochte dann gegen hundert englische Meilen weit über das allerschwierigste Terrain hin die Fährte des einzelnen Flüchtlings zu verfolgen, wobei er sich kaum jemals irrte und nur ein= oder zweimal vom Pferde stieg, um den Boden genauer zu untersuchen, bis wir endlich an den Ort kamen, wo die Indianer sich wieder vereinigt hatten. Ein anderes Mal verfolgte ich unter Espinosa's Führung eine große Abtheilung Comantschen. Als wir die Hauptquelle des Perdinales erreichten, fand ich, daß die Indianer hier einen mehrtägigen Halt gemacht hatten, daß die ganze Umgebung von Hufspuren wimmelte und die Comantschen nach ihrem Aufbruche die Prairie niedergebrannt hatten, um ihre Fährte zu verwischen. Ich sandte Espinosa aus, um diese Aufgabe zu lösen, und bezog einstweilen mit meiner Mannschaft ein Lager. Er kehrte mit Einbruch der Nacht zurück, nachdem er sechs oder sieben Stunden lang geduldig gearbeitet hatte; er war noch zu keinem Ergebniß gelangt, aber voll Zuversicht und Hoffnung. Mit Tagesanbruch machte er sich wieder auf den Weg, und gegen elf Uhr ritt ich ihm auf seiner Fährte nach, welche in der schwarzen Asche leicht zu verfolgen war, und fand ihn gerade im Begriffe, zu mir zurück zu kehren. Seine Aufgabe war ihm gelungen. Wir trabten rasch nach dem Lager zurück; das ganz marschfertige Commando zog nun zehn oder zwölf Meilen hinter Espinosa her, worauf wir wieder in die Fährte der Comantschenbande einbogen. Am darauffolgenden Abende erklärte mir Espinosa, wie er es angestellt habe. Er war vom Lagerplatze der Indianer aus so weit das Flüßchen abwärts gegangen, bis er nach seiner Ueberzeugung aus dem Bereiche der weidenden Pferde kam, ritt dann in einem weiten Kreise, dessen Mittelpunkt das Indianerlager war, umher und untersuchte den Boden sorgfältig. Er entdeckte bald Spuren, stieg vom Pferde, kroch auf Händen und Knieen vorwärts und blies mit seinem Athem die leichte Asche hinweg, bis genügende Hufspuren zum Vorschein kamen, um ihm die Richtung der Fährte zu zeigen. Hierauf schwang er sich wieder in den Sattel, beschrieb seinen Umkreis weiter, fand neue Spuren und stellte auf dieselbe Weise die Richtung der Fährten fest, die, wie er nun ermittelte, von einander divergirten, wie die von dem Mittelpunkte eines Kreises ausgehenden Linien. Am andern Morgen ritt er aus und erprobte die Fährten bis auf eine Entfernung von vier Meilen vom Lager, wobei er fand, daß sie noch immer divergirten. Als er auf einer der Fährten etwa noch anderthalb Meilen weiter ritt, ermittelte er, wie er erwartet hatte, den Punkt, von wo aus sie wieder convergirten. Nachdem er sorgfältig die Richtung von drei oder vier solchen Fährten aufgenommen hatte, und fand, daß sie sämmtlich auf einen gemein-

samen Mittelpunkt zu liefen, firirte er sich im Kopfe die
Richtung dieses Punktes, und die ganze Aufgabe ward
so vollkommen gelöst, daß er nicht directer auf jenen
Punkt hätte losgehen können, wenn er einer der Indianer
gewesen wäre, welche zuvor schon die Weisung erhalten
hatten, wohin sie gehen sollten. Als wir einmal eine
kleine Bande diebischer Indianer rasch verfolgten, welche
einen Anschlag auf unsere Ställe gemacht hatten, sagte
Espinosa zu mir: »Lieutenant, wir werden diese Indianer
nicht einfangen; ihre Nachhut hat uns entdeckt; sie reisen
jetzt bei Nacht.« Als ich ihn um eine Erläuterung
seines so zuversichtlich ausgesprochenen Urtheiles bat,
zeigte er mir die Stellen, wo sie bisweilen unter einen
Baum mit niedrigen Aesten getreten waren, was leicht
zu vermeiden gewesen wäre, wenn wir Licht genug
gehabt hätten, um sie zu sehen, oder wo sie über eine
Schlucht oder ein Gebirgswasser an einer schlechten Stelle
gesetzt waren, wenn eine günstige ganz nahe dabei war,
u. dgl. m. Ich vermöchte noch zwanzig gleich starke
Beweise für seine Geschicklichkeit als Fährtensucher anzuführen, allein ich glaube schon genug gesagt zu haben,
um zu beweisen, bis zu welcher Vollkommenheit ein
wirklich guter Fährtensucher seine Kunst ausbilden kann.

25. Die indianische Art zu reisen.

Es gibt nichts Merkwürdigeres in dem Gebahren
des Indianers, als die Leichtigkeit und Sicherheit, mit
welcher er auf Reisen von bisweilen Hunderten von
Meilen seinen Weg über die »pfadlosen Wüsten« der
Plains hin findet. Er hat natürlich keine Kenntniß vom

Compaß, und ich habe niemals einen »wilden« Indianer gesehen, welchem selbst mit der sorgfältigsten und wiederholten Erläuterung und Erklärung auch nur der schwächste Schimmer von Verständniß von dem Gebrauche dieses Instrumentes beigebracht werden konnte. Der Grund davon liegt klar am Tage: für den Indianer gibt es keinen Norden und keinen Süden; in dem ganzen weiten Kreise seines Horizontes gibt es keine bestimmten Punkte, keine Punkte, auf welche er sich beziehen kann. Er spricht vom »Sonnenaufgang«, um jene breite Seite des Horizontes zu bezeichnen, auf welcher die Sonne aufgeht, und vom Sonnenuntergang auf der anderen Seite, allein er macht von beiden keinen Gebrauch zu dem Zwecke, sich auf der Reise darnach zu richten. Die Sonne geht ja an den auf einander folgenden Morgen nicht an derselben Stelle auf und würde daher für den Indianer nichts weniger als ein sicherer Führer sein.

Dasselbe gilt vom nächtlichen Reisen; so hell und glänzend auch die Gestirne über den Prairien strahlen, so scheint es dem Indianer doch niemals eingefallen zu sein, was für einen Nutzen er aus denselben ziehen könnte, um seine Reise in irgend einer besonderen Richtung zu bestimmen. Auf kurzen Reisen, auf Jagdausflügen von einer Woche und mehr von seinem Lager aus, verläßt er sich auf den Instinkt, jenes selbe unbegreifliche Etwas, das die Taube zu ihrem Neste oder eine Biene zu ihrer Heimat im hohlen Baume zurückführt. Dieser Instinkt versagt ihm selten, und ich habe nur von einem einzigen Falle gehört, wo ein Indianer einen Kreis in der Irre beschrieb, sich verirrte und mehrere Wochen allein umherwanderte, bevor er sich wieder zurechtfand

Auf längeren Reisen nach einem bestimmten Punkte verläßt er sich einzig auf sein Errinnerungsvermögen »für Landmarken«. So ähnlich und eintönig die Hügel und Thäler der Plains auch dem ungeübten Auge erscheinen, so hat doch jedes derselben für ihn seine eigenen unterscheidenden Merkmale, welche er nur einmal gesehen zu haben braucht, um sie für alle Zukunft so rasch und genau wieder zu erkennen, als der Bauer die unterscheidenden Kennzeichen des Viehes kennt, welches er Tag für Tag füttert. Wenn er nach einer ihm unbekannten Gegend geht, so beräth er sich darüber erst mit irgend einem Krieger, welcher dieselbe schon besucht hat, und es ist erstaunlich, wie deutlich der Eine dasjenige beschreibt und der Andere alles das begreift, was zu einer erfolgreichen Reise erforderlich ist.

Espinosa erzählte mir aus der Zeit, wo er noch als Knabe unter den Comantschen lebte, daß, wenn die jungen Bursche einen Raubzug nach einer ihnen unbekannten Gegend unternehmen wollten, einige der älteren Krieger gewöhnlich einige Tage vor dem Aufbruche die jungen Leute um sich versammelten, um sie zu unterrichten. Alle pflegten sich in einem Kreise niederzusetzen und es ward ein Bündel Stecken mit Kerben zur Bezeichnung der Tage zum Vorscheine gebracht, worauf mit Nummer Eins, dem Stäbchen mit Einer Kerbe, begonnen und die anderen der Reihe nach vorgenommen wurden. Zunächst wurde mit dem Finger oder einem Stück Holz eine rohe Karte zur Versinnlichung der Reise auf den Boden gezeichnet und die erste Tagreise mit dem gekerbten Stabe abgegrenzt dann wurden die größeren Flüsse und Ströme, die Hügel,

Thäler, Schluchten, versteckten Wasserlöcher in trockenen Gegenden, kurz alle eigenthümlichen oder auffallenden natürlichen Gegenstände aufgeführt und in ihrer topographischen Anordnung gezeigt. Wenn dies verstanden worden war, wurde die Strecke für den zweiten Tagmarsch mit dem betreffenden Pflocke abgesteckt und in derselben Weise illustrirt, und so weiter bis zum Ende. Espinosa erzählte mir ferner, er habe eine Gesellschaft junger Bursche, von denen der älteste nicht über neunzehn Jahre alt war und von denen keiner noch in Mexico gewesen sei, gekannt, welche aus dem Hauptlager des Stammes an Brady's Creek in Texas aufgebrochen seien und einen Raubzug nach Mexico hinein bis nach der Stadt Monterey gemacht haben, einfach nur mittelst der Erinnerung an die ihrem Gedächtniß und Verständniß eingeprägte und durch solche Stäbchen dargestellte Belehrung. So unwahrscheinlich dies erscheinen mag, so ist es doch nicht unwahrscheinlicher als irgend eine andere Erläuterung oder Aufklärung, welche über die von Indianern ausgeführten Reisen in manche ihnen gänzlich unbekannte Gegenden gegeben werden könnten.

Wenn eine Abtheilung eine ihr oder anderen Mitgliedern des Stammes unbekannte Gegend durchforscht, so pflegt sie, falls die Gegend sich als ein wünschenswerthes Jagdgebiet erweist, auf rauhem und schwierigem Terrain kleine Steinhaufen aufzurichten, um den nach ihnen Kommenden den besten einzuschlagenden Weg zu bezeichnen. Man kann auf dem rauhen Boden der Laramie-Plains und ebenso in den steilen Cañons des südlichen Kansas gar viele derartiger Cairns oder Steinhaufen finden; diese sind auch in den Gegenden nördlich vom Nordarme des Platte-River sehr häufig, und ich habe mancherlei Vermuthungen über ihren Zweck aufstellen hören. Sie dienen aber einfach nur zur Bezeichnung der Lage und Richtung des Weges, wenn der Boden mit Schnee bedeckt ist. So findet man in den bewaldeten . Gegenden im Norden Steine auf die Aeste und Astgabeln der Bäume zu beiden Seiten der Wegspur gelegt, die man, so lange sie mit Schnee bedeckt ist, ohne dieses einfache und sinnige Auskunftsmittel kaum verfolgen könnte. Die meisten Stämme der Prairien haben ein vergleichsweise beschränktes Gebiet, welches sie vollständig auswendig lernen. Hier ist ihnen jedes Merkmal, jedes steile Thälchen, welches auf dem Rückzuge Sicherheit und Versteck darbieten kann, jedes Wasser, gleichviel wie sehr es auch in Fels und Prairie versteckt sein mag, genau bekannt; und wenn der Indianer es ein einziges Mal gesehen hat, so kennt er es auf seine ganze Lebenszeit entweder für seinen eigenen Gebrauch oder um seine Kenntniß seinem Stamme mitzutheilen. Der Indianer reist verhältnißmäßig wenig bei Nacht und niemals aus eigener Wahl. Nur wenn er sich einem Feinde nähert, welchen er überraschen zu können hofft, oder wenn er einer allzu nachdrücklichen Verfolgung entgehen will, überwindet er seinen natürlichen und noch durch seine religiösen Vorstellungen gesteigerten Widerwillen gegen nächtliche Reisen. Allein selbst in diesen Fällen bedient er sich all' des Lichtes, das er bekommen kann, und der erfahrene Ansiedler auf der Grenze oder in den Prairien verwendet jedes Mal um die Vollmondszeit im Mai oder Juni ganz besondere Sorgfalt auf die Bewachung seiner Herden.

26. Grausamkeit.

Die Grausamkeit des Indianers läßt sich nur durch die Annahme erklären, daß Grausamkeit ein normaler Zug im menschlichen Wesen ist. Wilde Thiere sind nicht grausam, denn wenn der Wolf auch einem Hirsche den Bauch aufreißen und die Eingeweide verschlingen kann, während das Thier noch am Leben ist, so thut er es nur aus Freßgier allein. Die Mitglieder des Katzengeschlechtes spielen allerdings mit ihren Opfern und peinigen sie, aber unzweifelhaft nur behufs der Uebung im Fange derselben. Wenn wir überdies den Menschen glauben dürfen, welche schon in den Kinnladen dieser Thiere gewesen sind, so hat die Natur diese ausnahmsweise anscheinende Grausamkeit dadurch ausgeglichen, daß sie über die Opfer des Katzengeschlechtes eine Art Nervenlähmung verhängt, welche dieselben nicht nur jedes Gefühles von Schmerz enthebt, sondern sie sogar hindert, sich das Entsetzliche ihrer Lage zu vergegenwärtigen. Die Grausamkeit des Indianers ist angeboren und anerzogen und klebt ihm lebenslang als unterscheidender Charakterzug seines Menschenthums an. Als Knabe gewährt es ihm besonderes Vergnügen, jedes Thier und jeden Vogel, dessen er sich in lebendem Zustande bemächtigen kann, zu peinigen. Als Mann macht ihm die Peinigung eines menschlichen Wesens weit mehr Vergnügen als irgend eine andere That seines Lebens, und zu keiner Zeit ist sein Lachen so fröhlich und herzlich, als wenn irgend eine besonders scharfsinnige Qual dem Opfer seiner Grausamkeit ein Stöhnen oder einen Schrei des Entsetzens abringt.

Am Uebermaß des Vergnügens im Vorgefühle einer Folterscene, an teuflischer Erfindungsgabe im Ersinnen und an gefühlloser Grausamkeit im Bereiten von Schmerz und Qual übertrifft das indianische Weib seinen Gatten und Sohn noch weit, und diese können ihr keinen größeren Genuß bereiten, als wenn sie bei der Heimkehr von einem Raubzuge ihr irgend einen Gefangenen mitbringen, an welchem sie jene Erfindungsgabe ausüben kann.

Man hat mir erzählt, daß jedes Mal, wenn eine Gefangene ins Lager gebracht, bis auf die Haut ent=kleidet und zum allgemeinen Besten an Händen und Füßen ausgepflöckt werde, die Weiber sich um die Ge=fangene versammeln, das lebhafteste Interesse an diesen Vorgängen nehmen und ihre Liebhaber, Gatten und Söhne zur wiederholten Schändung des Opfers auf=fordern, und daß ihre Eifersucht (falls sie überhaupt einen Funken von diesem Gefühl in sich haben, was ich bezweifle) vollkommen in der wilden Lust untergeht, welche ihnen das über jenes Opfer verhängte Leiden be=reitet. Die Grausamkeit gegen Thiere ist bei ihnen in gleich auffallendem Maße vorhanden, obschon von mehr passiver Natur. Die Folterung eines menschlichen Wesens ist ein actives, ausgesuchtes Vergnügen. Das Leiden eines Thieres ist einfach eine Sache der Gleichgiltigkeit. Ein Indianer wird ein Pferd noch reiten, welchem durch den schlecht sitzenden Sattel jeder Fetzen Haut und viel Fleisch vom Rücken gerissen worden sind; er wird es in voller Geschwindigkeit reiten, bis es niederstürzt, wird es dann mit Gewalt wieder auf die Füße bringen und abermals reiten. Ein Sprichwort, das auf den Prai=rien im Schwunge geht, sagt: »Ein weißer Mann wird

ein Pferd als buglahm und zum Weiterkommen un=
fähig aufgeben; ein Mexicaner wird es dann besteigen,
noch fünfzig Meilen weit reiten und dann verlassen;
und ein Indianer wird erst alsdann dasselbe besteigen und
noch eine Woche lang reiten.« Als ich einmal in den
Guadalupe=Gebirgen auf der Jagd war, ging uns bei=
nahe ein Bär verloren, weil Espinosa im kritischen
Augenblicke zu feuern versäumte. Nachdem der Bär er=
legt worden war, stellte ich ihn darüber zur Rede,
warum er nicht geschossen habe, worauf er mir erwiderte:
»Ich hätte allerdings den Bären tödten können, allein
ich hatte nur einen einzigen Schuß. Wir können jeder=
zeit von Indianern überfallen werden, und ich werde
mich niemals gefangennehmen lassen und spare stets
den letzten Schuß für mich selber auf.« — Diese
Antwort machte einen tiefen Eindruck auf mich und ich
habe jederzeit nach Espinosa's Regel zu handeln versucht,
allein in der Aufregung der Jagd werden Regeln oft
vergessen. Espinosa's Erfahrungen unter den Indianern
hatten begreiflich nicht nur einen bitteren Haß gegen die=
selben, sondern auch eine äußerst lebhafte Furcht vor
der Möglichkeit, lebendig in die Hände dieser Wilden zu
fallen, in ihm hinterlassen. Er hat mir am Lagerfeuer
manche haarsträubende Geschichte von ihren barbarischen
Grausamkeiten erzählt. Als passende Belege hiefür will
ich hier nur zwei Fälle erzählen, welche beide er inso=
weit als wahr verbürgen wollte, als jemand etwas für
wahr hält, was er nicht selber wirklich gesehen hat.

Als Espinosa ungefähr vierundzwanzig Jahre alt
war, überfiel eine Bande Comantschen aus demselben
Lager, zu welchem er gehörte, auf einem Raubzuge nach

Mexico einen großen Rancho. Die armselig bewaffneten Bewohner leisteten nur geringen Widerstand, mit Ausnahme von etlichen Männern, welche sich in einen Hofraum zurückzogen und mit solchen Waffen, wie sie ihnen gerade in die Hand kamen, wacker vertheidigten. Alle wurden bald niedergemacht bis auf einen einzigen Mann von beinahe riesiger Statur und Stärke, der zwar nur mit einer Axt bewaffnet war, aber schon einen oder zwei seiner Angreifer erschlug und die anderen im Schach hielt. Endlich stieg ein Indianer auf die Umfassungsmauer des Hofes, schleuderte jenem den Lasso über den Kopf und warf ihn nieder, worauf er bald überwältigt und an Händen und Füßen gebunden war. Nach der erbarmungslosen Schändung und Ermordung aller Frauensleute wurden die Kinder in ein Zimmer eingesperrt, der Weiler geplündert und an zehn oder zwölf Orten zugleich angezündet. Hierauf nahmen die Indianer den einzigen Mann, welcher sich in der Vertheidigung des Rancho ausgezeichnet hatte, mit sich und kehrten nach ihrer Heimat zurück. Auf dem langen Marsche wurde der Gefangene zwar genau beaufsichtigt, bei Tag streng bewacht und bei Nacht sicher angebunden, aber doch mit ungemeinem Wohlwollen behandelt. Die Comantschen belobten seinen Muth in den höchsten Ausdrücken und spiegelten ihm vor, sie gedächten ihn mit sich in ihr Lager zu nehmen, ihn in den Stamm zu adoptiren und einen großen Häuptling aus ihm zu machen. Nachdem die Bande die Hauptgewässer des Nueces-Flusses verlassen hatte, zog sie erst am südlichen Ende der ausgedehnten Hochebene hin, welche bei den Weißen unter dem Namen des »Llano Estacado« oder der »aus-

gepfählten Hochebene« bekannt ist, und dann über dieselbe hinweg. An einem Wasserloche auf dieser Hochebene machte die Bande für einige Tage Halt, und man
ließ den Gefangenen ein Loch in den Boden graben,
dessen man angeblich zu irgend einer religiösen Ceremonie bedürfe. Mit einem Messer und den Händen
arbeitend, warf der Gefangene in einem oder zwei Tagen
eine Grube von drei Fuß Durchmesser und über fünf
Fuß Tiefe aus. Am andern Morgen wurde dem Gefangenen ein Strick fest um die Knöchel gebunden, und
spiralförmig um die Beine und den Leib bis zum Hals
herauf gewunden und seine Arme damit fest an die
Seiten geschnürt; starr und unbeweglich, wie er nun
war, wurde der Mann aufrecht wie ein Pfosten in das
Loch gestellt, und die ausgegrabene Erde hinein gefüllt
und um ihn herum so festgestampft, daß, als Alles
fertig war, nur sein Kopf noch aus dem Boden ragte.
Jetzt wurde ihm die Kopfschwarte abgezogen und Lippen,
Augenlider, Nase und Ohren abgeschnitten, worauf die
Unmenschen singend und höhnend um ihn herumtanzten
und ihn verließen. Bei ihrer Ankunft im Lager
schilderte die Bande umständlich die Bestrafung, die sie
an dem Mexicaner vollzogen hatte, und die im ganzen
Stamme als ein ganz ausgezeichneter Spaß betrachtet
wurde. Die Indianer meinten, der arme Mensch werde
noch acht Tage leben, bei Nacht erfrischt durch die Kühle
der hohen Prairien, bei Tage schier zum Wahnsinn getrieben durch die Sonnenglut, die auf seinen scalpirten
Schädel und seine schutzlosen Augäpfel einwirkte, während
Myriaden von Fliegen ihre Eier in seine Wunden legen
würden. Dieser »Spaß« erwarb sich eine große Berühmt-

heit unter den Stämmen der südlichen Prairien, und
der Krieger, welcher denselben ersonnen hatte, galt für
einen erfinderischen Genius ersten Ranges.

Die Tonkaways sind nicht eigentlich ein Stamm
der Plains und nun bis auf einen kleinen Rest ausge=
storben. Zur Zeit aber, wo Espinosa unter den Comantschen
lebte, waren sie noch ein mächtiger Stamm und besaßen
das niedrige Gelände zwischen den Flüssen Brazos und
Sabine, welches heutzutage das südöstliche Texas um=
faßt. Zwischen den Comantschen und Tonkaways bestand
ein unaufhörlicher Krieg, und viele Jahre hindurch zog
Espinosa ein= oder zweimal jährlich mit Banden von
Comantschen auf Raubzüge hinunter in das Land der
Tonkaways. Eine dieser Banden ward eines Morgens
durch eine Uebermacht von Tonkaways überfallen und
dabei mehrere Comantschen getödtet, zwei davon ge=
fangen genommen und die anderen zersprengt. Espinosa
entkam und kehrte nach seinem Lager zurück, und bald
nach ihm fand sich auch der eine der beiden in Gefangen=
schaft gerathenen Krieger zu Fuße wieder im Lager ein
und schilderte seine erlebten Abenteuer folgendermaßen:
Sein Schicksalsgenosse war verwundet, sie waren gebunden
auf Pferde gepackt worden und marschirten eilends gegen
Osten. Am zweiten Tage zeigte der verwundete Comantsche
Anwandlungen von Schwäche. Als in jener Nacht die
Tonkaways schwatzend um das Feuer saßen und die beiden
Gefangenen, an Händen und Füßen gebunden, nahe
dabei am Boden lagen, stand einer der Tonkaways auf,
trat zu dem verwundeten Gefangenen, zog sein Messer,
schnitt ihm kaltblütig und ruhig ein Stück Fleisch aus
dem Schenkel und legte es auf die Glut, um es zu

braten. Ein Zweiter und Dritter folgten und holten sich jeder seine Schnitte. Als das Fleisch genügend gebraten war, verzehrte jeder Tonkaway seine Schnitte, plauderte dabei mit dem Comantschen und belobte ihn wegen der Trefflichkeit und Zartheit seines Fleisches. Der Comantsche erwiderte ihnen, indem er die Hoffnung ausdrückte, er möge ihnen schlecht bekommen, und wünschte, sein Fleisch möge ihnen Gift werden u. s. w. So oft eine Arterie oder große Vene angeschnitten wurde, stillten die Tonkaways die Blutung sogleich durch Versengung der verletzten Stelle mittelst eines Feuerbrandes. Dieses scheußliche Mahl ward bis tief in die Nacht hinein fort=gesetzt, bis mittlerweile beinahe alles Fleisch von Schenkeln und Lenden abgeschnitten und verzehrt war. Der Comantsche begann dann seinen Todesgesang anzustimmen, und sein Leben und das Mahl endeten mit einander. Auf den anderen Gefangenen machte der erlebte Auftritt einen solch gewaltigen Eindruck, daß er, nachdem die Tonkaways eingeschlafen waren, sich mit Erfolg zu be=freien versuchte und glücklich entkam. Die Tonkaways haben stets in dem Rufe gestanden, Cannibalen zu sein. Ihrer sechs oder acht waren einmal als Späher auf dem Fort Martin Scott in Texas angestellt und leisteten gute Dienste gegen die Comantschen. Ich erkundigte mich einmal bei einem Unterhäuptlinge, ob die Leute seines Stammes Menschenfresser seien; er leugnete es zwar, gestand aber zu, daß ihre Väter ihre Feinde verspeist hätten, jedoch nicht zur Befriedigung ihres Hungers, sondern ihres Rachegefühles. Ich glaube, sie sind der einzige Stamm in Nordamerika, welcher dem Cannibalen=thume ergeben ist oder ergeben war. Erst vor wenigen

Jahren lernte ich einen Herrn kennen, welcher bald nach dem furchtbaren Blutbad von Minnesota im Jahre 1862 nach der Front gegen die Indianer gekommen war. Es gab damals schon keine Kämpfe mehr, denn die Indianer hatten sich zurückgezogen, und das Detachement widmete sich der Beerdigung der Erschlagenen und der Linderung der Noth derjenigen Weißen, welche der Wuth der Indianer entgangen waren und sich in Dickungen und Schluchten versteckt hatten. Er versicherte mich, daß Worte nicht die Greuel jener Scenen zu beschreiben ver= möchten, welche damals verübt worden sein mußten. Scalpirte und verstümmelte Leichen von Weibern und Männern, Säuglingen und kleinen Kindern, denen der Schädel an Mauern und Bäumen zerschmettert worden war, wurden gesammelt und beerdigt. Auf einem Gehöfte fand man die scalpirte und verstümmelte Leiche eines alten Mannes auf dem Boden des Wohnzimmers liegend; auf dem Boden eines anstoßenden Schlafzimmers lag die Leiche einer alten Frau im selben Zustande. In einem anderen Schlafzimmer bot sich noch ein weit entsetzlicherer, bemitleidenswertherer und ekelerregenderer Anblick: Drei junge Mädchen, das älteste ungefähr zwanzig, das jüngste nicht über vierzehn Jahre alt, hingen scalpirt und verstümmelt an den Wänden herum an Nägeln, welche ihnen durch die Handflächen der ausgestreckten Arme geschlagen waren, und hatten in dieser Lage mehrere Tage zugebracht. Das jüngste Mädchen war schon einige Zeit todt, ein anderes starb unmittelbar nachdem man es herunter genommen hatte, und das dritte lebte nur noch einen oder zwei Tage und vermochte einige Aus= kunft über das Blutbad zu geben. Der Rädelsführer bei diesen Greueln war der Familie wohlbekannt und immer für einen besonderen Freund angesehen worden; er hatte oft die Mahlzeit dieser Leute getheilt, und am Morgen des Gemetzels waren er und einige andere Indianer freundlich wie sonst ins Haus getreten, hatten allen Hausgenossen die Hand geschüttelt und etwas zu essen verlangt. Wenige Augenblicke später zog dieser Freund plötzlich seinen Tomahawk und schlug dem Vater den Schädel ein. Die Frauensleute eilten in das Schlaf= zimmer und suchten sich zu verrammeln. Ein Kriegs= schrei lockte aber noch zwanzig oder dreißig weitere Indianer herbei, welche das Haus umzingelten und jede Aussicht auf Entkommen vereitelten. Die Thüre des Schlaf= zimmers ward dann erbrochen und die Mutter durch einen Streich mit dem Tomahawk erschlagen, worauf die drei Mädchen bis auf die Haut entkleidet und von allen Indianern nach einander geschändet wurden und der besondere Freund der erste war, welcher diese Scheußlichkeit begann.

Die Mädchen mußten den ganzen Tag hindurch zur Befriedigung der viehischen Lüste dieser rothen Teufel dienen, und zwar in demselben Zimmer, wo ihre er= schlagene Mutter lag. Just mit Einbruch der Nacht traf ein Indianer mit einer Botschaft ein, welche diese Bar= baren zu beunruhigen schien, und nach einer Berathung ging einer von ihnen hinaus und brachte eine Art und einige große Bolznägel herein. Die Mädchen wurden dann einzeln in ihr eigenes Schlafzimmer geschleppt, aufrecht=mit den Rücken an die Wand gestellt, ihnen die Arme ausgestreckt und die Hände offen und in der ent= sprechenden Lage gehalten, während ihnen die Nägel durch die Handflächen in die Wand geschlagen wurden. Nachdem man sie dann scalpirt, ihnen die Brüste abgeschnitten und sie sonst in unsagbarer Weise verstümmelt hatte, wurden sie ihren Leiden und dem Tode preisgegeben. Die amtlichen Berichte über die Greuel, welche bei dem Gemetzel in Minnesota begangen wurden, enthalten Stoff genug, um dieser Geschichte sogar einen Anschein von Unwahrscheinlichkeit zu benehmen. Grausamkeit ist für den Indianer zugleich eine Ergötzung und ein Studium, und gewährt ihm so viel Vergnügen, daß er sich beständig neue Arten von Qualen ersinnt oder darauf denkt, die bereits bekannten auf's Aeußerste zu verlängern. Seine anatomische Kenntniß von den empfindlichsten Theilen des menschlichen Körpers ist wunderbar genau, und seine Schätzung des Maßes von Schlägen, Schnitten, Peitschenhieben und Brandwunden, welches er einem Menschenkörper zumuthen kann, ohne dessen Lebenskraft ernstlich zu gefährden, ist überraschend. Wenn er Zeit genug hat, diesem Zeitvertreib sich hinzugeben, so wird jeder Verwundete, der in seine Hände fällt, sogleich ein Gegenstand des Experimentirens für ihn. Die Leichen seiner Feinde werden beinahe immer furchtbar verstümmelt, allein es ist im Allgemeinen nicht schwer, aus der Art und Weise der Verstümmelung zu bestimmen, ob ein Körper vor oder nach dem Tode in ihre Hände fiel.

Wenn der Körper von vielen Kugeln oder Pfeilen durchbohrt oder mit tiefen und unbedachten Hieben und Stichwunden bedeckt ist, so hat er den Geist aufgegeben, ehe er in die Gewalt der Indianer fiel. Allein künstliche Zergliederungen, geschundene Theile, Verrenkungen, zer-

splitterte oder gebrochene Finger und Zehen deuten stets
darauf hin, daß das arme Opfer sein Leben unter allen
begleitenden Qualen und Greueln von Schmerz und
Entsetzen ausgehaucht hat, welche diese Teufel nur ersinnen können. Es ist eine sehr merkwürdige Thatsache,
daß, während ich nur von einigen wenigen Fällen von
Selbstmord unter den Indianern gehört habe, diese eine
Art von Respect für diese That bei den Weißen hegen.
In einem mir persönlich bekannt gewordenen Falle
stürzte das Pferd eines tapferen Burschen und heftete
ihn unverletzt an den Boden, inmitten einer Menge
schreiender, wuthentbrannter, blutgieriger Apatschen.
Einige waren schon abgestiegen, um sich seiner Person
zu bemächtigen, als er seine Pistole an die Schläfe setzte
und sich eine Kugel durch den Kopf jagte. Die Indianer
flohen voll Bestürzung und enthielten sich nicht allein der
Verstümmelung der Leiche, sondern beraubten diese nicht
einmal ihrer Waffen, Kleider u. s. w. Ich habe noch
von mehreren ähnlichen Fällen gehört. Ein Officier der
Armee mit einem prächtigen hellbraunen Bart, auf dessen
Länge, Dichte und Schönheit er gerade nicht wenig stolz
ist, erhielt eines Tages mit mir einen Besuch von einer
Gesellschaft Indianer, welche die größte Freundschaft an
den Tag legten. Einer der Indianer ward vom An-
blicke dieses Bartes höchst überrascht, und seine günstige
Werthung desselben war so auffallend, daß sie die
Aufmerksamkeit auf sich lenken mußte. Endlich schien der
Indianer außer Stande zu sein, seine Bewunderung zu
zügeln, und streckte die Hand aus, wie um ihn zu be-
rühren und zu streicheln. Der ungemein geschmeichelte
Officier fuhr mit der Hand über seine Gesichtszier und

fragte den Indianer, ob sie ihm gefalle. Complimente wurden ausgetauscht und Alles war Freundschaft und Wohlwollen, bis dem Indianer unglücklicherweise die Bemerkung entschlüpfte, er bewundere den Bart nur deshalb so, weil es ein ungeheurer Spaß sein würde, den Officier an demselben an einem Baume aufzuhängen und mit Pfeilen nach ihm zu schießen. Die auf gegenseitige Bewunderung zusammengetretene Gesellschaft ward sogleich aufgelöst, und der Officier wandte sich zu mir und sagte emphatisch: »Oberst, wenn ich diesen Sommer auf eine Indianer-Expedition commandirt werde, so schwöre ich hoch und theuer, daß ich mir diesen Bart abschneiden werde.«

27. Die indianischen Pferde.

Mein Zweck würde unvollständig erreicht sein, wenn ich des Pferdes oder Pony nicht erwähnte, welches dem Indianer der Prairien der unzertrennliche Gefährte und dienstbarste Sclave ist. Das Rößlein des Indianers ist gegenüber von anderen Pferderacen nur ein Pony oder Klepper; kaum vierzehn Faust hoch, ist es eher leicht als schwer gebaut, mit guten Beinen, strammen Schultern, kurzem starkem Rücken und vollem Bauch. Es hat keinen Schein von Vollblut oder Race an sich, außer spitze nervöse Ohren und helle, intelligente Augen, aber die Summe von Arbeit, die es leisten, die Entfernung, welche es in einer gegebenen Zeit (vorausgesetzt, daß diese lang genug ist) zurücklegen kann, setzen den Indianer so ziemlich auf gleichen Fuß mit dem Araber. Allein wenn das Rößlein für den Indianer auch von unentbehrlichstem Werthe und Nutzen ist, so empfängt es doch von ihm nicht die geringste Aufmerksamkeit, wird niemals in einen Stall eingestellt, weder gewaschen noch abgerieben, noch gestriegelt, noch mit einer Decke zugedeckt, noch beschlagen, noch gefüttert oder ärztlich behandelt. Wenn es nicht unter dem Sattel ist, so verbringt es sein Leben in der Herde. Nach einem harten Tagewerk werden ihm Sattel und Zaum abgenommen und es wird ausgepflöckt oder freigelassen, um in beiden Fällen für sich selbst zu sorgen. Ist sein Rücken blutig und vom Sattel zerrissen, so wird ihm ein Tuch oder Fell übergebreitet, um die Fliegen abzuhalten. Wenn man mit ihm über rauhen oder steinigen Boden reitet, so nimmt sich sein Reiter die Mühe, einen empfindlichen Fuß in ein Stück Büffeldecke einzubinden. Im Winter ist der indianische Pony ein überaus jämmerlicher Gegenstand, ein lebendiges Skelett. Der fürchterlichen Kälte und den schneidenden durchdringenden Winden eines Winters der Plains ausgesetzt, während sein dürftiges und wenig nahrhaftes Futter unter dem Schnee begraben ist, würde das arme Thier unfehlbar zu Grunde gehen, wenn ihm die Squaws nicht Aeste von den Cotton-wood- (Pappel=) Bäumen abhauen würden, daß er die Rinde davon abnagen kann. Zu dieser Jahreszeit sieht das Indianer-Rößlein mit seinem langen, struppigen und rauhen Haar, das von Schmutz und Kletten zusammengeknäuelt ist, mit den vorstehenden hageren Hüften, dem dicken, von Zweigchen und Rinden aufgeblähten Bauche, den es mit solchem Zeuge nur in der vergeblichen Hoffnung, den verzehrenden Hunger zu stillen, füllt, verkommen und niedergeschlagen, wie es ist — eher einem ungeschlachten Ungeheuer als einem Pferde gleich). Allein wenn der Frühling die Erde erwärmt und aus ihrem fruchtbaren Schooße das zarte Gras hervorgelockt hat, so wirft das Rößlein die rauhen Winterhaare ab, schafft den vorspringenden Bauch ab und ist mit gerundeter geschmeidiger Gestalt und hoch aufgerichtetem Kopfe, Augen und Ohren voll Beweglichkeit und Intelligenz, wieder bereit, seinen Herrn zu Kampf und Raubzug hinauszutragen, und verdient wieder Vertrauen selbst bis zum Tode. Nächst seiner Ausdauer ist die beste Eigenschaft des indianischen Pony sein sicherer Fuß. Er klettert einen steilen felsigen Hügel mit der Rührigkeit und Zuversicht des Maulthieres hinan; er sprengt an einem beinahe steilen Abhang mit der Gleichgiltigkeit des Büffels hinab; im Marsche durch Sümpfe und moorige Niederungen wird er nur vom Elch übertroffen; er sprengt im Galopp durch Dünen und Sandhügel oder über ein von Goffern (Taschenratten, Ascomys canadensis) durchwühltes Terrain dahin, wo ein amerikanisches Pferd Mühe hätte, im Schritt vorwärts zu kommen, und wo es in den ersten fünfzig Schritten eines Galopps stürzen würde.

Die Summe der Leistungen, welche ihm ein Indianer zumuthen kann, ist erstaunlich. Schonung kennt der Indianer nicht; heiße ihn irgend etwas aus meilenweiter Entfernung schnell herbeiholen, und er wird wahrscheinlich im vollsten Rosseslaufe hin und wieder zurück sprengen, obwohl die zurückzulegende Strecke zwanzig Meilen betragen mag. Ich habe eine Bande Indianer ihre Pferde zum bloßen Zeitvertreib eine ganze Stunde rennen lassen sehen. Bei ihren Exercitien von einer oder zwei Stunden wird kein Halt gemacht, um die Pferde verschnauben zu lassen, welche übrigens Gelegenheit haben, die Gangart zu wechseln. In dem schon erwähnten Gefechte am Plum-Creek währte die Verfolgung sechzehn Meilen weit, und die Verfolger kehrten in einem kurzen Galopp zurück. Und diese Arbeit mußte unter den anscheinend ungünstigsten Umständen, mit einem furchtbaren Stangengebiß, einem schlecht passenden Sattel und einem Reiter, welcher so grausam und gefühllos wie das Schicksal selbst ist, geleistet werden.

Der indianische Pony ist unbezweifelbar dasselbe Thier, wie der Mustang oder das wilde Pferd in Texas und auf den südlichen Prairien, und das wilde Leben sagt ihm zu. Er ist hinreichend lenksam für den roh reitenden Indianer; wenn er aber in das Eigenthum eines civilisirten Gebieters übergeht, ist er entweder ein störrisches, bösartiges und tückisches Vieh, schwer zu handhaben und immer gefährlich, oder er artet in einen fetten, faulen, kurzathmigen Klepper aus, der nur für ein Kind oder einen Achtzigjährigen paßt. Letzteres ist ganz besonders dann der Fall, wenn er im Stalle gehalten, beschlagen und mit Mais und Hafer gefüttert wird. Wohlleben verdirbt ihn, wie es noch viele andere Thiere von höherer Ordnung verdirbt, und sein wahrer Charakter und Werth und seine Leistungsfähigkeit entfalten sich am besten unter ungünstigen Umständen. Die Schwankung und Verschiedenartigkeit in seiner Leistungsfähigkeit ist nur gering im Vergleiche mit derjenigen unserer Pferde, so gering sogar, daß »ein Pony« der Maßstab für alle Werthe ist. Das eine Thier mag um ein

Weniges rascher oder etwas stärker sein, als ein anderes, aber diese Vortheile werden möglicher Weise wieder beeinträchtigt durch besondere Bösartigkeit oder andere Fehler. Das Alter scheint wenig in Betracht zu kommen, denn das Thier ist ein »Pony« oder Pferd, so lange es noch hinreichende Lebenskraft hat, im Frühjahr wieder fett zu werden. Der Verlust eines Auges oder eine dauernde Lahmheit ist ein solch ernster Fehler, daß es das Thier nicht länger als »Pony« verkäuflich macht. Wenn ein Indianer eine Anzahl Pferde von einem andern kauft, so werden dieselben nicht ausgewählt, sondern von der Herde »abgeschnitten«, wie jemand eine Anzahl Schafe von einer Herde kaufen würde. Die »Abgeschnittenen« werden dann einzeln untersucht und wenn sie ausgewachsen und nicht fehlerhaft sind, ge= nommen. In allen großen Pferdeherden gibt es einige besondere Lieblinge — Reit=, Schlacht= oder Kunststück= Rosse, welche in allen gewöhnlichen oder allgemeinen Pferdekäufen ausgenommen sind. Selbst wenn ein Mann das Weib eines Andern gestohlen hat, werden ihm diese Pferde nicht unter denjenigen weggenommen, welche er für die geraubte Squaw zu bezahlen hat.

28. Squaw=Männer.

Diesen Namen geben die Indianer denjenigen Männern, welche nicht von ihrem Stamme sind, sondern durch Kauf von Weibern (Heirat) von dem Stamme adoptirt worden sind oder in ihm geduldet werden. Sie gehören zweierlei Classen an. Die erste besteht aus Männern von einigem Vermögen und häufig von

Fähigkeiten, welche als Händler unter die Indianer kommen und — als ein Mittel, deren Vertrauen zu gewinnen und deren Kundschaft zu erlangen — sich aus jedem Stamme und bisweilen beinahe von jeder Bande ein Weib beilegen. Diese Männer werden häufig sehr wohlhabend und erlangen großes Ansehen unter den Indianern, und ihre Weiber sind ja bloßes Eigenthum und durchaus kein Hinderniß, daß sie auch noch Weiber und Familien in den Staaten haben. Wenn sie alt werden, ziehen sie sich zuweilen von den Geschäften zurück, setzen sich zur Ruhe, ziehen in ihre Heimat in den Staaten und sind sehr oft geachtete und einfluß= reiche Mitglieder der Gesellschaft. Andere verbringen den Winter ihres Lebens in ihren westlichen Heim= stätten in patriarchalischer Weise, umgeben von einer ganzen Schaar bewundernder Nachfolger und Anhänger. Zur zweiten Classe gehört die bei jedem Stamme lebende Menge von Verbannten und Verstoßenen, von Auswurf aus aller Herren Ländern, von Amerikanern, Franzosen, Mexicanern u. s. w., dem niedrigsten Abschaum, der — von der Gesellschaft, worin er geboren war, ausgespieen — eine entsprechende Zuflucht unter diesen Wilden findet. Dieses Leben der Betreffenden ist nicht immer Sache der freien Wahl, sondern denselben zuweilen auf= gedrungen durch eine allzu eifrige Nachfrage der Helfers= helfer des Gesetzes nach ihren Personen. Sehr häufig erscheinen diese Leute bei ihrer Ankunft unter den Indianern im Besitze einer Anzahl Pferde von ver= schiedenen Brandmalen, welche hinreicht, um ihnen nicht blos einige der angeseheneren Krieger zu befreunden, sondern auch, um eine oder mehrere Squaws und ein

»typi« (Hüttenzelt) zu kaufen und sie in den Stand zu setzen, ein Hauswesen zu gründen. Diese Männer werden ein Theil des Stammes, welcher sie auf diese Weise adoptirt oder unter sich duldet, und sie schicken sogar, wenn sie in der Nähe der Agenturen sind, ihre Squaws nach denselben, um für sich und ihre Kinder Rationen zu beziehen. Da diese Bursche noch mehr natürliche Schlauheit haben als die Indianer und mit der Lebens=weise und Denkungsart des weißen Mannes genau ver=traut sind, so erlangen sie bald eine gewisse Ueberlegen=heit über ihre rothen Brüder. Da sie im Stande sind sich unbeargwöhnt in die Ansiedlungen der Weißen zu begeben, so beschuldigt man sie, die Spione für die Indianer zu machen, diesen anzugeben, wo irgend eine werthvolle Herde Pferde oder Maulthiere zu holen sei, und selbst persönliche Racheacte auszuüben, indem sie die Indianer zu irgend einer scheußlichen That auf=reizen. Es gibt kaum ein Verbrechen, dessen sie nicht beschuldigt werden, und meines Erachtens auch keines, dessen sie nicht fähig wären. Das sind die Männer, welche den heimlichen Tauschhandel mit den Indianern treiben, diese mit Waffen und Munition versehen, ihnen Branntwein liefern u. s. w., welche die stets bereiten Werkzeuge gewissenloser und pflichtwidriger Agenten sind, eidliche Erklärungen zur Deckung jedes Verlustes abgeben und jede Geschichte beschwören, welche für sie erdichtet worden ist. Der Squaw=Mann ist in seinen eigenen Lieblingsbeschäftigungen und Spielen, im Lügen, Stehlen, Trinken und in jeder Art von Liederlichkeit dem Indianer so sehr überlegen, daß er dessen un=bedingte Bewunderung erntet, und er wird zu einer

Macht unter den Rothhäuten durch die Darlegung und Geltendmachung von Eigenschaften, welche den bei diesen in höchster Achtung stehenden ähnlich, aber ihnen weit überlegen sind. Von diesen Männern entnehmen daher die Indianer ihre Ansichten von dem Charakter, der Befähigung, Sittlichkeit und Religion der Weißen. Die Mexicaner sagen sprichwörtlich: »Ein Weib ist das beste Wörterbuch«, und Squaw-Männer bestätigen die Richtigkeit desselben dadurch, daß sie bald die Sprache der Indianer erlernen. Aller Verkehr zwischen der Regierung und dem Indianer wird durch diese Männer hindurch geseiht und nimmt etwas von ihrem Charakter an, welcher voll Doppelzüngigkeit, Verrätherei und Hinterziehung ist. Im ganzen Bereiche der Prairien gibt es keinen Dolmetscher, auf den man sich verlassen kann, und man sollte niemals einen Vertrag oder irgend eine heikle Sendung unternehmen, ohne mehrere Dolmetscher zu verwenden und sich überdem die Auslegung jedes Einzelnen außerhalb der Hörweite der anderen geben zu lassen. Es existiren in den Vereinigten Staaten ungefähr hundert indianische Reservationen und Agenturen und auf jeder derselben durchschnittlich zehn solche Squaw-Männer. Man kann sich daher denken, von welcher Einwirkung auf den Indianer ein Tausend solcher »Missionäre« ist, wie diese elenden Auswürflinge sind. Ein Tausend Schufte mit ihren indianischen Weibern und halbblütigen Kindern wird von der Regierung ernährt und verpflegt. Sie sind eine Schädigung für das ganze Land, ein Verderbniß für den Indianer, und sollten ausgerottet werden.

29. Schluß.

Der Indianer der Plains ist zwar nicht so entartet und heruntergekommen, wie manche andere Stämme und Völker des amerikanischen und des älteren Continents, aber er ist so wild als irgend einer. Seine Religion prägt ihm weder Liebe noch Pflichten gegen Gott oder die Menschen ein; seine Erziehung lehrt ihn keine Sittlichkeit; sein geselliges Leben erhebt sich wenig über dasjenige der wilden Thiere des Feldes; sein Begriff von Recht ist die Verwirklichung seines eigenen Willens, sein Begriff von Unrecht die Aufdrängung eines fremden, dem seinigen entgegengesetzten Willens. Allein wie wild er auch sein mag, jedenfalls verdient er, daß man sich um seinetwillen darüber klar werde, daß die Voreltern auch der erleuchtetsten Nationen zu irgend einer Zeit in der Weltgeschichte ebenso wild waren, als er gegenwärtig ist. Unser Wachsthum ist die langsame Entwickelung durch ein Jahrhundert um das andere hindurch gewesen. Es ist kaum billig von ihm zu erwarten, selbst bei überlegenen Vortheilen, daß er in einer oder zwei Generationen seine Natur umwandle. Er hat überdies hiezu niemals eine leiblich günstige Gelegenheit und Möglichkeit gehabt. Seine Vortheile von und seine Bekanntschaft und Berührung mit der Civilisation sind mehr scheinbar als wirklich.

Der Pelzhandel in Nordamerika hat viele der riesigsten Vermögen in England, Frankreich und Amerika gegründet und aufgebaut. Der größere Theil dieses Handels kommt von dem Indianer her. Der Gewinn daraus, selbst beim redlichen und rechtmäßigen Betrieb, war ungeheuer und ist es noch, und wenn man aus des Indianers Leidenschaft für Putz und Tand und Feuerwaffen Vortheil zieht, so wird dieser schon ungeheure Gewinn noch so hoch gesteigert, daß man sich über die heftige und gewissenlose Concurrenz im Handel mit dem Indianer nicht verwundern darf. Die Natur des directen Handels, das hiezu erforderliche kleine Capital und die Stellung des Händlers außerhalb der Schranken der Gerichtsbarkeit und des Gesetzes ziehen zu ihm die aller= schlimmste Classe von Weißen heran, welche dem Indianer nur die allerfrechsten Laster und keine einzige der guten Eigenschaften der Civilisation mittheilen. Daß der Indi= aner noch heute der grausame unmenschliche Wilde ist, wie wir ihn kennen, das ist theilweise die Schuld der amerikanischen Regierung, welche niemals ihre Schuldig= keit gegen ihn gethan hat. Bis in die jüngste Zeit herein waren die Agenten, durch welche die Regierung mit den Indianern verkehrte, nur um rein politischer Ursachen willen ernannt. Man wählte einen Mann nicht wegen seines Charakters oder seiner Befähigung oder seiner Bekanntschaft mit den Indianern und ihrem Wesen, sondern einfach als Belohnung für die politischen Dienste, welche er selbst oder der ihn empfehlende Gönner geleistet hatte, um ein Amt auszufüllen, welches Muth, Geschick= lichkeit, Takt und Kenntniß der menschlichen Natur verlangte. Dauer und Bedingungen seines Verbleibens im Amte stand im Belieben der anstellenden Behörde, und die Besoldung war eine nur nominelle — eine Kleinigkeit von 1200 oder 1500 Dollars jährlich. Man vertraute ihm eine mehr oder weniger bedeutende Summe von Geld und Waaren zum Verbrauch der Indianer an, wovon er sich, wenn er hierzu geneigt war, einen großen Theil aneignen konnte, und sein Amt und seine Berührung mit Indianern gaben ihm die Aufsicht über den Handel mit verbotenen Artikeln: Waffen, Brannt= wein 2c. Bei einer solch erbärmlichen Bezahlung wäre ein streng ehrlicher und rechtschaffener Mann nach mehr= jähriger Amtsführung voll Gefahr, Entbehrung und Verbannung wo nicht ärmer, so wenigstens nicht reicher heimgekehrt, als er zur Zeit der Annahme der Agent= schaft war. Der unehrliche Mann in derselben Lage und unter denselben Umständen mochte mit einem Vermögen von 100.000 bis 200.000 Dollars zurückkehren. Könnte man sich eine wirksamere und sicherere Methode denken, um einen ehrlichen Mann in einen Dieb zu verwandeln?

Erst seit wenigen Jahren hat man eine entschiedene Anstrengung gemacht, den indianischen Dienst dadurch zu heben, daß man die Wahl der Agenten den christ= lichen oder geistlichen Behörden des Landes überließ. Dies mißglückte nothgedrungen, weil die Wurzel des Uebels, die niedrige Besoldung und ungesicherte Dauer des Dienstes, unberührt blieben. Die Erfahrung des praktischen Lebens lehrt uns nicht, daß die Menschen weniger geldgierig sind, weil sie sich für Christen aus= geben. Die Versuchung tritt an Alle gleich heran und (wenn man auch die Menge geldgieriger Heuchler, welche durch die systematische Täuschung der wirklich Guten und Mildthätigen leben, außer Betracht läßt) das Christenthum allein bewahrt keinen vor derselben. Der Mensch, der als Laie oder Ungläubiger stehlen würde, wird auch als Geistlicher und Christ stehlen. Die mensch= liche Natur ist, wo es auf den Geldsack ankommt, sehr

schwach, und eine ehrliche und vollkommene Verwaltung
ist kaum von Männern zu erwarten, welche von kleinen
Gehalten bei ungesicherter Amtsdauer leben müssen.

Die Regierung begeht in ihrem Verkehre mit Indi=
anern drei wesentliche Fehler dadurch, daß sie a) ihre
vertragsmäßigen Verpflichtungen nicht erfüllt; b) mit
den Indianern durch zwei verschiedene Departements
verkehrt; c) dem sentimentalen humanitärischen Element
im Lande zuviel nachgibt.

a) Die Nichterfüllung der vertragsmäßigen Verpflichtungen.

Das Vertragssystem ist meines Erachtens ein ganz
falsches. Die Indianer sollten als Mündel, als Pfleg=
linge der Regierung angesehen und als solche beschützt,
vertheidigt, für Vergehen verantwortlich gemacht und
zu einem geordneten friedlichen Verhalten gezwungen
werden. Das bewundernswerthe Ergebniß eines solchen
Systems sieht man in Canada. Dieselben Indianer,
welche auf der Nordgrenze der Vereinigten Staaten
rauben, stehlen und morden, sind jenseit der Grenze
ganz harmlos, unschädlich und von geordnetem Ver=
halten. Die Gewohnheit, die Nomadenstämme, welche
den fernen Westen der Vereinigten Staaten durchziehen,
als unabhängige Nationen zu betrachten, mit welchen
der Verkehr durch Staatsverträge geregelt werden muß,
ist äußerst thöricht und doch den Amerikanern so fest
eingeimpft worden, daß eine Veränderung äußerst schwierig
und nur allmählich durchzuführen ist. Wir wollen daher
nachweisen, was jenes System ist, wollen seine Nach=
theile hervorheben und Mittel zur Abhilfe vorzuschlagen

versuchen. Die Regierung schließt durch eigens angestellte und beglaubigte Commissäre einen Vertrag mit einem Indianerstamm und willigt ein, gewisse festgesetzte Jahres= renten in Lebensmitteln und Waaren zu bezahlen, den Indianern die Ländereien innerhalb der vertragenen Grenzen zu erhalten und alle Betrügereien gegen dieselben zu verhindern. Die Indianer willigen ein, gewisse Landes= theile aufzugeben, welche sie für ihr Eigenthum ansehen, sich hinfort innerhalb gewisser genau bezeichneter und beschriebener Grenzen zu beschränken und sich des Krieges, der Raubzüge, Diebereien und Plünderungen jeder Art zu enthalten. Dieser Vertrag gelangt an den Congreß und wird gebilligt und zum Gesetz erhoben.

Und mit was für einem Resultat? Die Regierung bezahlt nicht die vertragsmäßig übernommenen Jahres= renten, sondern läßt durch ihre Fahrlässigkeit zu, daß ihre Agenten fortwährend die Indianer bestehlen. Der vom Congreß verwilligte Geldbetrag reicht reichlich zum Unterhalt und der Behaglichkeit der Indianer hin, vorausgesetzt daß er oder sein Gegenwerth ihnen zukommt. Aber sie erhalten denselben nicht, werden an Quantität und Qualität der Rationen und Waaren betrogen, beim Transporte derselben verkürzt, von der bewilligten Summe gehen die Kosten von zahlreichen Commissionen, von Deputationen einiger weniger begünstigter Indianer nach Washington u. s. w. ab, und es ist zweifelhaft, ob die Indianer von der für sie bewilligten Summe jemals ein Benefiz von mehr als zwanzig Procent beziehen. Ferner: nach Abschluß des Vertrages macht irgend ein Speculant ausfindig, daß innerhalb der Grenzen der Reservation sich ein werthvoller Landstrich

von anbaufähigem Boden oder von schlagbarem Hochwald
befindet. Einigen Häuptlingen wird durch Bestechung
oder Schmeichelei ein Vertrag abgeschwindelt; es bildet
sich ein »Ring« oder stille Actiengesellschaft zur Aus-
beutung jenes Anschlages, die Intrigue in den Vor-
zimmern des Congresses bemächtigt sich der Sache, und
die Folge davon ist, daß ein tüchtiger Streifen der
Reservation von den Indianern wieder abgetreten werden
muß. Die Regierung thut keinen Schritt; um den Ein-
griff der Weißen in indianisches Gebiet zu verhindern.
Die Habgier des einzelnen Indianers wird diesen veranlassen, seine Tochter an einen weißen Mann zu verkaufen, und dieser Mann, während er von der Regierung
Schutz und alle seine Rechte als Weißer beansprucht,
wird dennoch ein Theil des Stammes; er bezieht
Rationen für sich und seine Kinder als Indianer; er
erbaut sich selber ein Haus auf indianischem Grund und
Boden, bezüglich dessen die Regierung vertragsmäßig
versprochen hat, daß er davon ausgeschlossen werden
solle. Er zieht aus des Indianers Mangel an Vorsicht
und Fürsorge Vortheil, indem er den Indianern in
Zeiten des Ueberflusses ihre überschüssigen Rationen
abkauft, um sie ihnen in ihren Tagen des Mangels
mit ungeheurem Gewinne wieder zu verkaufen. Er wirft
sich selber zu einer Macht unter ihnen auf, zu ihrem
beständigen Nachtheil und zum Schaden der amerikanischen
Regierung. Er wird reich, erlangt specielle Acte des
Congresses zum Besten seiner halbblütigen Kinder und
kehrt nicht selten, wenn er alt wird, zu einem Weibe
und einer Familie in den Staaten zurück, nimmt eine
angesehene Stellung in der Gesellschaft ein und gilt für

Büffeljagd auf Indianer=Gebiet von der Union Pacific=Eisenbahn aus.

(Zu Seite 321.)

eine Autorität in allen indianischen Angelegenheiten. Gegenwärtig ist beinahe jede Agentur von den Häusern dieser Männer umgeben, und auf den Agenturen beim »gefleckten Schwanz« und der »rothen Wolke« kann man nun an Rationstagen Männer sehen, welche hier für einen Dollar einen Sack Mehl, dessen Ablieferung bis hierher das indianische Departement sieben bis acht Dollars kostet, und dort einen Sack Mais unter gleich günstigen Bedingungen kaufen. Die Indianer andererseits beschweren sich, sie seien von ihren Agenten beschwindelt, ihre Jahresbezüge seien ihnen nicht vollständig ausbezahlt worden, die weißen Männer fielen in ihre Reservationen ein, schlügen ihre Wälder und schössen ihr Wild nieder u. dgl., und machen diese Anschuldigungen, gleichviel ob sie begründet sind oder nicht, zur Entschuldigung für Raubzüge, Plünderungen und Ermordungen. Unter dem Vorwand, der Agent lasse sie auf ihrem eigenen Grund und Boden verhungern, ziehen Banden aus — anscheinend auf die Jagd, in der That aber auf einen Raubzug. Wenn die Regierung sich dann über den von diesen Banden angerichteten Schaden beschwert, erwidern die Häuptlinge und angesehenen Männer, sie seien ja freundlich gesinnt, haben die Reservation nicht verlassen, sie glauben nicht, daß die Greuel von Indianern ihres Stammes begangen worden seien, sie können ihre jungen Männer nicht beaufsichtigen u. s. w., und erheben zum Schlusse Gegenanklagen und neue Anschuldigungen. Die Agenten wünschen nichts weniger als eine Untersuchung und vertuschen die Sache. Der Mörder darf die Geschmeide des Ermordeten öffentlich tragen, der Dieb darf die

anerkanntermaßen von ihm gestohlenen Pferde gewohn=
heitsmäßig reiten — es kräht kein Hahn darnach, kein
Dieb oder Mörder wird bestraft, und erst vor kurzer
Zeit wurde ein junger Mann, welcher am Cottonwood=
Creek Vieh hütete, durch Indianer aus den Agenturen
erschlagen und scalpirt. Im Sommer 1875 wurden von
denselben Indianern vier verschiedene Raubzüge nach
den Niederlassungen am Wolfsflusse unternommen. Und
gleichwohl schwatzen die Amerikaner noch von der Giltig=
keit der Verträge. Die Regierung erfüllt nicht nur selbst
nicht getreulich ihre übernommenen vertragsmäßigen
Verbindlichkeiten, sondern versucht auch nicht, die Indi=
aner zur Erfüllung der ihrigen anzuhalten. Das ganze
Vertragssystem ist nur eine mörderische Posse. Es ist
nicht leicht, die Fehler eines Systems zu verbessern,
welche durch langen Gebrauch chronisch geworden und
an deren Fortdauer viele Männer von bedeutendem
Rang und Vermögen pecuniär interessirt sind. Ich halte
jedoch die Zeit für gekommen, wo die intelligenten und
humanen Stände der nordamerikanischen Bevölkerung
sich wirklich um die zukünftige Wohlfahrt und gute
Regierung der Indianer bekümmern müssen, und zu ihrer
Belehrung will ich meine unmaßgebliche Ansicht über
dasjenige äußern, was jetzt behufs der Abstellung jener
Mißbräuche geschehen sollte.

1. Es sollten gar keine Verträge mit den Indianern mehr
geschlossen und die jetzt noch giltigen so bald wie möglich rück=
gängig gemacht werden. Das System sollte allmählich geändert
und die Indianer so schnell wie möglich direct und individuell
unter die bestehenden Gesetze gestellt werden.

2. Es sollten Richter und sonstige Behörden angestellt
werden, um in jedem Stamme und auf jeder Reservation die

Criminalgesetze der Vereinigten Staaten durchzuführen, mit der Befugniß, zu aller und jeder Zeit die Armee aufzufordern, daß diese ihre Entscheidungen und Befehle ausführe.

2. Die Squaw-Männer, Weißen, Mexicaner und Neger sollten aus den Reservationen entfernt werden und nicht mehr unter die Indianer gehen oder unter denselben leben dürfen. Das Zusammenleben (oder unrichtig genannt die Ehe) mit indianischen Weibern sollte bestraft werden.

4. Branntwein, Waffen, Munition und sonstige Waaren irgend welcher Art, welche ohne amtliche Genehmigung behufs des Tauschhandels mit den Rothhäuten in das Indianerland eingeführt werden, sollten sammt den Wägen und Zugthieren, mittelst deren man dieselben fortschafft, an Ort und Stelle vernichtet, und die gefangen genommenen Eigenthümer derselben mit Gefängniß und Geldstrafen gebüßt werden.

5. Der Congreß sollte Gesetze erlassen, welche es strafbar machen, wenn den Indianern Waffen oder Munition verkauft oder gegeben werden, selbst von Seiten der Agenten, und so allmählich die Indianer entwaffnen.

6. Den Agenten soll ein ihren Gefahren, Pflichten und ihrer Verantwortlichkeit entsprechendes Gehalt gereicht und ihre Amtsdauer von ihrem „Wohlverhalten" abhängig gemacht werden. Die Agentschaften sollten bezüglich der Besoldung in Classen eingetheilt und ein System der Beförderung nach dem Dienstalter oder Verdienst eingeführt werden.

7. Es sollte ein passendes System der Verrechnung mit Inspectionen und Controle für die Entdeckung von Regelwidrigkeiten errichtet werden.

8. Man reiche dem Indianer soviel, daß er davon in seiner Reservation leben kann, und sehe darauf, daß er es auch bekomme.

9. Man betrachte jeden Indianer außerhalb seiner Reservation als einen Marodeur, welcher getödtet oder gefangen genommen und bestraft werden soll.

10. Wenn eine marodirende Bande auf der Fährte bis zu einer Reservation verfolgt wird, so soll der Stamm gezwungen werden, die Mitglieder der Bande behufs ihrer Bestrafung auszuliefern.

11. Es soll jedem Stamme von seinen Jahresrenten ein billiger Ersatz für jedes durch seine Leute getödtete oder gestohlene Stück Vieh in Abzug gebracht werden.

12. Mord, Plünderung und ähnliche Verbrechen sollen an den Indianern gerade so bestraft werden, wie an den Weißen.

Ich glaube, wenn der Congreß ein Gesetz erlassen würde, welches die Reservationen unter die Häupter der Familien so vertheilte, daß jedem derselben ein bestimmter Theil Ländereien als sein Eigenthum übertragen würde, so würde der Stolz der Eigenthümerschaft eine wesentliche Veranlassung zum bleibenden Wohnsitze werden. Der allererste Schritt zur Civilisation des Indianers muß der sein, daß er seinen Hang zum und seine Gewöhnung an das Nomadenthum aufgebe. Allerdings müßten dann aber auch Beschränkungen wegen des Verkaufes und Umtausches von Ländereien aufgestellt werden.

b) Der Verkehr mit den Indianern durch zwei verschiedene Departements.

Eine der größten Schwierigkeiten in der amerikanischen Behandlung der indianischen Angelegenheiten entspringt aus dem Vorhandensein zweier verschiedenen und geschiedenen controlirenden Einflüsse von ganz verschiedenen Befugnissen und Pflichten. Das Indianer-Departement stellt die Agenten an, kauft und vertheilt die Geschenke, überwacht die Reservationen, bezahlt die Jahresrenten und ernährt und versorgt die Indianer. Das Heer, ein Zwerg an numerischer Stärke, aber ein Riese an Ausdauer, Kühnheit und Macht, sitzt mit versiegeltem Munde und gebundenen Händen dabei und darf nicht sprechen noch handeln, außer als Polizeimannschaft auf den Willen und das Gutdünken des amerikanischen Departements hin. Der Indianer ist in der Lage eines eigensinnigen Knaben mit einem kräftigen, aber unter dem Pantoffel stehenden Vater und einer nachsichtigen schwachen Mutter. Die letztere sagt beständig zu ihm: »Nun sei artig, oder ich werde es dem Vater sagen!« oder: »Wenn du das thust, werd' ich den Vater veranlassen, dir eine Tracht Schläge zu geben«. — Ganz so handelt das indianische Departement; wenn gute Worte, Schmeicheleien und Geschenke die Indianer nicht in der gewünschten Unterwürfigkeit zu erhalten vermögen, so droht es ihnen: »He, wenn ihr nicht dies und das thut, so werde ich die Armee herbeirufen und euch peitschen lassen«. Das Resultat ist ganz dasselbe wie bei dem Kinde: den Indianer erfaßt eine Verachtung gegen ein Departement, welches sich nicht selber zum Meister machen kann, und ein mit Furcht vermischter Haß gegen eine Armee, die sich dazu gebrauchen läßt, die Schwäche Anderer zu beschirmen und deren schmutzige Wäsche zu waschen. Der Indianer vermag durchaus die gegenseitige Stellung der beiden Departements unter ihren verschiedenen Verhältnissen und Umständen nicht zu begreifen — eine Thatsache, über welche man sich um so weniger wundern darf, als dieses Problem häufig sogar für intelligente und gebildete Weiße ein allzu verwickeltes ist. Die Mutter hat die ganze Gewalt und Aufsicht, und wenn der Vater in seiner Ansicht über die Behandlung noch so sehr von ihr abweicht, darf er doch kein Wort sagen. Alsbann zeigen sich die Folgen: Der Knabe wird unbändig, bricht in unlenk= same Wuth aus und richtet großes Unheil an. Der

Vater wird herbeigerufen und ist, wenn er auch in seinem Innersten überzeugt sein mag, daß eigentlich die Mutter die Peitsche verdiene, doch durch seine Stellung und Pflicht gezwungen, den Knaben »durchzuwalken«. Jetzt kommt der Kriegszustand: der Junge ist leichtfüßig und sucht sein Heil in der Flucht, er taucht in Casions nieder, erklettert Hügel, flüchtet in die ungeheueren pfad- und wasserlosen Wüsten hinaus, macht Widergänge, versteckt sich, verdeckt seine Fährte, erschlägt Einwanderer, plündert Gehöfte, schändet Weiber, treibt Viehherden davon und läßt nur Elend und Jammer hinter sich.

Der schwerfälligere, geduldige und unbezwingliche Vater folgt ihm langsam, aber sicher wie ein Bluthund, unvermeidlich wie das Schicksal. Schon hat er beinahe den Jungen in seinen Händen, da entspringt dieser durch einen neuen gewandten Widergang dem verhängnißvollen Griffe, und der mit dem ihm bevorstehenden Schicksale wohlvertraute Knabe verwendet den Rest seiner Kraft zu einem Wettlaufe nach seiner Heimat. Der Verfolger, noch immer auf der Fährte, hetzt ihn unerbittlich und kommt endlich ebenfalls zu Hause an, um den Flüchtling mit dem Kopf in dem Schooße seiner Mutter zu finden, welche ihre Arme als Schild um ihn breitet, und man erklärt dem Vater nun, es sei Alles verziehen und ausgeglichen, der Knabe sei ein guter kleiner Kerl und brauche keine Schläge mehr. Dies ist der wirkliche Beginn, Fortgang und Ausgang von neun Zehntheilen aller Händel mit den Indianern, welche die amerikanische Regierung schon mehr als hundertundachtzig Millionen Dollars gekostet haben. Wenn man daher schon hie und da im Congreß hat äußern hören, daß es jedesmal eine

Million koste, um einen Indianer zu tödten, so ist der Grund davon leicht einzusehen. Eine indianische Expedition kostet nothwendig Geld; schlägt sie dann fehl wegen der Nachtheile und Fehler eines Systems, welches zu thöricht ist, als daß wir Beweisgründe daran verschwenden möchten, so sollte der Tadel dafür jedenfalls nicht gegen die Armee gerichtet werden.

c) Die allzugroße Nachgiebigkeit gegen empfindsame Philanthropie.

Es ist bisher noch kein einziges, einer ernstlichen Erwägung würdiges Regierungssystem, gleichviel ob geistlicher oder weltlicher Art, ersonnen worden, worin nicht die Bestrafung der Bösartigen und Gesetzesüber= treter eine hervorragende Rolle spielte. Die stärkste aller im Zaume haltenden Gewalten ist die Furcht vor der Strafe. Die menschliche Natur ist so zum Bösen geneigt, daß ohne die Furcht die Welt selbst eine Hölle sein würde, welche an Bösartigkeit, Elend und Entsetzen mit Dante's Hölle wetteifern könnte. Auf Einen Menschen, welcher aus Rechtsgefühl und Gewissen rechtlich handelt, kommen Tausende, welche nur aus Furcht vor Strafe so handeln. Eine sehr große Classe von »guten« Leuten wird nur durch die Furcht vor zukünftiger Bestrafung vom Bösen zurückgehalten — eine Schranke, welche nicht so stark wie ein Haar ist für die größere Classe der Unwissenden und Verhärteten, für welche ein Jahr im Zuchthause mehr Schrecken darbietet, als eine Ewigkeit der Höllenstrafen, wie sie von der Kanzel aus geprebigt wird. Man enthebe die »gefährlichen Classen« irgend einer Großstadt der heilsamen Furcht vor Polizei,

Truppen, Kerkern und Zuchthäusern, mit Einem Worte
vor Bestrafung — und wie lange würde diese Stadt
noch stehen? Es gibt in jeder Gemeinde lasterhafte
Leute genug, um das ganze Gebäude der Gesellschaft
über den Haufen zu werfen, wenn nicht die heilsame
zurückhaltende Kraft der Furcht vorhanden wäre.

Unsere gerühmte Civilisation und Aufklärung, das
Ergebniß von Jahrhunderten, unsere Religion, die voll=
kommenste, welche jemals dem Menschen gegeben oder
vom Menschengeist ersonnen worden ist — wir sehen
sie alle, so demüthigend dieses Zugeständniß auch sein
mag, nur vermittelst des Kerkers, des Beichtstuhls und
des Galgens aufrecht erhalten. Wenn dies in Wahrheit
von einer Gesellschaft gesagt werden kann, welche zum
größeren, wenn auch nicht größten Theile, aus erzogenen,
geschulten, gebildeten, moralischen und religiösen Leuten
besteht, um wie viel wahrer und zutreffender ist dies
bei einer Gesellschaft, welche gänzlich aus Personen
besteht, die keinerlei moralischen oder religiösen Ab=
haltungsgrund kennen und deren Maßstab für ihre
Handlungsweise bei jedem Einzelnen nur sein eigener
Wille ist?! — Die Civilisation hat manche zurückhaltenden
Einflüsse: Religion, Sittlichkeit, Ehre, Stolz und Furcht.
Der Indianer kennt nur einen einzigen, nämlich die
Furcht. Würde man ihn dieser höchst heilsamen Ein=
schränkung entheben, so würde es gar keine Grenze mehr
für seine Verbrechen, Räubereien, Schandthaten und
Grausamkeiten geben! Auf einer vorgeschrittenen Stufe
der Civilisation gibt es stets eine Anzahl Personen
von behaglichem Wohlstand und Ueberfluß an Zeit,
wohlwollender und mitfühlender Naturen, deren Herzens=

güte und Nächstenliebe nur dann befriedigt wird, wenn sie bis ins Extreme sich praktisch geltend macht — Männer, welche keinen Finger rühren würden für einen armen Teufel, welcher aus Hunger einen Laib Brod stahl, die aber Himmel und Erde in Bewegung setzen würden, um die Begnadigung eines Schurken, der ganze Familien mit kaltem Blute ermordet, oder eines teuflischen Jungen zu erlangen, der aus Muthwillen ein halbes Dutzend seiner Gespielen meuchlings umbringt. Diese Classe von Personen ist immer einflußreich: zuerst weil nur die Gebildeten und Reichen Zeit und Geld genug auf derartige freiwilligen Thaten verwenden können; und zweitens weil sie es am richtigen Ende anfassen und vollkommen ernsthaft meinen. Ihre Steckenpferde sind gutartige, und ihr einziger Mißgriff ist, daß sie dieselben zu eifrig reiten, indem jeder nur seinen eigenen Zweck verfolgt, ohne Bezugnahme auf die Rechte und Zwecke Anderer. Diese Personen sehen nur in Einer Richtung, horchen nur nach Einer Seite. Indianer ermorden eine Familie von Ansiedlern mit all den üblichen Greueln; es berührt aber keine Saite in der philanthropischen Brust solcher Leute. Da verfolgen Truppen die Mörder, holen sie ein und tödten einige von ihnen, und alsbald erhebt sich ein Sturm der Entrüstung gegen die »Mörder des edlen rothen Mannes«. Eine große Classe ganz vortrefflicher Leute glaubt gewissenhaft und felsenfest, der Indianer sei eine Art übernatürlicher »Held« mit tausend latenten guten Eigenschaften, welche nur der sänftigenden Berührung mit dem Christenthum bedürften, um ihn zu einem Muster aller Tugenden zu entwickeln. Sie haben aber nur insoweit Recht, als der Indianer ein herabgewürdigtes verkommenes Menschenkind und einer Verbesserung fähig ist. Diese Verbesserung und Hebung aber wird er nicht freiwillig annehmen und muß dazu gezwungen werden, gerade wie man auch bei unseren niederen Ständen nachgerade zu der Entdeckung gekommen ist, daß die Erziehung eine zwangsweise sein muß.

Die Theorie jener guten, empfindsame Steckenpferde reitenden Leute von dem ausnahmsweise Guten in der Indianerrace muß als eine zwar liebreiche, aber durchaus trügerische beseitigt werden; ihre stete Verwendung um Vergebung und Verzeihung der Greuelthaten der Indianer sollte freundlich aufgenommen und ruhig ignorirt werden. Die Indianer sollten auf Reservationen gesetzt werden unter der Aufsicht praktischer Männer, welche keine Lieblings=Theorien ausarbeiten, kein Problem lösen, kein Vermögen sammeln wollen. Sie sollten gut behandelt, genährt, gekleidet und zur Arbeit bewogen, nicht gezwungen werden. Man sollte ihnen durch Lehre und Erfahrung beibringen, daß ein Indianer nicht besser ist als ein weißer Mann; daß Behaglichkeit und Fülle der Lohn von Fleiß und gutem Betragen sei und daß dem Verbrechen jeder Art die sichere und unmittelbare Bestrafung folgen wird!

A. Hartleben's Verlag in Wien, Pest und Leipzig.

Marokko.

Von

Edmondo de Amicis.

Nach dem Italienischen frei bearbeitet von

Amand von Schweiger-Lerchenfeld.

Mit 163 Orig.-Illustrationen.

50 Bogen. Quart. Geh. 7 fl. 50 kr. = 13 M. 50 Pf. In Orig.-Prachtbb.
9 fl. ö. W. = 16 M. 20 Pf.

Der Orient.

Geschildert von

Amand von Schweiger-Lerchenfeld.

Mit 215 Illustrationen in Holzschnitt, vielen Karten und Plänen.

60 Bogen. Gr.-Octav. Eleg. geb. 9 fl. = 16 M. 20 Pf. In Orig.-Prachtbb.
10 fl. 50 kr. = 18 M. 90 Pf.

Die Adria.

Geschildert von

Amand von Schweiger-Lerchenfeld.

Mit 200 Illustrationen, 6 Plänen und einer großen Karte des Adriatischen
Meeres.

50 Bogen Gr.-Octav. Eleg. geb. 7 fl. 50 kr. = 13 M. 50 Pf. In Orig.-
Prachtbb. 9 fl. = 16 M. 20 Pf.

Das Frauenleben der Erde.

Geschildert von

Amand von Schweiger-Lerchenfeld.

Mit 200 Orig.-Zeichnungen von A. Wanjura.

40 Bogen. Gr.-Octav. Eleg. geb. 6 fl. = 10 M. 10 Pf. In Orig.-Prachtbb.
7 fl. 50 kr. = 13 M. 50 Pf.

A. Hartleben's Verlag in Wien, Pest und Leipzig.

Afrikas Ströme und Flüsse.

Ein Beitrag zur Hydrographie des dunklen Erdtheils

von

Dr. J. Chavanne.

Mit einer hydrographischen Uebersichtskarte Afrikas.

15 Bogen. Octav. Geh. 2 fl. 20 kr. ö. W. = 4 Mark. Elegant geb. 3 fl. =
5 M. 40 Pf.

Jan Mayen

und die

Oesterreichische arktische Beobachtungsstation.

Geschichte und vorläufige Ergebnisse derselben.

Nach den Aufzeichnungen und Berichten des Leiters

E. v. Wohlgemuth

Linienschiffs-Lieutenant.

Bearbeitet von

Dr. J. Chavanne.

6 Bogen. Groß-Octav. Mit 6 Illustrationen und einer Karte. Preis 80 kr. =
1 M. 50 Pf.

Um Afrika.

Skizzen von der Reise Sr. Majestät Corvette „Helgoland"
in den Jahren 1873—75.

Von

Leopold von Jedina,

kais. königl. Linienschiffs-Fähnrich.

Mit 70 Illustr., einer Karte und mehreren Beilagen.

24 Bogen. Gr.-Octav. Eleg. geh. 4 fl. = 7 M. 20 Pf. In Orig.-Prachtbb.
5 fl. = 9 Mark.

A. Hartleben's Verlag in Wien, Pest und Leipzig.

Die österreichisch-ungarische Monarchie.

Geographisch-statistisches Handbuch mit besonderer Rücksicht auf
die politische und Culturgeschichte für Leser aller Stände.
Von Prof. Dr. Friedrich Umlauft.
Zweite, umgearbeitete und erweiterte Auflage. Mit 160 Illustrationen. 52 Bogen.
Lexikon-Octav. In einem Bande geh. 6 fl. ö. W. = 10 M. 80 Pf. In einem
Prachtbd. 7 fl. 50 kr. ö. W. = 13 M. 50 Pf.

Als Eskimo unter den Eskimos.

Eine Schilderung der
Erlebnisse der Schwatka'schen Franklin-Aufsuchungs-Expedition
in den Jahren 1878—1880.
Von Heinrich W. Klutschak.
Zeichner und Geometer der Expedition.
Mit 3 Karten, 12 Vollbildern und zahlreichen in den Text gedruckten
Illustr. nach Skizzen des Verfassers. 16 Bogen. Gr.-Octav. Eleganteste Aus-
stattung. Geh. 3 fl. 30 kr. = 6 M. In eleg. Einband 4 fl. 20 kr. = 7 M. 50 Pf.

Tunis.

(Land und Leute.)
Geschildert von
Ernst von Hesse-Wartegg.
Mit 40 Illustrationen und 4 Karten. 16 Bogen. Gr.-Octav. Eleg. Ausstatt.
Geh. 3 fl. 75 kr. ö. W. = 5 M. In eleg. Einband 3 fl. 65 kr. = 6 M. 50 Pf.

Aus dem Kaukasus und der Krim.

Nach eigenen Erlebnissen von
J. von Dorneth.
Mit 6 Abbild. 15 Bogen. Octav. Geh. 1 fl. 80 kr. ö. W. = 3 M. 25 Pf. Gbdn.
2 fl. 50 kr. = 4 M. 50 Pf.

Zwischen Pontus und Adria.

Skizzen von einer Tour um die Balkan-Halbinsel
von Amand Freiherr von Schweiger-Lerchenfeld.
16 Bogen. 8. Elegant geheftet 1 fl. 65 kr. = 3 M.

A. Hartleben's Verlag in Wien, Pest und Leipzig.

A. Hartleben's Verlag in Wien, Pest und Leipzig.

Die Donau

von ihrem Ursprung bis an die Mündung.
Eine Schilderung von
Land und Leuten des Donaugebietes.
Von Alexander F. Heksch.
Mit 200 Illustrationen und einer großen Karte.
50 Bogen. Gr.-8. Elegant geh. 7 fl. 50 kr. = 13 M. 50 Pf. In Orig.-
Prachtb. 9 fl. = 16 M. 20 Pf. Auch in 25 Lieferungen à 30 kr. = 60 Pf.

Aus fernem Osten und Westen.
Skizzen aus Ost-Asien, Nord- und Süd-Amerika.
Von T. T. Freiherrn von Oesterreicher,
k. k. Linienschiffs-Capitän.
Mit 5 Illustrationen. 27 Bogen. 8. Elegant ausgestattet. Geh. 3 fl. 30 kr.
= 6 M. Geb. 4 fl. = 7 M. 20 Pf.

Bosnien in Bild und Wort.
20 Federzeichnungen von J. J. Kirchner
mit erklärendem Text von
Amand von Schweiger-Lerchenfeld.
5 Bogen Gr.-8. Geh. Preis 1 fl. 20 kr. = 2 M. 25 Pf.

Um und durch Spanien.
Reiseskizzen,
gesammelt auf einer im Jahre 1879 nach Spanien ausgeführten ornitho-
logischen Reise von
Ludwig Holtz.
8 Bogen. 8. Geh. 1 fl. = 1 M. 80 Pf. Dasselbe, Velinpapier, höchst eleg.
geb. 2 fl. 20 kr. = 4 M.

Im Reiche des Aeolus.
Ein Bordleben von hundert Stunden an den Liparischen Inseln.
Reise-Skizzen gesammelt von
Adolf Freiherrn von Pereira.
Mit 36 Illustrationen und einer Karte. 11 Bogen. Lexikon-8. Geh. 2 fl. 50 kr.
= 4 M. 50 Pf. Elegant geb. 3 fl. 30 kr. = 6 M.

A. Hartleben's Verlag in Wien, Pest und Leipzig.

Julius Verne's Schriften.
Octav-Ausgaben.

Jeder Band geh. 1 fl. 50 kr. = 2 M. 70 Pf. In elegantem rothen Ganz-leinwandbd. jeder Band 2 fl. = 3 M. 50 Pf.

I. **Von der Erde zum Mond.** Directe Fahrt in 97 Stunden 20 Minuten.

II. **Reise um den Mond.** (Fortsetzung des Obigen.)

III. **Reise nach dem Mittelpunkt der Erde.**

IV. V. **20,000 Meilen unterm Meer.** 2 Bde.

VI. **Reise um die Erde in 80 Tagen.**

VII. VIII. **Reisen und Abenteuer des Kapitän Hatteras.** 2 Bde.

IX. **Fünf Wochen im Ballon.**

Abenteuer von drei Russen und drei Engländern in Süd-Afrika.

XI. XII. XIII. **Die Kinder des Kapitän Grant.** 3 Bde.

XIV. XV. XVI. **Die geheimnißvolle Insel.** 3 Bde.

XVII. XVIII. **Das Land der Pelze.** 2 Bde.

XIX. **Eine schwimmende Stadt. — Die Blokade-Brecher.**

XX. **Eine Idee des Doctor Ox. — Meister Zacharius. — Ein Drama in den Lüften. — Eine Ueberwinterung im Eise. — Eine Mont-Blanc-Besteigung.**

XXI. **Der Chancellor.** Tagebuch des Passagier J. R. Kazallon.

XXII. XXIII. **Der Courier des Czar (Michael Strogoff). — Ein Drama in Mexiko.** 2 Bde.

XXIV. **Schwarz-Indien.**

XXV. XXVI. **Reise durch die Sonnenwelt.** 2 Bde.

XXVII. XXVIII. **Ein Kapitän von fünfzehn Jahren.** 2 Bde.

XXIX. XXX. **Die Entdeckung der Erde.** 2 Bde.

XXXI. **Die fünfhundert Millionen der Begum.**

XXXII. **Die Leiden eines Chinesen in China.**

XXXIII. XXXIV. **Die großen Seefahrer des 18. Jahrhunderts.** 2 Bde.

XXXV. XXXVI. **Das Dampfhaus.** 2 Bde.

XXXVII. XXXVIII. **Der Triumph des 19. Jahrhunderts.** 2 Bde.

XXXIX. XL. **Die Jangada.** Achthundert Meilen auf dem Amazonen-strome. 2 Bde.

Jedes Werk ist einzeln zu haben. Preis jedes Bandes geh. 1 fl. 50 kr. = 2 M. 70 Pf. In elegantem rothen Ganzleinwandbd. mit Goldtitel à Band 2 fl. = 3 M. 50 Pf.

Julius Verne's Schriften.
Illustrirte Familien-Ausgabe.

Octav. 40 Bde. in 16 eleganten Leinwandbdn. geb. 45 fl. = 80 M (Nur auf einmal zu beziehen.)